"十四五"职业教育国家规划教材

U0688912

统计学
基础及应用

微课版 第4版

洪建红 姬忠莉／主编

人民邮电出版社

北 京

图书在版编目（CIP）数据

统计学基础及应用：微课版 / 狄建红，姬忠莉主编
. -- 4版. -- 北京：人民邮电出版社，2022.5
智慧商业创新型人才培养系列教材
ISBN 978-7-115-58925-5

Ⅰ. ①统… Ⅱ. ①狄… ②姬… Ⅲ. ①统计学－高等
职业教育－教材 Ⅳ. ①C8

中国版本图书馆CIP数据核字(2022)第045823号

内 容 提 要

本书本着理论够用、强化应用、培养技能的原则，以一个实际统计调查项目为主线，系统讲解统计学的基本原理、工作方法和分析手段。

本书既有用于各任务的实务案例，又有提高学生综合应用能力的课后实践实训任务设计。本书案例设计科学合理，针对性和可操作性强，并且针对相应统计知识和原理提供对应的案例解析。本书共 9 个任务，包括认知统计学和统计数据、统计数据收集、统计整理、总量分析和相对分析、总体分布分析、动态分析、指数分析、抽样推断、相关分析与回归分析。

本书既可作为高等职业教育相关课程的教材，也可作为统计岗位的培训教材，还可作为相关统计工作者和经营管理人员的参考书。

- ♦ 主　　编　狄建红　姬忠莉
　　责任编辑　刘　尉
　　责任印制　王　郁　彭志环
- ♦ 人民邮电出版社出版发行　　北京市丰台区成寿寺路 11 号
　邮编　100164　　电子邮件　315@ptpress.com.cn
　网址　https://www.ptpress.com.cn
　三河市中晟雅豪印务有限公司印刷
- ♦ 开本：787×1092　1/16
　印张：15.25　　　　　　　　2022 年 5 月第 4 版
　字数：362 千字　　　　　　2025 年 6 月河北第15次印刷

定价：49.80 元

读者服务热线：(010)81055256　印装质量热线：(010)81055316
反盗版热线：(010)81055315

前言
PREFACE

统计学是高职高专院校经管类专业的重要基础课程。本书针对高职高专经管类专业学生所需的统计基础知识编写,努力与各专业的核心课程(尤其是市场调查课程)教学相呼应并对接,贴近学生、贴近生活,力求更好地为培养应用型人才服务。

本书之前的版本自出版以来,受到众多高职高专院校的欢迎。为了更好地满足广大高职高专院校学生学习的需要,编者结合近几年的教学改革实践经验和广大读者的反馈意见,在保留之前版本特色的基础上,对内容进行全面修订,并补充完善配套资源。本书具有以下特色。

1. 设计新颖

本书针对高职高专院校学生的特点及今后的从业要求,以理论必需、够用为度,着力于基本技能的训练,注重直观实用,重点提高学生运用基本理论和基本方法来分析与解决实际问题的能力。本书内容的编排按照统计工作实施的步骤,以真实完整的统计调查项目为载体,由任务引出解决问题的相关理论和相关的软件(Excel)应用,同时配套设计可操作的课后实践实训任务。"双任务式"设计使理论的学习和应用能力的培养合二为一。

2. 实用性强

本书以提高学生的实践能力、创新能力、就业能力和创业能力为目标,融"教""学""做"于一体,体现"工学交替""任务驱动""项目导向"的教学思路。本书对学生的数学基础要求不高,适合非统计学专业的学生学习,重点培养学生对经济现象的分析能力,避开纯数学性的统计公式的推导,将抽象的理论方法尽可能地通过直观、形象的图例加以说明和概括。本书收集新的、具有使用价值的典型案例资料和实践能力训练题,且对每道习题对应的知识点的位置进行标注,既方便教师组织教学,又有助于学生有针对性地理解、消化和训练相关学习内容。

3. 强化 Excel 在统计工作中的应用介绍

统计工作涉及大量的数据和图表的处理,Excel 是当前实际工作中普遍应用的数据处理工具,并且可随时随地在手机、平板电脑等移动设备上应用。本书基于信息技术的新变化,在介绍 PC 端 Excel 应用的同时,也有关于移动终端 Excel 应用的介绍。

4. 配套资源丰富

为便于教学,本书配有全套 PPT 课件、案例项目相关资料和实训数据资料,结合书中知识点开发有针对性的微课资源。这些资源既可用于教师教学,也可用于学生自学,为教师教学和学生学习提供极大的便利。

5. 将专业知识学习与价值教育有机结合

党的二十大报告指出,育人的根本在于立德。本书力求将专业知识学习与价值教育有机结合，一是在介绍统计学基础理论和方法的同时，在每个任务中以"视野拓展"专栏的形式，从国家安全、共同富裕、环保减排、科学精神等角度引导学生思考；二是大量引用国民经济统计的基础数据加以分析，从而加强学生对我国国情国力的了解，进而更深入理解中国特色社会主义制度的优越性。

本书的参考学时为 56 学时，其中实训环节为 16 学时，各个任务的参考学时参见下面的学时分配表。

任务序号	任务内容	学时分配	
		讲授	实训
任务一	认知统计学和统计数据	3	1
任务二	统计数据收集	6	2
任务三	统计整理	6	2
任务四	总量分析和相对分析	3	1
任务五	总体分布分析	4	2
任务六	动态分析	6	2
任务七	指数分析	4	2
任务八	抽样推断	4	2
任务九	相关分析与回归分析	4	2
学时总计		40	16

本书由洑建红、姬忠莉任主编。任务一至任务五由洑建红编写，任务六至任务九由姬忠莉编写，各任务中 Excel 应用部分由洑建红编写。

由于编者水平有限，书中难免存在不妥之处，敬请广大读者批评指正。

编者

2023 年 4 月

目录
CONTENTS

任务一　认知统计学和统计数据 ……………1

知识目标 ……………………………1

能力目标 ……………………………1

任务描述与分析 ……………………1

相关知识 ……………………………2

1.1　统计的基本概念 ………………2
　1.1.1　统计的研究对象 …………2
　1.1.2　统计的工作过程 …………3
　1.1.3　统计的常用概念 …………4

1.2　统计数据的处理方法 …………9
　1.2.1　统计数据的基本类型 ……9
　1.2.2　统计数据的获取方法 …10
　1.2.3　统计数据的分析方法 …11
　1.2.4　数据信息技术的应用 …12

任务实施 ……………………………13

应用与拓展 …………………………13

小结 …………………………………16

任务二　统计数据收集 ………17

知识目标 …………………………17

能力目标 …………………………17

任务描述与分析 …………………17

相关知识 …………………………18

2.1　统计调查 ……………………18
　2.1.1　统计调查方法 …………18
　2.1.2　统计调查方案 …………21
　2.1.3　统计调查资料的质量控制 …24

2.2　问卷的设计 …………………25
　2.2.1　问卷的认知 ……………25
　2.2.2　问卷设计的程序 ………27

2.2.3　问卷设计的技术 …………29

2.3　Excel 在统计数据收集中的应用 …31
　2.3.1　Excel 工作界面 ………32
　2.3.2　PC 端 Excel 的基本操作 …35
　2.3.3　移动终端 Excel 的基本操作 …42

任务实施 …………………………46

应用与拓展 ………………………46

小结 ………………………………48

任务三　统计整理 …………49

知识目标 …………………………49

能力目标 …………………………49

任务描述与分析 …………………49

相关知识 …………………………50

3.1　统计整理的意义和步骤 ……50
　3.1.1　统计整理的意义 ………50
　3.1.2　统计整理的步骤 ………50

3.2　统计分组 ……………………51
　3.2.1　统计分组的概念和作用 …52
　3.2.2　统计分组的方法 ………53

3.3　分配数列 ……………………56
　3.3.1　分配数列的概念和种类 …56
　3.3.2　变量分配数列的编制 …59
　3.3.3　次数分布的类型 ………62

3.4　统计表和统计图 ……………63
　3.4.1　统计表 …………………64
　3.4.2　统计图 …………………66

3.5　Excel 在统计整理中的应用 …67
　3.5.1　在 Excel 中输入公式 …67
　3.5.2　在 Excel 中进行分组统计 …71
　3.5.3　在 Excel 中绘制统计图 …76

任务实施 ………………………… 78

应用与拓展 ……………………… 78

小结 …………………………………… 80

任务四　总量分析和相对

分析 …………… 82

知识目标 ……………………………… 82

能力目标 ……………………………… 82

任务描述与分析 …………………… 82

相关知识 ……………………………… 83

4.1　总量分析 …………………… 83

4.1.1　总量指标的概念和作用 …… 83

4.1.2　总量指标的种类 ………… 84

4.1.3　总量指标的计量单位 …… 84

4.1.4　总量指标的计算 ………… 85

4.2　相对分析 …………………… 85

4.2.1　相对指标的概念和作用 …… 86

4.2.2　相对指标的表现形式 …… 86

4.2.3　相对指标的种类 ………… 87

4.2.4　应用相对指标应遵循的

原则 ……………………… 94

任务实施 ……………………………… 96

应用与拓展 ………………………… 96

小结 …………………………………… 99

任务五　总体分布分析 …… 100

知识目标 ……………………………… 100

能力目标 ……………………………… 100

任务描述与分析 …………………… 100

相关知识 ……………………………… 101

5.1　总体分布集中趋势分析 ………… 101

5.1.1　平均指标的概念、作用和

种类 ……………………… 101

5.1.2　算术平均数 …………… 102

5.1.3　几何平均数 …………… 106

5.1.4　调和平均数 …………… 107

5.1.5　中位数 ………………… 109

5.1.6　众数 …………………… 111

5.1.7　应用平均指标应注意的

问题 ……………………… 112

5.2　总体分布离散趋势分析 …… 114

5.2.1　标志变异指标的概念和

作用 ……………………… 114

5.2.2　全距 …………………… 115

5.2.3　平均差 ………………… 116

5.2.4　标准差 ………………… 117

5.2.5　变异系数 ……………… 119

5.3　Excel在总体分布分析中的

应用 ……………………… 121

5.3.1　计算算术平均数 ……… 121

5.3.2　计算几何平均数 ……… 123

5.3.3　计算调和平均数 ……… 124

5.3.4　计算众数 ……………… 124

5.3.5　计算中位数 …………… 124

5.3.6　计算方差和标准差 …… 125

任务实施 ……………………………… 126

应用与拓展 ………………………… 126

小结 …………………………………… 131

任务六　动态分析 ………… 132

知识目标 ……………………………… 132

能力目标 ……………………………… 132

任务描述与分析 …………………… 132

相关知识 ……………………………… 133

6.1　动态数列的意义和种类 …… 133

6.1.1　动态数列的意义 ……… 133

6.1.2　动态数列的种类 ……… 133

6.1.3　编制动态数列的原则 … 135

6.2　动态数列的水平指标 ……… 136

6.2.1　发展水平 ……………… 136

6.2.2　增长量 ………………… 137

6.2.3　平均发展水平 ………… 138

6.2.4 平均增长量 ················ 141

6.3 动态数列的速度指标 ········· **142**

6.3.1 发展速度 ················ 142

6.3.2 增长速度 ················ 143

6.3.3 平均发展速度和平均增长
速度 ················ 144

6.3.4 速度指标与水平指标的结合
应用 ················ 145

6.4 现象变动的趋势分析 ········· **147**

6.4.1 动态数列变动趋势的种类 ··· 147

6.4.2 长期趋势的测定 ········· 148

6.4.3 季节变动的测定 ········· 153

6.5 Excel 在动态分析中的应用 ··· **155**

6.5.1 测定长期趋势 ··········· 155

6.5.2 测定季节变动 ··········· 157

任务实施 ························ **157**

应用与拓展 ····················· **157**

小结 ···························· **161**

任务七 指数分析 ·········· **163**

知识目标 ························ **163**

能力目标 ························ **163**

任务描述与分析 ················· **163**

相关知识 ························ **164**

7.1 统计指数的作用和种类 ······· **164**

7.1.1 统计指数的概念 ········· 164

7.1.2 统计指数的作用 ········· 165

7.1.3 统计指数的种类 ········· 165

7.2 综合指数 ···················· **166**

7.2.1 综合指数的含义 ········· 167

7.2.2 综合指数的编制要点 ····· 167

7.2.3 数量指标综合指数的编制 ··· 168

7.2.4 质量指标综合指数的编制 ··· 170

7.3 平均指数 ···················· **171**

7.3.1 加权算术平均指数的编制 ··· 171

7.3.2 加权调和平均指数的编制 ··· 172

7.4 指数体系和因素分析 ········· **174**

7.4.1 指数体系的含义和作用 ······· 174

7.4.2 因素分析 ················ 175

7.5 Excel 在统计指数分析中的
应用 ················ **180**

任务实施 ························ **181**

应用与拓展 ····················· **181**

小结 ···························· **184**

任务八 抽样推断 ·········· **186**

知识目标 ························ **186**

能力目标 ························ **186**

任务描述与分析 ················· **186**

相关知识 ························ **187**

8.1 抽样调查的特点和作用 ······· **187**

8.1.1 抽样调查的概念和特点 ······· 187

8.1.2 抽样调查的作用 ········· 187

8.2 抽样推断中的常用概念 ······· **188**

8.2.1 总体与样本 ············· 188

8.2.2 总体指标与样本指标 ····· 189

8.2.3 样本容量与样本个数 ····· 190

8.2.4 重复抽样与不重复抽样 ····· 190

8.3 抽样的组织方式 ············· **190**

8.3.1 简单随机抽样 ··········· 190

8.3.2 分类抽样 ················ 191

8.3.3 机械抽样 ················ 191

8.3.4 整群抽样 ················ 191

8.4 抽样误差 ···················· **192**

8.4.1 抽样误差的含义 ········· 192

8.4.2 抽样平均误差 ··········· 193

8.4.3 抽样极限误差 ··········· 195

8.4.4 抽样误差的概率度 ······· 196

8.5 抽样估计 ···················· **198**

8.5.1 点估计 ·················· 198

8.5.2 区间估计 ················ 198

8.6 必要样本容量的确定 ········· **200**

8.6.1 影响必要样本容量的因素 ··· 200

8.6.2 必要样本容量的确定方法 ··· 201

8.6.3　确定必要样本容量应注意的
　　　　问题 ································201

8.7　Excel 在抽样推断中的应用 ········202
8.7.1　生成随机数表 ··············202
8.7.2　概率保证程度与概率度的
　　　　换算 ························203
8.7.3　总体平均数的区间估计 ·····205
8.7.4　总体成数的区间估计 ·······206

任务实施 ····························207

应用与拓展 ························207

小结 ······························210

任务九　相关分析与回归
　　　　分析 ···············212

知识目标 ··························212

能力目标 ··························212

任务描述与分析 ···················212

相关知识 ··························213

9.1　相关的意义和种类 ············213
9.1.1　相关关系的概念 ···········213
9.1.2　相关的种类 ···············214
9.1.3　相关分析和回归分析的主要
　　　　内容 ························215

9.2　相关分析 ·····················216
9.2.1　编制相关表 ···············216

9.2.2　绘制相关图 ···············217
9.2.3　计算相关系数 ·············217

9.3　回归分析 ·····················219
9.3.1　回归分析的概念 ···········219
9.3.2　简单线性回归方程 ·········220
9.3.3　估计标准误差 ·············221
9.3.4　估计标准误差和相关系数的
　　　　关系 ························222

**9.4　Excel 在相关分析与回归分析中的
　　　应用** ·························223
9.4.1　绘制散点图 ···············223
9.4.2　Excel 在相关分析中的
　　　　应用 ························223
9.4.3　Excel 在回归分析中的
　　　　应用 ························225
9.4.4　Excel 在回归预测中的
　　　　应用 ························227

任务实施 ····························228

应用与拓展 ························228

小结 ······························232

附录　正态分布概率表 ·····234

参考文献 ·····················236

任务一 认知统计学和统计数据

● **任务描述与分析**

1. 任务描述

A 市自来水公司承担着为 A 市城镇居民、农村居民和企业客户提供自来水的业务。为进一步提高服务质量，了解公司的服务水平和存在的问题，公司拟对本市自来水客户进行一次满意度调查。如果由你承担该调查项目，你该如何开展工作呢？

2. 任务分析

这是一个常见的企业市场调查项目，虽然你现在不一定具备承担该项目的能力，但如果你能够跟随该项目的推进同步思考每一实施环节所涉及的问题，相信在学完本任务后，你会惊喜地发现，自己已经可以开展一些简单的统计调查活动了！

现在来思考一下，实施这个统计调查项目应解决哪些问题呢？以下几个问题可以帮助你打开思路。

（1）你应向谁调查？

（2）调查时应从哪些方面了解客户的满意度？

（3）如何从总体上评价客户的满意度？

（4）进行这项调查工作可以采用哪些信息技术手段？

 相关知识

1.1 统计的基本概念

统计是一门应用广泛的方法论学科，在社会科学和自然科学研究的各个领域，统计都是人们研究客观现象的重要工具，其所提供的信息资料可以为我们解决问题提供决策依据。让我们先从统计的研究对象开始，逐步学习和掌握统计的工作过程和常用概念。

微课：统计的源流

1.1.1 统计的研究对象

【案例1-1】

你发现了吗？如果你在网上买过东西，平台会根据你的网购经历和浏览经历，给你推荐很多相关的产品，例如你最近浏览了有关手机的网页，平台除了会给你推荐其他款的手机外，还可能会给你推荐蓝牙音箱、充电宝、手机保护壳等。还有，你可能听说过，很多互联网企业会基于后台收集到的各种数据，做出自己产品的用户画像，让分散在整个互联网上的用户，变成一个或者几个标签化的人物，然后有目的地优化自己的产品。可以说，信息技术的应用，使商家对消费者的研究更加深入。

案例解析：近年来，越来越多的企业开始进军大数据领域，布局人工智能，运用大数据来服务企业，服务个人，提高企业和个人的竞争力。你知道支撑大数据和算法科技的是哪一门学科吗？就是专门处理数据的统计学。将统计学与现代信息收集和处理技术相结合，可显著提高人们对数据的利用效率，也使得人们的生活越来越离不开数据。在大数据时代，因为等同于数据的信息随处可寻，所以对数据的处理和分析显得更为重要。从纷繁复杂的数据中获取新的信息，是创造价值的重要手段。

统计的研究对象是客观现象的总体数量特征和数量关系。统计离不开数据，统计就是基于问题收集数据、分析数据、解读数据的科学。统计所要揭示的数量特征和数量关系具体包括 3 个方面。一是数量表现，如某网店全年销售额是 3 000 万元，该网店全年共接订单 20 000 个，这些都是对该网店经营规模的数量描述。二是数量关系，如通过将该网店全年的销售额除以全年订单数计算出的平均每个订单销售额，就表示两个相关的数量表现之间的比值关系；还可以将该网店的平均每个订单销售额与其他同行业企业的相关信息进行对比，可以获得相应的比值。三是质量互变的数量界限，如将累计消费额在 5 000 元以下的客户定义为普通客户，将累计消费额在 5 000 元至 20 000 元的客户定义为 VIP 客户，将累

微课：统计与生活

计消费额在 20 000 元以上的客户定义为超级 VIP 客户,等等,可以将客户消费水平的量的差异转换为质的区别。

需要注意的是,统计研究的最终目的是从总体上把握事物的数量特征,而不是研究个体。如案例 1-1 中所提到的平台对消费者行为的研究,是在对大量个体消费者行为观察研究的基础上,所形成的对消费者的总体认识。也只有基于对消费者的总体认识,才能更科学合理地进行产品设计和营销推广,满足更多消费者的需要。当然,要了解现象的总体特征,必须以个体现象为基础,对总体特征的认识是通过对足够多的个体现象的数量特征观察实现的。统计也不排斥对个别典型事物的深入研究,但对个别典型事物的深入研究仍然是以认识总体为目的的。

1.1.2　统计的工作过程

统计是认识客观现象总体数量方面特征的方法论科学,作为认识和管理客观现象的工具,统计有其独特的工作方法。为了准确、及时地反映客观现象,保证统计质量,统计也有其相应的工作规范。

 【案例 1-2】

如果你的家人要求你策划一次全家的暑假旅行活动,你会如何开展工作呢?

案例解析:统计的工作过程与你组织家庭的旅行活动的过程类似,只不过它涉及的问题更多,主要的工作任务是完成对数据的收集、整理、描述和分析等。要完成这些任务,你需要分阶段开展工作。统计的工作过程具体包括统计设计、统计调查、统计整理、统计分析等 4 个阶段,如图 1-1 所示。

图 1-1　统计的工作过程

1. 统计设计

如同你在开展家庭旅行活动前要制订旅行计划,在开展统计工作初期,也需要根据统计的研究对象的性质,统计的任务、目的,对统计工作的各方面和各环节进行通盘考虑和全面安排,通过制订切实可行的方案来指导实际工作。

统计设计是开展统计工作的基础。没有统计设计,整个统计工作就会杂乱无章,也就难以保证统计工作的质量。

2. 统计调查

统计调查是统计工作的实践活动,这一阶段的主要任务是根据设计方案的要求,有计划、有组织地收集客观现象的第一手资料,也就是收集统计数据。统计调查是统计认识事物的起点,是统计开展定量研究的开始,这一阶段的工作质量在很大程度上决定着统计工作全过程的质量。

3. 统计整理

与你在结束家庭旅行活动后,会整理一下自己的思绪,将旅行中所拍摄的照片、录

像等资料加以收集汇总类似，统计整理是统计调查的继续，它是运用科学的方法对调查资料进行科学汇总、整理，使之条理化、系统化的工作过程。整理后的资料不再是反映个体现象数量特征的调查资料，而是准确反映客观现象总体的综合特征的统计资料，这就为统计分析创造了条件。统计整理在统计工作中起着承前启后的作用。

4．统计分析

在旅行活动结束后，你最好能够对本次旅行活动做分析总结，分析你的成功或失败之处及其原因。统计工作也需要进行统计分析，与你总结旅行活动不同的是，统计分析在统计工作中必不可少，它是在统计整理的基础上，借助统计分析工具对统计资料进行的综合分析。通过统计分析可以揭示所研究的客观现象的数量特征、内在联系和客观现象发展变化的本质规律，必要时还可以对客观现象进行预测。可以说，统计分析是对客观现象在定量认识和定性认识上的深化，是统计研究的决定性阶段。

上述统计工作的4个阶段的工作要求各有不同，工作内容有相对的独立性，但各个阶段又是彼此紧密联系、不可分割的，各个阶段的工作必须围绕统计工作的目的和任务按顺序协调进行。

1.1.3　统计的常用概念

统计学在研究客观现象的数量表现时，涉及一些专用术语，即统计的常用概念。这些概念包括总体、个体和样本，标志、标志表现和变量，统计指标和指标体系等。你只有对这些抽象的概念有正确的理解，才能为本书后续内容的学习打下知识基础。

1．总体、个体和样本

 【案例1-3】

在开展A市自来水公司客户满意度调查前，请思考一下，你的研究对象包括哪些？

案例解析：统计的研究对象是客观现象总体的数量特征和数量关系。要实现统计的研究目的，首先要对统计的总体有明确的界定，同时要明确构成总体的基本单位。

（1）总体

统计的总体就是根据一定的目的和要求所确定的研究事物的全体，它是由客观存在的、具有某种共同性质的许多个别事物构成的整体。例如，某班班长要统计班级里50位同学的爱心捐款情况，统计总体就是该班的50位同学。

微课：大中小微型企业划分办法

进行统计工作前必须注意明确统计总体。例如，某地区拟对中小企业进行一次用工情况调查。要做好这项工作，首先要明确划分中小企业的标准是什么，哪些企业属于中小企业。统计总体的概念不清，就会造成统计调查和分析混乱。

总体按照总体单位是否可数可分为有限总体和无限总体。有限总体规模和范围相对较小，是由有限的个别事物构成的总体，如某校的在校学生、某地区的工业企业等；无限总体是指总体所包括的个别事物很多，以致无法计量，如自动化生产线上连续制造的某种小件产品、海洋中的鱼类等。统计所研究的绝大部分总体是有限总体，可以采用全面调查或非全面调查的方式对这类总体进行研究；对无限总体，则只能采用抽样调查的方式来推断总体的情况。

（2）个体

个体也被称为总体单位，是指构成统计总体的各个个别事物。例如，上例中班级里的 50 位同学中的每一位同学就是个体。根据研究目的不同，个体可以是一个人，也可以是一个企业、一台设备、一个地区、一亩田等。但个体必须是现实生活中存在的实实在在的事物，不能是虚构的或意念中的事物。

（3）样本

样本就是从总体中抽取的部分个体所构成的集合，其中的每一个个体称为样本单位。统计实践中，总体所包括的个体往往很多，要取得反映总体数量特征的数据往往由于时间、经费等的限制会很困难，这就需要我们从总体当中选取部分个体进行测试，进而推断出我们想要了解的总体数量特征，所选取的部分个体就是样本。样本包含的个体个数称为样本容量或样本量。例如，从连续生产的某批手机中抽取 20 台进行检验，这 20 台手机就是样本，所生产的该批所有手机就是总体，抽取样本的目的就是用这 20 台手机的合格率推断出该批所有手机的合格率。一般样本量不小于 30 的样本称为大样本，而样本量小于 30 的样本称为小样本。

（4）总体、个体与样本的关系

总体和个体不是固定不变的，它们会随着统计研究目的的不同而变化。一个事物在一种情况下是总体，但在另一种情况下又可能变成个体。例如，如果某系学生会要统计该系学生的爱心捐款情况，则该系所有学生就是统计的总体，而个体则通常为该系的每一个班级，这时前述例子里提到的作为统计总体的班级，在该系学生会的统计工作中则变换为个体。由此可见，总体与个体这两个概念是相对的。不过，当统计的研究目的确定下来后，这两个概念就相对固定了。

样本是从总体中抽取的部分个体所组成的整体，所以样本具有与总体同质的数量特征，人们可以通过了解样本的特征来估计总体的特征。但也正是由于样本只是总体的一部分，所以，样本所呈现的数量特征与总体的数量特征之间存在一定的误差，在进行统计设计时，需要根据可接受的误差程度来确定样本量的大小。

样本也是由个体组成的，所有的个体组合在一起形成总体，被抽取的个体组合在一起形成样本。总体、个体和样本的关系如图 1-2 所示。

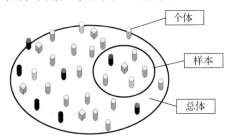

图 1-2　总体、个体和样本的关系

 【案例 1-3】解析

现在来思考一下 A 市自来水公司的客户满意度调查项目，你对这个项目的研究对象是否有了清晰的认识呢？

> 提示：A市自来水公司开展客户满意度调查的统计总体是A市使用自来水的所有客户，包括城镇居民、农村居民和企业。A市自来水公司的客户满意度调查的个体是A市的每个自来水客户，具体可分解为每一个城镇或农村居民、每一个企业。在调查中被抽取的客户为本次调查活动的样本。

2. 标志、标志表现和变量

 【案例1-4】

现在你已经明确了A市自来水公司的客户满意度调查这个统计项目的统计总体和个体，那么请你思考下一个问题，你该从哪些方面了解客户对自来水公司的评价呢？

案例解析： 你需要分别向城镇居民、农村居民和企业征求意见，但你不能让客户只是简单地回答满意或不满意，因为这种调查结果对公司改进工作的意义不大，你应该尽可能把这个问题细分成客户对自来水公司各方面工作的评价。这里，我们要用到统计中的标志和标志表现等概念。

（1）标志

标志是说明个体的属性或特征的名称。每个个体从不同方面考察，都有许多属性或特征，如班级里的每位同学都有性别、年龄、成绩、性格等属性或特征。

标志与个体的关系是十分明确的，如果没有标志就无法表现个体的特征，如果没有个体，标志也就失去了意义。我们描述身边的某位同学，使用的就是各种标志。使用的标志越多，对该同学的描述就越具体；但如果没有具体的同学供我们描述，所谓特征也就无从谈起。所以个体是标志的直接承担者，标志是依附于个体的。

（2）标志表现

标志表现是个体在某一标志上所具有的属性或数值。如描述班级里的某位同学，可用性别、年龄、成绩、性格等标志进行定义，她的标志表现为女、20岁、成绩很好、性格开朗等。

按照标志表现的形式不同，可以将标志分为品质标志和数量标志。品质标志是反映事物质的特征的标志，如某同学的性别、性格等，品质标志一般用文字来表现；数量标志则是反映事物量的特征的标志，如某同学的年龄、某门课程的考试成绩等，数量标志一般用数字来表现和计量。

标志按照其表现是否相同，可以分为不变标志和可变标志。由于总体具有同质性，即一个总体中的各个体至少在一个方面必须保持相同的性质，由个体表现出的相同的标志即不变标志。例如，统计某班学生爱心捐款的例子里，不变标志为"班级"；实施A市自来水公司客户满意度调查的例子里，不变标志为"A市自来水公司客户"。在同一总体中，各个体在其他方面的表现不尽相同，如捐款的金额、对自来水公司的满意程度等，这些就是可变标志。

（3）变量

在数量标志中，不变的数量标志称为常量或参数，可变的数量标志称为变量，变量的数值表现就是变量值。如统计某班学生的爱心捐款情况，捐款金额就是一个变量，变量值可能表现为5元、10元、20元等。

变量按其数值的连续性又可分为离散变量和连续变量。离散变量的数值是整数形式的，如人数、企业数、机器台数等只能取整数，不能用小数表示。连续变量的数值是连续不断的，相邻两数值之间可以进行无限分割，既可以用整数表示也可以用小数表示，如产值、工资、速度、里程、体重等。

【案例1-4】解析

现在来思考一下 A 市自来水公司客户满意度调查项目，你能够想到客户对自来水公司的评价可以细分成哪些方面了吗？你想到的标志有哪些？你觉得这些标志的表现是怎样的？

提示： A 市自来水公司的客户对自来水公司的评价可分为产品和服务两个方面。对产品的评价包括水的质量、供水的稳定性、水价等；对服务的评价包括抄表计量准确性、付费便利性、对客户的服务态度等。以上标志的表现可以分为非常满意、满意、一般、不满意、非常不满意 5 个等级，也可以让客户按五分制或百分制对满意度打分。

3．统计指标和指标体系

【案例1-5】

现在你已经知道该从哪些方面向客户征求意见了。但你所获得的每个客户对自来水公司各个方面的满意度是不同的，你又该怎样从总体上去评价客户对自来水公司的满意度呢？

案例解析： 统计工作是从调查认识每个个体及其标志表现出发，通过汇总的方式实现对总体的认识的。认识个体是认识总体的基础，但对个体的认识是个别的、孤立的，不能揭示总体的一般规律，统计工作最终要实现对总体的数量特征及数量关系的认识，这就要运用统计中指标和指标体系的知识了。

（1）统计指标

统计指标简称为指标，是用来反映统计总体数量特征的概念及具体数值。统计指标由 5 个要素构成，即指标的时间、空间、指标名称、指标数值和计量单位。以统计某班学生爱心捐款情况为例，要完整准确地反映该班学生的捐款情况，应表述为至某年某月某日止，某班学生捐款金额共××元整。

统计指标按所反映的数量特征不同，可分为数量指标和质量指标。

数量指标是反映客观现象总体的规模大小和数量多少的指标，如人口总数、企业总数、总销售额、粮食产量等。数量指标一般是总体的个体数或标志总量，如统计某班学生爱心捐款情况，该班的学生总数、该班学生的捐款总额都属于数量指标，所以数量指标又称为总量指标。数量指标用绝对数表示，且其数值的大小与总体所包括的范围有直接的关系。

质量指标是反映客观现象的相对水平或平均水平的指标，如人口密度、平均工资、出勤率、满意度等。质量指标是数量指标的派生指标，常用来反映客观现象的内部结构、比例关系、发展程度、一般水平等。如统计某班学生爱心捐款情况，将捐款总额和学生总数两个数量指标相除，就可得到每位学生的平均捐款金额。平均捐款金额是一个质量

指标，它可以用来说明该班学生捐款的一般水平。质量指标用相对数或平均数表示，且其数值的大小与总体范围无直接关系。

（2）指标与标志的区别与关系

指标与标志的区别：第一，两者说明的对象不同，标志是说明个体特征的，指标是说明总体特征的；第二，表示的方法不同，标志的具体表现可以用文字表示（品质标志），也可以用数字表示（数量标志），指标则必须用数值表示，没有用文字表示的统计指标。

指标与标志的关系：第一，汇总关系，统计指标的数值是由个体的标志表现经过汇总、计算而来的，没有个体的标志表现，就没有总体的指标数值，总体中各个体标志值的大小及其变化直接影响总体指标数值的大小及其变化；第二，转换关系，由于研究的目的和任务不同，指标有可能变为标志，标志也有可能变为指标，这是由总体和个体的变化来决定的，例如，如果是某系学生会统计学生爱心捐款情况，则某班的捐款总额就从前述例子中的指标变为标志。

（3）统计指标体系

一个统计指标只能反映客观现象的某一方面的数量特征，而客观现象往往是错综复杂的，现象之间存在着各种复杂的联系。要全面反映客观现象，描述现象发展的全过程，只用单个统计指标是不够的，需要建立统计指标体系（简称指标体系）。

统计指标体系是由若干相互联系、相互补充的统计指标所组成的整体，用以说明客观现象各个方面相互联系、相互制约的关系。

统计指标体系通常表现为两种形式。一种是由相互联系、相互补充的指标所组成的指标体系。例如，要评价一个企业的财务状况和经营成果，就必须建立偿债能力指标、营运能力指标、盈利能力指标和发展能力指标等一整套指标体系，指标包括资产负债率、流动比率、速动比率、应收账款周转率、存货周转率、销售利润率、资本金利润率等，这些指标不是孤立的，它们之间有着紧密的联系，并且相互补充，从不同的侧面反映企业的财务状况和经营成果。另一种是通过平衡关系或数学形式表现的。例如，销售额=销售量×单价，总成本=单位成本×产品产量。

统计指标体系的设计不仅要符合客观现象性质的要求，而且要符合主观认识的要求，可见，统计指标体系的设计和建立是一项复杂的系统性工作。

 【案例1-5】解析

现在来思考一下A市自来水公司客户满意度调查项目，你觉得要反映客户对A市自来水公司的满意度，应设计哪些指标？它们之间是怎样的关系？

提示：指标是在标志的基础上汇总而来的。在前面的学习中，我们已将客户对自来水公司的评价分解为水的质量、供水的稳定性、水价、抄表计量准确性、付费便利性、对客户的服务态度等。将各个客户对自来水公司的满意度数值汇总，就能得到客户对自来水公司各个方面的满意度指标，如平均的满意度数值或各满意度等级所占的比重等，这些指标之间是相互补充的关系，它们分别从不同的侧面来说明客户对自来水公司的满意程度。

1.2　统计数据的处理方法

【案例1-6】

　　在进行 A 市自来水公司客户满意度调查工作时，你打算用什么方法取得调查资料？你能获得什么样的调查资料？你可以应用什么技术手段对调查资料进行整理和分析？

　　案例解析：统计工作与数据有着密不可分的关系，统计数据既是统计工作的成果，也是统计工作的对象。人们通常把在实践中遇到的需要解决的问题作为统计研究的问题，通过统计活动获取所需的调查资料，再通过对调查资料进行分析和提炼寻求问题的解决方案。这个过程需要明确如何获取统计数据，以及对数据进行分析的方法。

1.2.1　统计数据的基本类型

　　统计数据是对客观现象进行测量的结果。任何现象都有其属性或数量表现，现象之间都有内在的关系，这些属性或数量表现及内在关系的表现就是统计数据。对客观现象进行测量时，采用不同的计量尺度可以得到不同类型的统计数据，如分类数据、顺序数据和数值型数据。不同类型的统计数据需要用不同的统计分析方法来进行分析。

1. 分类数据

　　分类数据是按照现象的某种属性对其进行分类或分组而得到的反映事物类型的数据，又称为定类数据。例如，人口按照性别可分为男、女两类，按照民族可分为汉族、藏族、苗族等；国民经济按照产业结构可划分为第一产业、第二产业和第三产业。分类数据只能测度事物之间的类别差异，没有优劣、大小、顺序之分，其数学特性是"="或"≠"。因此它是最粗略、精度最低的计量数据，也是最基本的数据。

微课：三次产业划分

　　为了便于计算机处理，通常用数字来表述各个分类类别。例如，用 1 表示"男性"，用 0 表示"女性"，但是 1 和 0 没有数量上的关系和差异。

2. 顺序数据

　　顺序数据是按照现象的某种属性对其进行有等级差异或顺序差异的分组或分类得到的反映事物顺序类别的数据，又称定序数据。它不仅可以度量类别差异，还可以确定排列顺序。例如，将客户满意度划分为非常满意、满意、基本满意、不满意和非常不满意 5 个等级；将考试成绩划分为优、良、中、及格、不及格 5 个等级。顺序数据的数学特性除了"="或"≠"外，还有">"或"<"。顺序数据虽然比分类数据的测量精度要高一些，但仍不能测出类别之间的准确差值，只能比较大小，不能直接进行加、减、乘、除等数学运算。

　　分类数据和顺序数据又统称为品质数据或定性数据，它是统计数据中的重要组成部分。品质数据或定性数据的统计分析具有独特性和专有性。随着大数据时代的来临，品质数据或定性数据在所有数据中的比重会不断增加，分析方法会越来越复杂。

3. 数值型数据

　　数值型数据是使用自然、物理和货币等的单位，及以上单位的复合单位对客观现象

进行测量的结果，其表现为具体的数值。这是比前两种数据更精确的数据类型。数值型数据又可细分为定距数据和定比数据。

定距数据又称区间数据、间隔数据，是具有一定单位的实际测量值。我们不仅可以通过定距数据知道两个变量值之间存在差异，还可以通过对其进行加、减法运算准确计算出各变量值之间的实际差距是多少，如 30℃比 20℃高 10℃。可以说，定距数据的精确性比定类数据和定序数据的更高，它可以对事物类别或次序之间的实际距离进行测量。

定比数据是数据的最高等级。它的数据表现形式同定距数据一样，为实际的测量值。定比数据与定距数据唯一的区别是：在定比数据中"0"表示没有，或者是可达到的极限；而定距数据中的"0"是人为制定的，不表示什么都没有，而是有实际意义的。如摄氏温度为 0℃不表示没有温度，而是表示结冰点，所以用摄氏温度表示的温度值为定距数据；而开氏温度（单位为开尔文，国际温度单位，用符号"K"表示）的零点被称为绝对零度，是温度可达到的极值，因此用开氏温度表示的温度值为定比数据。定比数据间不仅可以比较大小，进行加、减运算，还可以进行乘、除运算。

 【案例 1-6】解析之一

现在来思考一下 A 市自来水公司客户满意度调查项目，你通过调查能获得什么样的资料？

提示：A 市自来水公司的客户分为城镇居民、农村居民和企业，你在调查中还可以根据地段区域进一步进行分组，由此通过调查可以获得基于分组的分类数据。在调查中，你可以从各个角度了解客户对自来水公司的产品和服务的满意程度，由此可以获得基于满意度排序形成的顺序数据。你还可以对居民收入、家庭人口、企业规模、用水量等进行调查，由此可以获得相应的数值型数据。

1.2.2 统计数据的获取方法

从统计数据本身来源的角度看，其都来源于直接的调查或试验。但是从使用者的角度看，数据有两种主要来源：一是直接的调查和科学试验，这是数据的直接来源，一般称之为一手数据或直接数据；二是其他人的调查或试验的数据，这是数据的间接来源，一般称之为二手数据或间接数据。

1. 数据的直接获取

数据的直接获取主要有两种手段：一是调查或观察，二是试验。调查是取得社会经济数据的重要手段，包括政府统计部门进行的调查，如人口普查；其他部门或机构为特定目的而进行的调查，如市场调查等。试验则是取得自然科学数据的主要手段。

根据研究目的进行调查或试验而直接获取的一手数据相对而言更加翔实、可信和有针对性；并且由于保密的需要，很多数据只能通过调查和试验的方法才能获得。

在大数据时代，信息技术的进步使人们得以更有效、更便捷地直接获取一手数据。如亚马逊、腾讯、阿里巴巴等互联网公司，可以实现直接从客户的行为习惯中获取全样本的一手数据；另外，各种工业设备、汽车、仪器仪表上有着大量的数码传感器，随时测量和传递着有关位置、运动、振动、温度、湿度乃至空气中化学物质变化等海量数据。

2．数据的间接获取

对于大多数数据的使用者来说，亲自去做调查或试验往往是不可能或不必要的。很多研究者会大量使用其他人调查或者试验得到的数据，这种数据可称为二手数据。

二手数据主要是公开出版或公开报道的数据，有些是尚未公开出版的数据。公开出版或者报道的社会经济统计数据主要来自国家和地方的统计部门以及各种报刊媒体，如各种统计年鉴、统计数据库等；各种广播、电视媒体也是收集数据的主要途径。随着互联网的发展，大量的电子版数据公布在各国政府部门和企业的网站上，我们充分利用百度等搜索引擎，可以获取需要的各种数据。但是，在使用二手数据时，一定要格外注意数据的真实性和完整性，以免造成分析结果有偏差和错误。例如1936年，美国一家杂志出版社主办了一次规模巨大的有关总统大选的调查，结果预测兰登将以获得57%的选票击败罗斯福赢得大选，而实际是罗斯福获得了60%的选票。究其原因，是该杂志出版社调查的对象是有汽车和电话的人，这显然不能代表当时美国人的整体状况。这就是选择性偏见所带来的错误结果。

微课：如何获取统计数据

1.2.3　统计数据的分析方法

统计数据的分析方法主要包括描述统计分析和推断预测分析。Excel 分析工具库中对统计数据分析方法的归纳如图 1-3 所示。

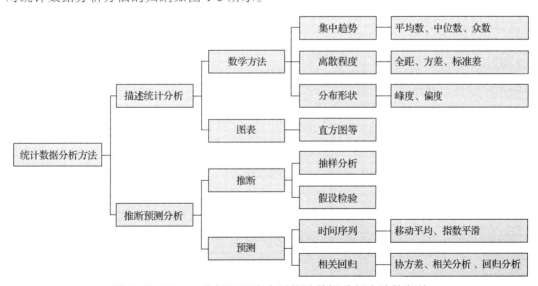

图 1-3　Excel 分析工具库中对统计数据分析方法的归纳

1. 描述统计分析

描述统计分析是通过图表或数学方法，对数据资料进行整理、分析，并对数据的分布状态、数字特征和随机变量之间的关系进行估计和描述的方法。描述统计分析通过对已收集到的统计数据进行加工、分组、编制统计表、绘制统计图及计算相对数、平均数、标准差等，可以使反映客观事物的统计数据一目了然、条理清晰、便于使用。

在进行描述统计分析时，必须对原始数据资料按某一标志分类、整理，如按客户消费金额分组、按地区分组等。在此基础上，运用统计指标和指标体系对事物特征进行不同角度的描述分析。

2. 推断预测分析

推断预测分析具体可分为推断分析和预测分析。

推断分析是研究如何根据样本数据去推断总体数量特征的方法。它在对样本数据进行描述的基础上，对统计总体的未知数量特征做出以概率形式表述的推断。更概括地说，它是在一段有限的时间内，通过对一个随机过程进行观察来推断总体特征的，主要的分析方法有抽样分析、假设检验等。

预测分析是根据反映事物过去发展规律性的数字资料对未来的发展变化进行推断的方法，主要的分析方法有时间序列分析法、相关回归分析法等。

1.2.4 数据信息技术的应用

在应用分析方法的过程中，最大的困难有两个：一是要处理的数据多，数据结构复杂，计算量大；二是对于待解决的问题往往要进行探索性分析，也就是通过不同的分析方法反复试验比较，寻找有效的综合性处理手段。数据信息技术正是为了克服这两个困难而产生和发展的。随着人类进入信息社会，信息量之大、范围之广、变化之快，使得传统的信息处理手段越来越无法适应经济高速发展对统计所提出的要求。

数据信息技术在统计中的应用解决了统计信息的储存、整理、分析和检索问题，提高了统计信息的收集、整理速度。随着科技的发展，目前不方便收集，但是非常有价值的信息，未来都能被收集、整理成数据。例如，传统零售门店每天都要接待很多顾客，可是对顾客的了解却很有限，随着人脸识别技术的普及，当顾客走进门店的时候，其有关信息，包括生日、历史购买记录等，都能够被瞬间采集到。当更多有价值的信息被收集、整理成数据，各个行业都将面临巨大的冲击，每一个行业都要思考，如何管理好自己的用户数据，提升用户体验，从而抢占市场。

数据信息技术还可以及时、准确地将有关统计资料加以分析，特别是对一些数据量较大、手动难以完成的工作，计算机更能体现它的优越性。例如，随着可穿戴设备的出现，人和数据开始真正地融为一体，像谷歌眼镜这样的设备，能够把我们看到的东西即时数据化；类似健康手环类的设备，能够随时使我们人体的活动转化成数据。对数据的深度分析，将会帮助我们做出更好的判断，人类活动将变得更加智能化。

在统计软件方面，目前种类已经达到上百种，比较流行的统计软件有 SPSS、SAS、Minitab、Excel 等，这些软件都可以应用于统计工作的全过程，如统计调查方案设计、统计整理、数据库的建立和管理、统计分析等。在本书中，将介绍最常用的 Excel 软件在统计数据处理中的应用方法。

【案例1-6】解析之二

现在来思考一下 A 市自来水公司客户满意度调查项目，你打算用什么方法取得调查资料？应用什么技术手段对调查资料进行整理和分析？

提示：随着互联网信息技术的发展，现在有很多提供在线调查服务的平台，这种调查方式不仅便于传播、填写问卷，还能够提供资料自动整理和分析的功能，成为很多机构和个人进行问卷调查的主要选择。但 A 市自来水公司的客户涉及城镇和农村居民、企业，个体差异度较大，在获取调查资料时，要充分考虑不同客户的行为习惯和所能参与的调查方式和场景，不能仅局限于一种调查手段。在采用在线调查方式的同时，也应向没有上网习惯的客户进行纸质问卷调查或深度访谈。

除了可以使用在线调查平台提供的简单分析功能对调查资料进行分析，还可以应用 Excel、SPSS 等专业数据分析软件对调查资料进行深度分析。

任务实施

现在来思考一下 A 市自来水公司客户满意度调查项目，你能回答以下这些问题了吗？
（1）你应向谁调查？
（2）调查时应从哪些方面了解客户的满意度？
（3）如何从总体上评价客户的满意度？
（4）进行这项调查工作可以采用哪些信息技术手段？

应用与拓展

一、判断题

1. (1.1.1) 统计的研究对象是客观现象总体的各个方面。 （ ）

2. (1.1.3) 个体是标志的承担者。 （ ）

3. (1.1.3) 在对全国工业设备进行的普查中，全国工业企业设备数是统计总体，每台工业设备是个体。 （ ）

4. (1.1.3) 女性是品质标志。 （ ）

5. (1.1.3) 人口的平均寿命是数量标志。 （ ）

6. (1.1.3) 某城市每个家庭拥有的汽车数是一个离散变量。 （ ）

7. (1.1.3) 某生产小组有 5 名工人，其日产零件分别为 68 件、69 件、70 件、71 件、72 件，这是 5 个数量标志或 5 个变量。 （ ）

8. (1.1.3) 统计指标有的用文字表示，叫作质量指标；有的用数字表示，叫作数量指标。 （ ）

9. (1.1.3) 只有对数量标志的标志表现进行汇总才能形成统计指标。 （ ）

10. (1.1.3) 数量指标的表现形式是绝对数，而质量指标的表现形式是相对数和平均数。 （ ）

11. (1.2.1) 分类数据是最不精确的数据。 （ ）

12.（1.2.1）第一产业、第二产业和第三产业的产业结构划分反映了产业的等级差异，是顺序数据。　　　　　　　　　　　　　　　　　　　　　（　　　）

13.（1.2.1）顺序数据不可以求和。　　　　　　　　　　　　　　　（　　　）

14.（1.2.3）把某一经济现象用图表形式表现出来，这属于推断统计分析的范畴。（　　　）

15.（1.2.3）推断统计分析的目的在于研究总体的数量特征。　　　　　（　　　）

二、单项选择题

1.（1.1.2）（　　　）是对经过加工整理后的统计资料进行计算、分析，以反映现象特征及其发展规律的工作过程，是统计实践活动的关键环节。

    A．统计调查　　　　　B．统计分析　　　　　C．统计设计　　　　　D．统计整理

2.（1.1.3）要了解某企业职工的文化水平情况，则个体是（　　　）。

    A．该企业的全部职工　　　　　　　　　B．该企业每一个职工的文化程度
    C．该企业的每一个职工　　　　　　　　D．该企业全部职工的平均文化程度

3.（1.1.3）研究某企业的生产设备情况，那么统计总体是（　　　）。

    A．该企业拥有生产设备的所有部门　　　B．该企业拥有生产设备的每一个部门
    C．该企业每一台生产设备　　　　　　　D．该企业全部生产设备

4.（1.1.3）下列属于品质标志的是（　　　）。

    A．年龄　　　　　　　B．体重　　　　　　　C．性别　　　　　　　D．成绩

5.（1.1.3）对某班级学生的生活状况进行统计调查，下列标志中属于不变标志的是（　　　）。

    A．年龄　　　　　　　B．学习成绩　　　　　C．专业　　　　　　　D．个人爱好

6.（1.1.3）某机床厂要统计该企业的自动机床的产量和产值,关于上述两个变量的说法,正确的是（　　　）。

    A．两者均为离散变量　　　　　　　　　B．两者均为连续变量
    C．前者为连续变量，后者为离散变量　　D．前者为离散变量，后者为连续变量

7.（1.1.3）下列属于连续变量的是（　　　）。

    A．职工人数　　　　　　　　　　　　　B．设备台数
    C．汽车运输里程数　　　　　　　　　　D．牲畜存栏头数

8.（1.1.3）下列属于离散变量的是（　　　）。

    A．职工工资总额　　　B．化肥产量　　　　　C．学习总成绩　　　　D．企业数

9.（1.1.3）反映总体数量特征的是（　　　）。

    A．品质标志和数量标志　　　　　　　　B．数量指标和质量指标
    C．数量标志和变量值　　　　　　　　　D．品质标志

10.（1.1.3）下列属于质量指标的是（　　　）。

    A．生产设备年生产能力　　　　　　　　B．人口密度
    C．土地总面积　　　　　　　　　　　　D．税收总额

11.（1.1.3）下列指标中属于质量指标的是（　　　）。

    A．总产值　　　　　　B．合格率　　　　　　C．总成本　　　　　　D．人口数

12.（1.1.3）统计指标体系是（　　　）。

    A．若干个独立的统计指标组成的相互依存的整体
    B．若干个相互联系、相互补充的统计指标组成的整体

C. 若干个相互矛盾的统计指标组成的整体

D. 若干个互为因果关系的统计指标组成的整体

13. (1.1.3) 某工人月工资为 500 元，则"工资"是（   ）。

    A. 数量标志   B. 品质标志   C. 质量指标   D. 数量指标

14. (1.1.3) 一个统计总体（   ）。

    A. 只能有一个标志   B. 只能有一个指标

    C. 可以有多个标志   D. 可以有多个指标

15. (1.1.3~1.2.2) 调查人员从市场上销售的某品牌全部羽绒服中抽出 10 件进行检验，这 10 件羽绒服是（   ）。

    A. 总体   B. 样本   C. 分类数据   D. 间接获取数据

16. (1.2.1) 完全能够进行加、减、乘、除运算的数据是（   ）。

    A. 分类数据   B. 顺序数据   C. 定距数据   D. 定比数据

三、多项选择题

1. (1.1.2) 统计工作是收集、整理、分析和研究数据资料，以形成研究结论的工作，具体包括（   ）等环节。

    A. 统计设计   B. 统计调查   C. 统计整理   D. 统计分析

2. (1.1.3) 下列各项中属于连续变量的有（   ）。

    A. 粮食产量   B. 平均工资

    C. 全国总人口   D. 居民生活用水量

3. (1.1.3) 下列说法正确的有（   ）。

    A. 性别、文化程度、企业所属行业类型都是品质标志

    B. 企业的职工人数、企业管理人员数都是数量标志

    C. 某地区职工的工资总额是统计指标

    D. 在校学生的年龄是连续变量

4. (1.1.3) 下列统计指标中属于质量指标的有（   ）。

    A. 单位产品成本   B. 出勤人数   C. 合格品率   D. 工资总额

5. (1.1.3) 对某市工业生产情况进行调查，得到以下资料，其中属于统计指标的有（   ）。

    A. 工业总产值为 129 000 万元   B. 职工人数为 100 万人

    C. 某企业职工人数是 3 000 人   D. 机器台数为 89 000 台

6. (1.1.3) 要了解某地区全部大学毕业生的就业情况，那么（   ）。

    A. 全部大学毕业生是研究总体

    B. 大学毕业生总数是统计指标

    C. 大学毕业生就业率是统计标志

    D. 反映每位大学毕业生特征的职业是数量指标

7. (1.1.3) 在全国人口普查中，（   ）。

    A. 全国人口总数是统计总体   B. 女性是品质标志表现

    C. 人的年龄是变量   D. 人口的平均年龄是统计指标

8. (1.2.1) 统计数据按照计量尺度的不同，可以分为（   ）。

    A. 分类数据   B. 顺序数据   C. 定距数据   D. 定比数据

9. (1.2.1) 下列数据中，（　　　）两类数据统称为数值型数据。

　　A．分类数据　　　　B．顺序数据　　　　C．定距数据　　　　D．定比数据

10. (1.2.2) 以下属于统计数据的直接获取方法的是（　　　）。

　　A．调查　　　　　　　　　　　　B．试验

　　C．统计年鉴　　　　　　　　　　D．国家统计局数据库

四、实践实训

请从以下统计项目中任选其一，尝试进行统计活动。

- 对你所在学校大学生的消费现状进行调查。
- 对你所在学校食堂的客户满意度进行调查。
- 对你所在学校大学生手机使用情况进行调查。
- 对你所在学校大学生计算机需求情况进行调查。
- 对你所在学校大学生课余兼职情况进行调查。

请围绕你所选择的统计项目，结合任务一的学习内容，回答以下问题。

（1）该统计项目的统计总体和个体是什么？

（2）你需要调查的主要标志和指标有哪些？

（3）你打算怎样开展你的统计活动？

小结

　　在任务一的学习中，你了解了统计的基本概念以及数据的处理方法。统计的基本概念主要是统计的研究对象、工作过程和常用概念，主要的常用概念有：总体、个体与样本，标志、标志表现与变量，统计指标与指标体系等。这些基本概念能够帮助你理解统计工作的性质和工作方法，统计的工作过程和常用概念是你学习的重点内容，这些知识是你进行下一阶段学习的必要基础。数据的处理方法主要包括数据的获取方法、分析方法和数据信息技术的应用。任务一的主要知识点及其内在关系如图 1-4 所示。

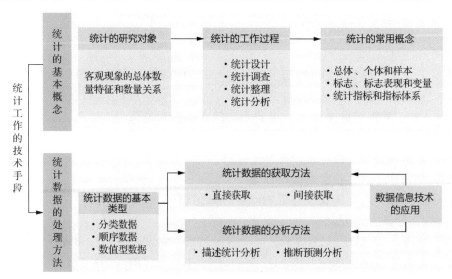

图 1-4　任务一的主要知识点及其内在关系

统计数据收集

任务二

知识目标

- 掌握统计调查的常用方法
- 明确统计调查方案的主要内容
- 掌握问卷设计的方法
- 掌握运用 Excel 软件设计统计表的方法

能力目标

- 能够根据调查目的和客观实际制订详细周密的调查方案
- 能够根据调查需要合理设计调查问卷
- 能够采用恰当的调查方法收集统计数据
- 能够利用 Excel 软件设计统计表

任务描述与分析

1. 任务描述

通过前面的学习，你应该对统计工作的内容和方法有了初步了解。现在，你要着手进行 A 市自来水公司客户满意度的调查工作。你应该已经知道，统计工作分为统计设计、统计调查、统计整理和统计分析 4 个阶段，现在首先要对整个调查工作进行整体设计，然后根据设计方案有计划地开展调查活动，在规定的时间内从 A 市自来水公司的客户那里获得准确可靠的原始统计数据，为后续阶段的统计整理和统计分析提供基础资料。

2. 任务分析

在统计设计阶段需要解决以下问题。

（1）如何进行统计调查的整体设计？

（2）在设计中应注意哪些问题？

在统计调查阶段需要解决以下问题。

（1）用什么方法可以获得调查数据资料？

（2）如何确保这些数据资料的质量？

 相关知识

2.1 统计调查

【案例2-1】

任何较大规模的活动开始之前，都需要制订一个总体方案，对工作对象、目的以及达到目的的步骤、方法等进行说明。统计工作也是如此，你承担任何统计调查工作后的第一个任务，就是对调查工作进行整体规划设计，以确保工作顺利进行。在 A 市自来水公司客户满意度调查项目中，你的任务是得到 A 市自来水公司客户对自来水公司的满意度评价，在收集调查资料之前必须明确的是：这个项目具体需要收集哪些方面的资料？以什么调查方法获得这些资料？如何判定这些资料的真伪？

案例解析：要想获得准确、及时、完整的调查资料，你必须运用各种科学的调查方法，有计划、有组织地收集资料，并且对收集到的资料进行科学的判定，以确保后续统计分析的正确性。

2.1.1 统计调查方法

统计研究的目的是认识被研究的对象在数量方面的特征和规律，这就意味着必须收集资料，根据资料进行分析研究。统计调查就是采用科学的方法，对所要研究的社会经济现象进行有计划的、系统的统计资料收集的工作过程。统计调查的基本任务是准确地、及时地、完整地向有关部门提供资料。社会经济现象是错综复杂的，调查对象千差万别，而且统计研究的任务也是多种多样的。因此，在组织统计调查时，应根据不同调查对象和调查目的，灵活采用不同的调查方法。统计调查方法多种多样，下面重点介绍几种常用的统计调查方法。

1. 统计报表制度

统计报表制度是依照国家有关法规，自上而下地统一布置，以一定的原始记录为依据，按照统一的表格表式、统一的指标项目、统一的报送时间和报送程序，自下而上地逐级定期提供基本统计资料的一种调查方法。统计报表制度所包括的范围比较全面，项目比较系统，分组比较齐全，指标的内容和调查周期相对稳定。因此，它也是我国统计调查体系中取得统计资料的一种重要的调查方法。

微课：带你认识
统计员家族

统计报表在制订、实施和管理上都有明确的统一规范。例如，统计报表的制发，只能由统计部门或业务部门的综合统计机构统一组织；各填报单位应如实填写，不允许弄虚作假、虚报瞒报等。

我国的统计报表体系由国家统计报表、业务部门统计报表和地方统计报表组成。统计报表按报送时间分为月度、季度和年度统计报表，报表内容涉及国民经济各部门和各行业。我国目前对规模以上单位实行"一套表统计调查制度",调查单位采取联网直报方式,严格按照规定的调查内容、上报时间独立自行报送数据。有关规模标准如下。

（1）年主营业务收入 2 000 万元及以上的工业法人单位。

（2）有总承包、专业承包和劳务分包资质的建筑业法人单位。

（3）年主营业务收入 2 000 万元及以上的批发业、年主营业务收入 500 万元及以上的零售业法人单位和个体经营户,非批发和零售业法人单位附营的全年主营业务收入 2 000 万元及以上的批发业、全年主营业务收入 500 万元及以上的零售业产业活动单位。

（4）年主营业务收入 200 万元及以上的住宿和餐饮业法人单位和个体经营户,非住宿和餐饮业法人单位附营的全年主营业务收入 200 万元及以上的住宿和餐饮业产业活动单位。

（5）全部房地产开发经营业法人单位,非房地产开发经营业附营的房地产开发经营业产业活动单位。

（6）除上述单位以外,年综合能源消费量为 1 万吨标准煤及以上的工业法人单位,以及年综合能源消费量为 1 万吨标准煤及以上的建筑业及第三产业重点耗能法人单位。

2. 普查

普查是根据统计任务的特定目的而专门组织的一次性全面调查方法。它主要用来收集某些不能够或者不适宜用其他方法收集的统计资料,一般用来调查属于一定时点的社会经济现象的总量,以摸清重大的国情、国

微课：第七次
人口普查宣传片　　微课：第四次
经济普查宣传片　　微课：第三次
农业普查宣传片

力,如全国人口普查、经济普查、农业普查等。普查也可以用来反映一定时期的现象的总量,如出生人口总数、新增固定资产投资额等。

普查是一种很重要的调查方法,是其他方法不可代替的。虽然有些情况下统计报表可以用来收集全面的基本统计资料,但它不能代替普查。因为对于有些社会经济现象,如人口增长及其构成变化、物资库存变化、耕地面积变化、工业设备变化等情况,不可能也不需要组织经常性的全面调查,而国家为了及时掌握有关国情、国力的发展状况,就需要通过分期分批的专项普查来获得有关数据资料。目前我国已形成规范化的普查制度,如表 2-1 所示。

表 2-1　我国基本的普查项目

普查项目	间隔时间	普查年份	最近进行的普查活动
人口普查	每 10 年进行一次	逢"0"的年份进行	2020 年第七次人口普查
农业普查	每 10 年进行一次	逢"7"的年份进行	2017 年第三次农业普查
经济普查	每 5 年进行一次	逢"3"和"8"的年份进行	2018 年第四次经济普查

3. 抽样调查

抽样调查是按随机原则,从总体中抽选部分单位进行观察,并根据这部分单位的调查材料,从数量方面推断总体指标的一种非全面调查方法。对于无限总体或总体单位分散的调查来说,抽样调查有着其他调查方法无法代替的优越性（有关抽样调查的理论和方法,将在任务八中详述）,具体表现为：①准确性,因为抽样调查有概率论作为理论基础；②经济性,抽样调查能节省大量的人力、财力、物力和时间；③时效性,抽样调查能及时满足各部

微课：1%人口
抽样调查

门、各地区和各单位的资料要求；④灵活性，人们可在无法接触到全部调查对象的情况下运用多种抽样方法进行调查；⑤广泛性，抽样调查几乎适用于绝大多数的调查活动，尤其是在破坏性检测方面更具有适用性。

4．重点调查

重点调查是指在全体调查对象中选择一部分重点单位进行调查，以取得统计数据的一种非全面调查方法。由于重点单位在全体调查对象中只占一小部分，调查的标志量在总体中却占较大的比重，因而对这部分重点单位进行调查所取得的统计数据能够反映社会经济现象发展变化的基本趋势。例如，要及时了解全国原油生产的基本情况，只要调查占全国原油产量比重很大的大庆、大港、胜利等油田即可，虽然只有几个单位，但其原油产量占很大的比重。相对于其他调查方法来说，重点调查的主要特点是投入少、调查速度快、反映的主要情况比较准确。

5．典型调查

典型调查是根据调查目的和要求，在对研究总体进行全面分析的基础上，有意识地从中选择少数具有典型性的单位进行深入调查研究的一种非全面调查方法。

（1）典型调查的特点

① 调查单位是根据调查目的有意识选择出来的少数具有典型性的单位，便于从典型入手，逐步扩大到具有一般性和普遍性的事物。

② 典型调查的调查单位少，调查方法机动灵活，省时省力，调查效果好。

③ 典型调查是一种深入、细致的调查方法。通过典型调查，既可以收集有关数字资料，又可以掌握具体、生动的情况，探索事物发展变化的规律。

（2）典型调查的主要作用

在统计工作中，典型调查既可以作为收集统计资料的一种方法，也可以运用于统计分析阶段。其主要作用是：①可用于研究新生事物，抓住苗头，认真地进行调查研究，探索它们的发展方向，形成预见，加以推广；②可以补充全面调查的不足；③可以利用典型资料，结合基本统计数字，估计推算有关数据。

做好典型调查的关键是根据研究目的选择具有典型性的单位，通常可选先进典型、后进典型和一般典型。收集典型材料的方法很多，其中最主要、最基本的方法是调查人员深入实际，邀请一部分深切了解情况的人开展讨论式的研究，收集丰富的感性认识材料。

 视野拓展

大数据时代，数据收集的手段更加多样，但数据安全问题也随之而来。作为互联网企业，利用平台优势，可以获取海量的数据，同时，这些数据如果不能得到合理利用，也会带来公民隐私外泄和国家安全隐患。你认为大数据时代，应如何规范企业的数据收集和利用行为？如何维护国家的数据安全？

微课：国家安全
红线不可逾越

 【案例2-1】解析

现在来思考一下A市自来水公司客户满意度调查项目，请你为这个项目选择合适的调查方法。

提示：不同的调查方法有其优缺点，我们需要根据调查的要求，确定最合适的调查方法。无论采用什么调查方法，都要保证收集到的数据的客观性、科学性和准确性。对于 A 市自来水公司客户满意度调查项目来说，不具备采用统计报表制度的条件；从企业承担的成本考虑，也不适宜采用普查方法；我们所调查的是客户满意度，不存在哪个客户的标志值在总体中占有很大比重的现象，所以也不适宜采用重点调查。在这个调查项目中，由于自来水公司客户众多，最适宜的调查方法应该是通过抽样调查，获取一定数量的客户满意度，并由此推断客户总体的满意度。同时，也可以开展一定范围的典型调查，收集更为详细的客户对公司产品和服务的意见。

2.1.2 统计调查方案

 【案例 2-2】

现在你已经为 A 市自来水公司客户满意度调查项目选择了合适的调查方法，接下来，你又该如何保证调查方法的正确实施，并按时获得预期的调查资料呢？

案例解析：统计调查涉及面广，是一项复杂的工作，因此在统计调查实施之前需要做好各项准备工作，设计一个切实可行的统计调查方案，使调查工作能统一思想、统一认识、统一步骤、统一内容，有组织、有计划地进行，以保证调查任务的顺利进行。

无论采用什么调查方法收集资料，都要事先根据需要和可能，对被研究对象进行定性分析，设计出合理的调查方案。统计调查方案是统计设计阶段的一项重要内容，是保证统计调查顺利进行的前提，也是准确、及时、系统、完整地取得调查资料的重要条件。一份完整的调查方案，应包括的基本内容如图 2-1 所示。

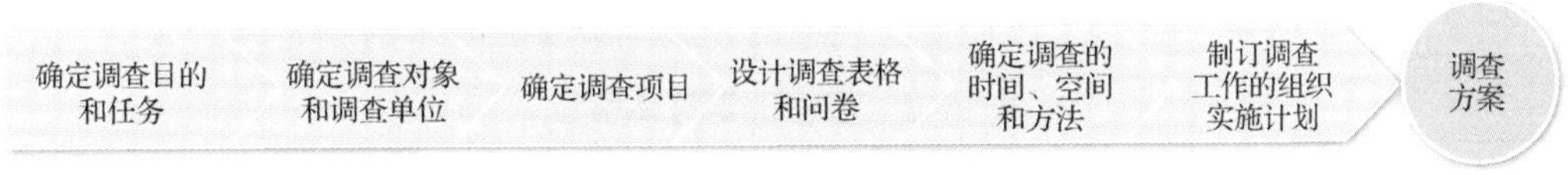

确定调查目的和任务 → 确定调查对象和调查单位 → 确定调查项目 → 设计调查表格和问卷 → 确定调查的时间、空间和方法 → 制订调查工作的组织实施计划 → 调查方案

图 2-1 调查方案的内容

1. 确定调查目的和任务

统计调查总是为一定的研究任务服务的，制订调查方案的首要工作是明确调查的目的和任务。不同的研究目的和任务，决定着不同的调查内容和范围。倘若目的不明，任务不清，就无法确定向谁调查、调查什么、怎样调查，整个调查工作就会陷入盲目、混乱，并造成人力、物力、财力的浪费。只有调查目的和任务明确了，收集资料的范围和方法才能确定下来。例如，A 市自来水公司客户满意度调查项目的调查目的可以概括为"为了加强与顾客的沟通，深入了解客户需求，以解决客户遇到的问题，并在此基础上持续改进公司的产品质量，进一步优化供水服务"。根据此调查目的，在统计调查的全过程中，必须紧紧围绕客户需求，针对企业的产品和服务的各个方面广泛而有效地收集客户意见，并据此进行统计分析工作。

2. 确定调查对象和调查单位

所谓调查对象是指需要调查的社会经济现象总体，它是由性质相同的许多单位组成

的整体。调查单位是指调查对象中需要调查的具体单位，它是进行调查登记的标志的承担者。例如，调查的目的是获取企业员工薪酬满意度的基本情况，那么，所有的企业员工就是调查对象，而具体调查的每个员工就是调查单位。

明确调查单位，还必须把它与填报单位相区别。填报单位也称报告单位，是负责向上报告调查内容、提交调查资料的单位。由于不同的调查目的，调查单位和填报单位有时一致，有时不一致。例如，进行民营企业职工基本情况普查，调查单位是民营企业的每一个职工，而填报单位是每个民营企业。

3．确定调查项目

调查项目是所要调查的具体内容，包括调查单位所必须登记的标志及其他有关情况，它完全是由调查对象的性质、调查的目的和任务决定的。确定调查项目是调查方案设计的重要内容，主要明确调查什么，即应该向调查单位收集的资料，它可以是调查单位的数量特征，如人的收入、年龄，企业的产量、职工数等；也可以是调查单位的某种属性或品质特征，如人的性别、职业，企业所属的行业类别等。在具体设计和拟定调查项目时，需要注意以下问题。

（1）调查项目要少而精，只列入为实现调查目的所必需的项目。

（2）本着需要和可能的原则，只列入能够得到确定答案的项目。

（3）调查项目之间尽可能保持联系，以便相互核对，起到校验作用。

（4）有的项目可设计为"选择式"的，以便不同的填报单位根据实际情况选择适宜的项目。

4．设计调查表格和问卷

将各个调查项目按照一定的顺序排列在一个表格上，就构成了调查表，其目的是保证统计资料的规范化和标准化。调查表分为单一表和一览表。

（1）单一表。单一表是在一张调查表中只登记一个调查单位的表格。其优点在于可容纳较多的调查项目，获取比较丰富、详尽的资料，表 2-2 所示的就是单一表。

表 2-2　新生入学身体检查

姓名		性别		出生年月	
班级		身高	厘米	体重	千克
家庭地址					
血压		毫米汞柱		心率	次/分
视力（左）				视力（右）	
耳				鼻	
肺				扁桃体	
脊柱				四肢	
皮肤				辨色力	
发育状况				营养状况	
其他					
意见				检查单位盖章	
医师签字				日期	

（2）一览表。一览表是在一张调查表上登记多个调查单位的表格。当调查项目不多时宜使用一览表，表2-3所示的就是一览表。

表2-3　新生身体发育状况调查

调查序号	姓名	性别	出生年月	年龄/岁	身高/厘米	体重/千克	胸围/厘米	肺活量/毫升

5．确定调查的时间、空间和方法

统计调查应规定调查时间和调查期限。调查时间是调查资料所属的时间，具有客观性。如果所调查的是时期现象，就要明确规定从何年何月何日起到何年何月何日止；如果所要调查的是时点现象，就要明确规定统一的标准时点。调查期限是进行调查工作的期限，包括从收集资料到报送的整个工作流程所需要的时间，具有主观性。统计调查的及时性要求就是遵守时间。假定某企业每月5日需上报上个月的生产经营情况，则调查时间为上个月，调查期限为次月的1~5日这5天。又如我国第七次人口普查规定2020年11月1日零时为普查登记的标准时点，要求在2020年12月10日以前完成普查登记，则调查时间为2020年11月1日零时，调查期限为40天。

确定调查空间是指确定调查单位在什么地方接受调查，它有时与调查单位所在地一致，有时却不一致。如人口普查，必须规定是按户口所在地登记还是按常住地登记。如果规定按户口所在地登记，则被调查人员如因故离开其居住地，应仍然按户口所在地登记。

调查方法包括调查的组织形式和收集资料的具体方法，这些也要进行正确的选择，主要根据调查目的和调查对象的特点而定。在全部统计工作中，统计的设计、整理、分析等活动，基本上属于室内的案头工作，一旦发现小错误，可及时予以纠正；若事后发现工作有问题，可进行补救，甚至可以从头再做一遍。但调查工作具有明显的不可重复性，即使是一些能够重复进行的调查，也会由于经费、时间等因素，无法重新调查。这就意味着，调查方法一旦出错，造成的后果在很大程度上无法进行事后弥补，因此，在进行统计调查的过程中，一定要采用正确的调查方法。

6．制订调查工作的组织实施计划

为了保证整个统计调查工作顺利进行，在调查方案中还应该有一个周密考虑的组织实施计划。其主要内容应包括：调查工作的领导机构和办事机构；调查人员的组织；调查方法的选择；调查前的准备工作，包括宣传教育，干部培训，调查文件的准备，调查经费的预算和开支办法，调查方案的传达布置、试点及其他工作等。

要想保证统计调查工作的顺利进行，就必须把统计调查工作的各个阶段、各个环节、各个方面落实到人。在工作任务的分工设计上，必须遵循科学、合理的原则，做到各项任务都有人负责，不留遗漏。同时，各个部门与工作人员的任务要明确，人与人、部门与部门之间的工作内容不重复，避免互相扯皮、互相推诿。这样，既可保证统计调查工作的全面完成，也便于对统计调查工作完成情况进行检查、监督。

2.1.3 统计调查资料的质量控制

1. 统计数据的误差

收集统计数据是统计研究的第一步，如何保证统计数据的质量是数据收集阶段应重点解决的问题，因为统计数据的质量直接影响到统计分析结论的客观性与真实性。为确保统计数据的质量，在数据的收集、整理、分析等各阶段都应尽可能减少误差。统计数据的误差通常是指统计数据与客观现实之间的差距，误差主要有登记性误差和代表性误差两类。

（1）登记性误差。登记性误差是调查过程中由于调查者或填报单位所造成的误差。调查者所造成的登记性误差主要有：调查方案中有关的规定或解释不明确导致的填报错误、抄录错误、汇总错误等。填报单位造成的登记性误差主要是因人为因素干扰形成的有意虚报或瞒报调查数据，这种误差在统计调查中应予以特别重视。登记性误差理论上讲是可以消除的。

（2）代表性误差。代表性误差主要是指在用样本数据进行推断时所产生的随机误差。其产生的原因有：抽取样本时没有遵循随机原则、样本结构与总体结构存在差异、样本容量不足等。这类误差通常是无法消除的，但事先可以进行控制或计算。

2. 统计数据的质量要求

数据的质量包括多方面的含义，它不仅仅是指数据本身的准确性或误差的大小。就一般的统计数据而言，可将其质量评价标准概括为以下6个方面。

（1）精度，即最小的抽样误差或随机误差。

（2）准确性，即最小的非抽样误差或偏差。

（3）关联性，即满足用户决策、管理和研究的需要。

（4）及时性，即在最短的时间里取得数据并公布。

（5）一致性，即保持时间序列的可比性。

（6）最低成本，即在满足以上标准的前提下，以最经济的方式取得数据。

现在，人们对统计数据的质量提出了越来越高的要求，当我们因某一需要收集统计数据时，在调查方案的设计、数据的收集、数据的处理与分析等各个环节中，都应注意保证数据的质量，以便得出切合实际的客观结论。

【案例2-2】解析

现在来思考一下A市自来水公司客户满意度调查项目，你知道该如何拟定该项目的调查方案了吗？

提示：在前面的学习中，你已经了解到一份完整的调查方案，要确定调查目的和任务、确定调查对象和调查单位、确定调查项目等内容。我们已经对A市自来水公司客户满意度调查项目进行了调查设计，确定了我们的调查目的，明确了我们的调查对象，也设计了我们的调查内容，并根据调查的内容选择了合适的调查方法，你只需要再根据实际情况设计所需的调查表或问卷，确定合适的调查时间和空间，制订出调查工作的组织实施计划，一份完整的调查方案就形成了。

2.2 问卷的设计

【案例2-3】

你已经制订好了统计调查的方案、选定了合适的统计调查方法，即将开始数据收集的工作。问卷是收集统计信息、进行数据分析处理的重要载体，是由一个又一个问题组成的，这些问题凝结着设计人员的智慧，可以说，问卷决定着统计调查的一切。在 A 市自来水公司客户满意度调查项目中，如何设计问卷的问题？如何设计问题的答案？如何编排问题的顺序？

案例解析：要想获得一手资料，大多情况下要使用问卷来收集调查。问卷作为一种标准化和统一化的数据收集方式，对保证调查的效度和信度具有重要的作用，并且可以把定性的问题转化成定量的研究。

2.2.1 问卷的认知

在数据收集工作中，一旦数据资料收集方法确定以后，实际的问卷设计过程也就开始了。调查者事先根据统计调查的目的和要求设计由一系列问题、说明及备选答案组成的调查问卷。问卷有助于被调查者及时准确地获取调查的内容，领会调查意图，提高统计调查的系统性和准确性。

1. 问卷的含义

问卷是指调查者根据调查目的与要求设计的，由一系列问题、备选答案及说明等组成的，用于从被调查者处获取信息的一种基本工具。标准化的问卷不仅有利于准确、迅速地收集资料和信息，而且便于高速、高效地对这些数据进行处理和分析。

2. 问卷的作用

（1）提高精度。问卷可以将统计调查的数据收集过程标准化和统一化。调查者将所要获得的资料按照一定的顺序以提问的方式在问卷中列出来，并提供大多数问题的答案选项供被调查者选择，使之易于接受。如果没有问卷，被调查者的回答可能受到调查者用词的影响，而不同的调查者可能会以不同的方式提问，会使所收集的资料精度下降，这会影响统计调查结果的质量。

（2）便于对资料进行统计处理和定量分析。问卷不仅可以将人们实际的行为以提问和回答的方式设计出来，而且可以将人们的态度、观点、看法等定性的认识转化成定量的研究，这样研究者除了可以对统计被调查者的基本状况有一定的了解外，还可以对各种现象进行相关分析、回归分析等。

（3）节省统计调查时间，提高统计调查效率。由于问卷设计已将统计调查目的、调查内容转化为具体的问题和备选答案并罗列出来，除了一些特殊情况需要被调查者做文字方面的解答以外，被调查者只需对所选择的答案做上记号即可，因此节省了许多时间，使调查者能在较短的时间内获得更多的有用信息，调查工作效率大大提高。

3. 问卷的结构

问卷的结构就是指问卷的几个组成部分，一般而言，有开头、甄别、主体和结束

语 4 个部分。问卷的基本内容包括标题、问候语、填写说明、甄别、问题与答案、编码和调查证明的记载等 7 个部分。

（1）标题。问卷的标题是对问卷调查主题的基本概况的说明，一般位于问卷的上端中间位置。它的功能是让被调查者一目了然地了解该项问卷调查的主要内容和基本用意。因此问卷的标题既要简明扼要，又要切中主题，例如"A 市自来水公司客户满意度问卷调查"，不要简单写成"问卷调查"或"问卷"。

（2）问候语。问候语也称前言或问卷说明，它是对调查目的、意义以及有关事项的说明。其作用是引起被调查者的兴趣和重视，消除被调查者的顾虑，激发被调查者的参与意识，以争取他们的积极合作。问候语一般位于问卷的开头，也可单独成为问卷的一封信。在调查问卷的问候语中，调查者至少应该传递如下基本信息。

① 称呼：对被调查者的称呼。

② 自我介绍：说明调查者所代表的公司以及本人的职务或姓名。

③ 调查目的与意义：尽量从被调查者感兴趣的角度，说明本次问卷调查的目的与意义，以争取被调查者的合作。

④ 回报：如果调查者有酬谢，应在前言中说明对被调查者的酬谢方式，如获得赠品、参与抽奖等。

⑤ 保密承诺：对被调查者的信息承诺保密。

⑥ 所花的时间及感谢语。

举例如下。

尊敬的先生/女士：您好！我是 A 市自来水公司的调查者，为了更好地为您提供服务，想问您几个问题。您的回答将严格保密。届时，我们将从被调查者中随机抽出 50 位幸运者，他们每人可得到公司提供的价值 500 元的奖品。对您提供的任何意见，我们将十分感谢！

（3）填写说明。问卷的填写说明通常在自填式问卷中出现，旨在帮助被调查者填写问卷，应包括注意事项、填写方法、交回问卷的时间要求以及问卷如何返回到调查者手中等。可在问题前面集中说明，也可在每个问题中说明，用括号括起来。

（4）甄别。甄别也称为过滤，是指先对被调查者进行过滤，筛选掉不需要的被调查者，然后针对特定的被调查者进行调查。甄别的主要目的是：筛选掉与调查项目无直接关系的人，排除干扰因素；确定哪些人是最合适的被调查者。

（5）问题与答案。问题与答案又称为问卷的主体，是调查问卷中最重要的部分，其篇幅也占整个调查问卷的绝大部分。问题部分的基本内容包括根据调查纲要或调查项目而设计的各种问句、不同问句的回答方式、对各类回答方式的指导和说明等。

（6）编码。编码也是主体的一个组成部分。它将问卷中的调查项目以代码的形式表示出来。一般的问卷均须对每个问题进行编码，以便分类整理，易于进行计算机处理和统计分析。

调查问卷编码是实现计算机数据处理的"中介"与"桥梁"。调查问卷编码是指把调查问卷记录的所有资料，按一定的分类或排序规则转换成不同的数字组合，即把调查问卷中的各种数字和文字资料以数字的形式，填写到调查问卷给定的编码框里。

编号和编码不是完全相同的概念。对于每个问题而言，编号是进行编码的基础和前期准备。编码可对每个问题进行设置，每份问卷也必须有编号，即问卷的编码，该编码除了反映序号之外，还应包括与该样本有关的抽样信息等。

（7）调查证明的记载。其主要包括调查者的姓名、调查日期、时间及调查地点等表明任务完成的信息和联系电话等。除此之外还包括便于审核和继续跟踪的一些信息，诸如被调查者的姓名、单位或家庭住址及电话等。

2.2.2　问卷设计的程序

问卷设计的程序是指设计问卷应遵循的基本步骤。要设计一份调查问卷，第一步不是马上动手写调查问题，而是先做一段时间的探索性工作，然后才是设计问卷初稿，并经过试用和修改，最后形成正式的问卷。因此问卷设计的程序大体上分为事前准备、设计问卷初稿、事后检查 3 个阶段，共计 10 个步骤。

1．事前准备

事前准备阶段包括明确调查目的、明确所需获取的信息、确定信息收集方法等。

（1）明确调查目的。调查过程经常是因工作中决策时所需信息不足而引发的。以市场调查为例，市场部经理、品牌经理或新产品开发专家在做决策时往往需要当前市场或未来市场的需求信息。明确调查目的这一任务不能单纯地交给调查人员来完成，而让委托人提供调查目的更是不对的。明确调查目的，需要调查人员和委托人的深入沟通和分析。市场调查不是为了调查而调查，所以市场调查机构或企业内部市场调查部门必须通过与决策者沟通、访问行业专家、收集并分析二手资料和定性调查等工作反复验证项目的调查目的。

（2）明确所需获取的信息。明确调查目的后，要对调查目的进行初步的探索性研究，将其转化为具体的理论假设和所需获取的信息。研究人员需先进行一定的二手资料的收集工作，在对二手资料进行充分分析的基础上，确定所需的一手资料的内容，并分析哪些资料需要通过问卷来取得、需要向谁调查等。特别要搜寻与被调查者各种特征相关的资料，如能反映被调查者社会阶层、行为规范、社会环境等特征的资料；反映文化程度、知识水平、理解能力等文化特征的资料；反映需求动机、行为等心理特征的资料。

（3）确定信息收集方法。明确所需获取的信息之后，研究人员需要确定怎样收集这些信息。常用的问卷调查方式有面访调查、电话调查、邮寄调查和网络调查等，不同类型的调查方式对问卷的格式和要求是有所差别的。在面访调查中，被调查者能与调查者面对面地交谈，就可以询问较长和复杂的问题；街头拦截式的面访调查，要求问卷内容尽量简短；电话调查要用丰富的词汇描述问题，可用对话的风格来设计；在邮寄调查中，邮寄问卷给被调查者自己填写，要给出详细的指导语；在网络调查中，可以设置复杂的跳答和随机问题，以减小由于问题顺序不同造成的偏差。

2．设计问卷初稿

设计问卷初稿阶段主要包括确定每个问题的内容、决定问题的回答形式、决定问题的措辞、确定问题的顺序、评估问卷和编排问卷等。

（1）确定每个问题的内容。一旦确定了信息收集方法，下一步就是确定问卷中具体包括哪些问题以及这些问题都应该询问什么内容、能否准确有效地反映调查所需信息等。一份问卷的内容不宜过多，否则不但会浪费时间和增加资料处理的费用，还会使调

查对象感到厌烦，影响调查的质量。把所有的问题提出来后，要对已编写好的问题逐一进行检查，将重复的、不必要的问题删掉，对表达不准确、不适当的问题加以修改，有的题目如不能充分体现调查内容，还要加以补充。

（2）决定问题的回答形式。这一步首先关心的是所使用的问题的类型。有3种主要的问题类型：开放式问题、封闭式问题、量表应答式问题。每种形式的问题各有利弊，用哪种形式完全取决于研究问题的性质和特点。一般来说，在需要快速回答、对量化结果感兴趣、被调查者教育水平较低的情况下，采用封闭式问题比较合适。但在有些预备性调查中，想让被调查者充分陈述自己的观点和看法，就需要采用开放式问题。在实践中，为了避免它们各自的缺点，有时需要采用3种类型相结合的方式。

（3）决定问题的措辞。问卷中的问题是用于了解被调查者的观点和提供资料的依据，要将所需内容转化为被调查者容易接受的句子，就必须注意措辞。避免使用诱导性的用语，要考虑被调查者回答问题的能力和意愿。

（4）确定问题的顺序。问卷的问题与答案设计好以后，不能随意编排，问卷每一部分的位置都应具有一定的逻辑性。

第一，将过滤性问题放在问卷前面，用来识别哪些人是合格的被调查者。

第二，在得到合格的被调查者后，以一个令人感兴趣的问题开始访谈。

第三，先引入一般性问题。

第四，把需要思考的问题放在问卷中间。

第五，在关键点处插入提示。

第六，把开放式问题放在问卷后面。

第七，把敏感性问题、威胁性问题和人口统计问题放在问卷最后。

（5）评估问卷和编排问卷。

在评估问卷过程中，应注意3个方面的问题：①问题是否必要；②问卷是否太长；③问卷是否具有调研目标所需的信息。

在编排问卷的过程中，要注意 4 个方面的问题：①外表要美观；②适当的图案或图表可以调动被调查者的积极性；③内部要留出足够的空间，方便提问、回答、编码以及数据处理；④重要的地方加以强调，引起被调查者的注意。

3．事后检查

事后检查阶段包括问卷的模拟试验、制成正式问卷。

（1）问卷的模拟试验。问卷设计完成后，在进行大规模正式调查之前，需要对问卷的内容、措辞、问题的顺序等进行全面的检查。具体办法是通过模拟调查试验及试点调查，来检查问卷中是否存在问题，如有，应进行适当的修改。

（2）制成正式问卷。问卷经过模拟试验后，就可进入最后的印制阶段。问卷的印刷和装订也会影响问卷的效果，如果纸张质量很差或外形很破旧，被调查者会认为该调查项目不重要。因此，问卷应当用质量较好的纸张印刷，要有一个"专业性"的外形。如果问卷有多页，不应该简单地用订书机装订，应装订成册，最好用双面印刷，这样看起来更正规。

随着信息技术的普及，当前很多机构采用网上问卷调查的方式，这不仅可以大量节省纸张印刷费用，而且可以显著提高调查效率。网上问卷的设计同样要考虑问卷的排版和美观问题，并且在问卷链接上要提示问卷的名称以获取被调查者的信任。

2.2.3 问卷设计的技术

问题和答案的设计是调查问卷设计的主要内容，也是直接影响调查质量的关键。若问题用词不当，可能使被调查者产生误解，甚至引起反感；答案选项的顺序排列不同也可能导致不同的选择，影响调查的结果。因此在设计问卷时，必须根据设计问卷的步骤和原则，针对问题的类型反复推敲，这样才能设计出高水平的调查问卷。

1. 问题设计技术

（1）直接性问题和间接性问题的设计

直接性问题是指通过直接的提问立即就能够得到答案的问题。这些问题可以是一些已经存在的事实或被调查者的一些不敏感的基本情况。

例如：请问您是本市常住居民吗？

间接性问题指的是使被调查者敏感、尴尬、感到威胁或有损其自我形象的问题，一般不宜直接提问，而必须采用间接或迂回的询问方式发问，这样才可能得到答案。它们通常是指那些被调查者思想上有顾虑而不愿意或不想如实回答的问题。

例如：你家里目前有多少积蓄？

（2）开放式问题和封闭式问题的设计

开放式问题是指调查者对所提出的问题不列出具体的答案，被调查者可以自由地运用自己的语言来回答和解释的问题。

例如：您对我们的服务还有哪些具体的要求或建议？

开放式问题的优点是比较灵活，能调动被调查者的积极性，使其充分自由地表达意见和发表想法。对于调查者来说，能收集到原来没有想到或容易忽视的资料。同时由于被调查者以自己的方式来回答问题，调查者可以从中得到启发，获得更多有用的资料。这种提问方式特别适合那些答案复杂、数量较多或者各种可能答案尚属未知的情形。当然，开放式问题也有缺点，被调查者的答案可能各不相同，标准化程度较低，资料的整理和加工比较困难，同时还可能会因为被调查者表达能力的差异而产生调查偏差。

封闭式问题是指事先将问题的各种可能答案列出，由被调查者根据自己的意愿选择回答。

例如：您知道目前水价的组成吗？

A. 知道　　B. 不知道

封闭式问题的优点主要有：标准化程度高，回答问题较方便，调查结果易于处理和分析，可以避免无关问题，回答率较高，可节省调查时间。缺点主要有：被调查者的答案可能不是自己想准确表达的意见和看法；给出的选项可能对被调查者产生误导；被调查者可能猜测答案或者随便乱答，使答案难以反映自己的真实情况。

（3）动机性问题和意见性问题的设计

动机性问题是指为了了解被调查者的一些具体行为的原因和理由而设计的问题。

例如：你为什么购买净水器？

动机性问题所获得的调查资料对于企业制订市场营销策略非常有用，但是收集难度较大。调查者可以将多种询问方式结合使用，尽最大可能将被调查者的动机揭示出来。

意见性问题主要用于了解被调查者对某些事物的看法或想法。

例如：你在学校食堂用餐时最看重的是什么？

意见性问题在营销调查中也经常遇到，它是很多调查者准备收集的关键资料，因为意见常常影响动机，而动机决定着购买者的行为。

（4）量表应答式问题的设计

在问卷中设计量表应答式问题主要是为了对被调查者回答的强度进行测量，同时，许多量表应答式问题的答案可以转换为数字，这些数字可以直接用于编码。另外，量表应答式问题还可以用更高级的统计分析工具进行分析。

例如：对于A公司提供的自来水的质量，您的满意度如何？

A．非常满意　　B．满意　　C．一般　　D．不满意　　E．非常不满意

量表应答式问题也有缺点，如被调查者可能出现误解，问题有时对被调查者的记忆与回答能力要求过高。

2. 问题设计应注意的事项

设计一份科学合理的问卷是一项复杂的系统工程。要完成这项艰巨的任务，除了要考虑一些必要的原则、程序以外，还要注意问题设计中的一些技巧和技术。

（1）措辞合理。问题的措辞合理指的是将问题用被调查者可以清楚而轻松理解的用语表达出来。这是设计一份问卷的关键，同时也是最困难的任务。

 注意

> ① 用词要通俗，尽量减少使用专业词汇；②用词要确切，尽量少用副词；③避免一题两问。

（2）避免否定式提问。否定式提问也称假设性提问，是指对有些要提的问题，先做出某种假设，以此为前提让被调查者做出单项或多项选择。

例如：您觉得A公司的自来水水压不稳定吗？

由于多数人都有愿意尝试新东西，或获得一些新经验的心理，被调查者对这类问题大多会选择"是"。否定式提问会破坏被调查者的思维，令其做出与其意愿相反的回答或选择，因此尽量不要使用否定式提问。

（3）避免诱导性或倾向性提问。合格的问卷中的每个问题都应该是中立的、客观的，不应该带有某种诱导性或倾向性，应让被调查者自己去选择答案。

例如：您认为A公司热线接线员的服务态度是否应该提高？

问题中的"是否应该提高"这种提法带有明显的肯定倾向，它会导致被调查者选择肯定的答案。如果把问题改为"您认为A公司热线接线员的服务态度如何？"就可以消除这种倾向性。

（4）避免提断定性问题。断定性问题是指先断定被调查者已有某种态度或行为，再进行提问。

例如：您通过哪些方式获取过A市自来水公司的信息？

事实上，该被调查者很可能没有获取过A市自来水公司的信息，那么该如何回答呢？正确处理这种问题的方法是在断定性问题之前加一个"过滤"问题，如"您获取过A市自来水公司的信息吗？"

（5）避免直接提出敏感性问题。有关个人隐私方面的问题、有些不为一般社会公德

所接纳的行为或态度类问题通常称为敏感性问题或困窘性问题。对这类问题若直接提问往往会引起被调查者拒答，或不如实地回答。

例如：您家的水表"偷"过水吗？

如果一定要获得真实答案，最好采用间接提问方式，并且语气要特别委婉。

3．答案设计应注意的事项

答案设计应注意的事项如下。

（1）答案要穷尽。要将所有的答案尽可能地列出，这样才能使每个被调查者都有答案可选，不至于因找不到合适的可选答案而放弃回答。

（2）答案要互斥。在多选一的备选答案之间不能相互重叠或相互包含，即最多只有一个答案适合被调查者的情况。

（3）答案排列要科学。答案的排列也会影响调查结果，在答案较多的情况下，被调查者容易接受排在前面的答案，认为这些答案重要。而对设计人员来说，也很容易产生一种倾向，将自认为更重要的答案排在前面。避免产生这种偏差的一种方法是设计若干种不同排列的问卷，如用 5 套问卷，每套问卷完全相同，但在具体答案的排列上进行更换，最后将 5 套问卷的结果进行汇总。另一种方法是调查者在使用问卷时，通过在问卷上添加人为的记号修改排列。使用网上问卷调查时，可设法将备选答案设置为随机排列。

（4）多项选择题的答案不宜过多。被调查者在阅读与回答过程中，记忆答案的数量是有限的，一般不超过 9 个；答案过多，被调查者在回答问题时就会出现遗忘或者不耐烦的现象。

（5）敏感性问题的答案设计要慎重。在询问月收入或年龄等敏感性问题时，为了消除被调查者的顾虑，需要将答案分段设计。

例如：请问您的实际年龄在以下哪个范围中？

A．18 岁以下　　B．18～25 岁　　C．25～55 岁　　D．55～65 岁　　E．65 岁以上

 【案例 2-3】解析

现在来思考一下 A 市自来水公司客户满意度调查项目，请你为这个项目设计一份完整的调查问卷。

提示：一份完整的调查问卷通常由开头、甄别、主体和结束语 4 部分组成。A 市自来水公司满意度调查问卷要包含这 4 个组成部分，其基本的内容包括问卷的标题、问候语、填写说明、甄别、问题与答案、编码和调查证明的记载。问题和答案是调查问卷的核心部分。由于是满意度调查，因此可以主要采用量表应答式问题直接进行提问，辅以开放式问题来获取更多的信息。

2.3　Excel 在统计数据收集中的应用

Excel 是微软公司提供的电子表格处理软件，其使用频率仅次于 Word。在实际工作中，Excel 主要用于自动计算和制作图表。在统计工作中，统计表的设计、统计图的绘制、统计数据的整理和分析都可以运用 Excel 来完成。在统计设计和统计调查工作中，通常需要制作统计表，而 Excel 是制作统计表的常用工具。

2.3.1 Excel 工作界面

Excel 可以安装在计算机上，也可以安装在手机、平板电脑等移动设备上。随着智能手机的普及，运用手机上安装的 Excel 工具可以更方便地随时进行数据处理和图表制作。在学习了统计设计和统计调查的相关知识后，你可以在任务实施过程中，学习运用 Excel 进行统计表格的设计和制作。下面基于计算机安装的 Excel 2016 和手机安装的 WPS Office 介绍 Excel 的基本操作方法。

1. PC 端 Excel 2016 界面

将 Excel 2016 安装到计算机（即 PC）后，用户可以通过双击操作系统桌面上的快捷方式启动 Excel 2016;也可以通过单击桌面左下角的 按钮，在程序列表中单击 Excel 命令，如图 2-2 所示。

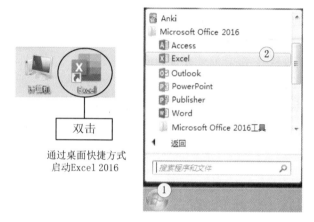

图 2-2　启动 Excel 2016

启动 Excel 2016 后即可显示 Excel 2016 的工作界面，如图 2-3 所示。Excel 2016 包含多种工具，用户通过使用这些工具可以完成多种运算分析和图表编辑操作。

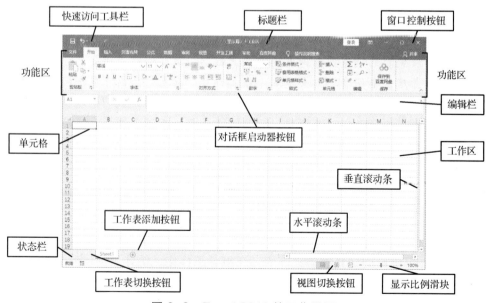

图 2-3　Excel 2016 的工作界面

32

Excel 常用的基本概念包括单元格、工作表、工作簿。单元格是 Excel 中的最小单位，用于输入字符串、数据或日期等信息。工作表由单元格组成，启动 Excel 时所呈现的工作界面就包括工作表，它是用于编辑、显示和分析数据的表格。工作簿包含工作表、图表及宏表，是用来储存并处理工作数据的文件，一个工作簿可以包含多个工作表。

（1）快速访问工具栏。快速访问工具栏位于 Excel 2016 工作界面的左上方，用于快速执行一些操作。默认情况下快速访问工具栏中包括 3 个按钮，分别是保存按钮🖫、撤销操作按钮↶（操作错误时可单击此按钮撤销操作）、恢复操作按钮↷（如果撤销操作错误，可单击此按钮恢复操作）。单击▾按钮，可以根据实际工作需要，添加或删除快速访问工具栏中的按钮。

（2）标题栏。标题栏位于 Excel 2016 工作界面的最上方，用于显示当前正在编辑的电子表格和软件名称。拖动标题栏可以改变窗口的位置，双击标题栏可以最大化或还原窗口。单击 − 按钮，可最小化窗口；单击 ▢ 按钮，可还原窗口；单击 × 按钮，可关闭窗口。

（3）功能区。功能区位于标题栏的下方，用于显示常用的操作。默认情况下由【文件】、【开始】、【插入】、【页面布局】、【公式】、【数据】、【审阅】和【视图】等选项卡组成。每个选项卡下有不同的功能组，每个功能组由若干具有同类功能的按钮、下拉列表框和对话框启动器按钮🗗组成。

（4）工作区。工作区是 Excel 进行数据处理的工作区域，用户在此区域内可以进行设计表格、输入内容、插入图表等操作。

（5）编辑栏。编辑栏位于工作区上方，其主要功能是显示或编辑所选单元格中的内容，用户可以在编辑栏中进行文本和数值输入、函数设置等操作。

（6）状态栏。状态栏位于工作区的下方，主要用于显示工作表中的单元格状态，还可以通过单击其中的视图切换按钮选择工作表的视图模式，单击按钮🖩显示普通视图，单击按钮🖺显示页面布局视图，单击按钮🖽显示分页预览视图。用户还可以通过拖动显示比例滑块，调整工作表的显示比例。

（7）滚动条。滚动条分为垂直滚动条和水平滚动条，分别位于工作表的右侧和右下方，拖动滚动条上的滑块可以调整工作界面中显示的内容。

（8）工作表切换区。工作表切换区位于工作表的左下方，包括工作表标签、工作表添加按钮和工作表切换按钮。单击 ◂ 、▸ 按钮，可以分别显示上一个、下一个工作表。

2. 移动终端 Excel 界面

随着现代移动互联设备的普及，使用手机进行数据处理也成为越来越重要的手段。本书以当前普遍使用且具有较高兼容度的 WPS Office 软件为载体，介绍移动终端 Excel 的基本应用方法。

微课：移动终端
Excel 界面

（1）在手机上新建或打开 Excel 文件。在手机上安装 WPS Office 软件后，点击手机桌面上的🅆图标，在打开的窗口下方是最近使用的文件列表，点击可直接打开相关的文件。点击新建按钮➕，可打开新建文件列表窗口；点击◙图标，再点击新建空白按钮+，可新建一个 Excel 文件，如图 2-4 所示。

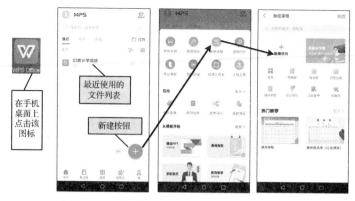

图 2-4　在手机上新建或打开 Excel 文件

（2）移动终端 Excel 的界面。与计算机相比，在手机上使用 Excel 进行文件处理最大的不同是界面较小，又必须通过触屏方式输入数据。为了最大限度地利用屏幕，软件工具区、键盘区和工作区不能同时充分展现，所以必须熟悉工具区和键盘区的调用、工作区的展开与收缩方法。图 2-5 所示为移动终端 Excel 的主界面。

① 状态模式切换。文件窗口的状态可分为编辑状态和阅读状态。当窗口左上方显示【完成】时，文件处于可编辑状态；点击【完成】，窗口将显示【编辑】，文件处于阅读状态，不可对文件进行数据处理（见图 2-5 右上方窗口）。

② 文件窗口的切换与关闭。窗口右上方的□按钮用于文档切换，也可在此查询当前窗口的文件名；点击×按钮可关闭当前文件窗口（见图 2-5 右上方窗口）。

③ 工作区。由于手机界面较小，所以当调用键盘或工具区时，工作区表格会被覆盖，可以点击收缩按钮∨使键盘或工具区最小化，窗口还原到工作区界面，如图 2-5 所示。点击手机上的返回符号←，也可返回到文件原界面（见图 2-5 左上方窗口和下方窗口）。

④ 键盘区。由于手机没有外带键盘，完全通过触屏方式输入数据，因此对工作表进行编辑时经常需要调出键盘。键盘分为数字键盘和文字键盘，通过点击键盘左上方的 123 或 ABC 按钮，可实现数字键盘和文字键盘的相互切换。

⑤ 工具区。工具区由【文件】、【查看】、【格式】、【单元格】、【插入】、【数据】、【审阅】等选项卡组成，每个选项卡下有相关功能的工具，图 2-5 左上方窗口所示的是【开始】选项卡下的工具区。

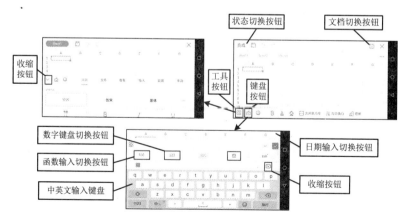

图 2-5　移动终端 Excel 的主界面

2.3.2 PC端Excel的基本操作

微课：PC端
Excel的基本
操作

Excel是数据处理和分析的工具，其强大的功能也导致其应用方法较为复杂。学习Excel可以由浅入深逐步掌握其应用方法，我们可以从学习设计表格开始，掌握Excel的一些基本操作方法，主要包括数据输入方法、单元格的基本操作方法、工作表的格式设置方法和工作表的基本操作。

1. 数据输入方法

使用Excel进行统计数据的处理，首先要在工作表单元格中输入各种类型的数据，包括文本、数值、日期等。一般的输入方法是选定单元格后直接在单元格中输入内容，也可以在选定单元格后在工作表上方的编辑栏中进行输入，如图2-6所示。

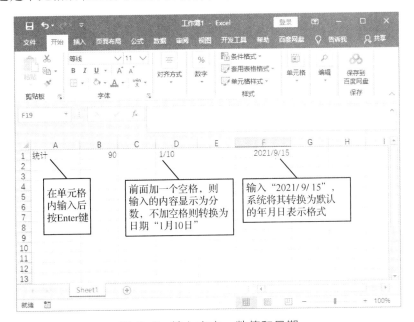

图2-6　输入文本、数值和日期

在Excel 2016中，系统会自动识别日期，输入"1/10"（顶格输入，前面不留空格），系统自动转换为"1月10日"，输入"2021/9/15"，系统自动转换为默认的年月日表示格式。

在输入数值时，如果输入的数值很大，输入的数值和单元格显示的数值可能不同，因为Excel 2016系统自动用科学记数法显示输入的数值，但在编辑栏中显示的数值与输入的数值是一致的。当单元格的列宽不够时，数值以"#"表示，调整列宽至合适值，即可正常显示数值；当对单元格进行数值格式设置后，输入的数值也会以指定的格式显示，如图2-7所示。

在Excel中输入具有相同内容或者按顺序排列的数据时，通常使用填充柄工具更为便捷。操作方法：①选取已输入文本、数值或日期的单元格；②鼠标指针定位于单元格下方时，鼠标指针将变为一个小"+"字，按需要输入的方向拖动鼠标，被覆盖的单元格中将被自动填入相关内容；③单击🖻·按钮，在展开的列表中选择填充方式，如图2-8所示。

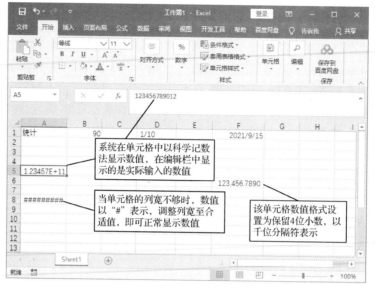

图 2-7　数值的显示方式

图 2-8　填充柄的使用

2．单元格的基本操作方法

单元格是组成表格的最小单位，在设置表格时，需要基于单元格进行选取、插入、删除、复制与移动、合并等操作。

（1）选取单元格。单击单元格，即对单元格进行选取；选取一个规则区域的单元格，则需要按住鼠标左键并拖动选取指定单元格区域；选取不连续的多个单元格，则需要按下 Ctrl 键，同时单击准备选取的单元格；选取工作表全部的单元格，则只需单击 Excel 工作表左上角的全选按钮，如图 2-9 所示。

（2）插入单元格。在单元格中输入数据后，可以根据需要在单元格周围插入一个单元格、插入整行、插入整列。

操作方法 1：①选取需调整位置的单元格。②在【开始】选项卡下的【单元格】功能组中单击【插入】的下拉按钮 ，在弹出的下拉列表中选择【插入单元格】。③在弹出的【插入】对话框中，如果选择【活动单元格下移】，选择的单元格将下移并插入一个单元格；如果选择【整行】，则在已选单元格上方插入整行的单元格；如果选择【整列】，则在已选单元格左方插入整列的单元格，如图 2-10 所示。

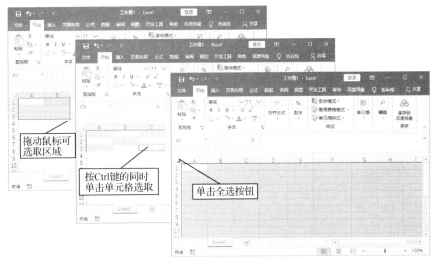

图 2-9　选取单元格

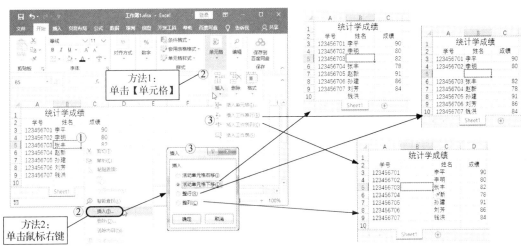

图 2-10　插入单元格

操作方法 2：①选取需调整位置的单元格；②单击鼠标右键，在弹出的快捷菜单中选择【插入】，系统同样会弹出【插入】对话框，可以根据需要选择插入方式。快捷菜单如图 2-10 左下角所示。

（3）删除单元格。不准备再使用的单元格可以在 Excel 表中删除。可以根据需要删除选取的单元格、删除整行、删除整列。其操作方法与插入单元格类似，这里不赘述。

（4）复制与移动单元格。复制单元格是将选取的单元格内容在指定位置上再制作一份；移动单元格是将选取的单元格内容从原位置移动到所指定的位置。操作方法：①选取要复制或移动的单元格；②单击鼠标右键，在弹出的快捷菜单中选择【复制】或【剪切】；③选取目标单元格，单击鼠标右键，在弹出的快捷菜单中选择【粘贴】。

（5）合并单元格。在制作表格时经常需要将若干单元格合并成一个单元格。操作方法：①选取需要合并的单元格；②在【开始】选项卡下的【对齐方式】功能组中单击合并后居中按钮，所选的单元格即合并为一个单元格，并且所输入的数据以居中方式显示，如图 2-11 所示。

图 2-11 合并单元格

3. 工作表的格式设置方法

在表格设计过程中，需要对工作表中的数据设置不同的格式，包括设置字体、数字格式、行高和列宽、对齐方式、表格边框等。

（1）设置字体。在 Excel 2016 中默认的字体为等线，字号为 11 号。在输入工作表内容的基础上，可以通过设置字体、字号、字体颜色等使工作表更美观。操作方法：①选取需设置字体格式的单元格；②在【开始】选项卡下的【字体】功能组中分别单击有关字体、字号、字体颜色、单元格填充颜色的下拉按钮，选择相应的设置参数。

（2）设置数字格式。Excel 中的数字包括数值、日期、时间等，其表示方式有多种，可根据需要选择合适的格式。操作方法：①选取需设置数字格式的单元格；②在【开始】选项卡下的【数字】功能组中分别单击相关按钮，如图 2-12 所示。也可以单击【数字】功能组下方的对话框启动器按钮，打开【设置单元格格式】对话框，在【数字】选项卡下对数字的分类和具体格式进行更细化的设置。

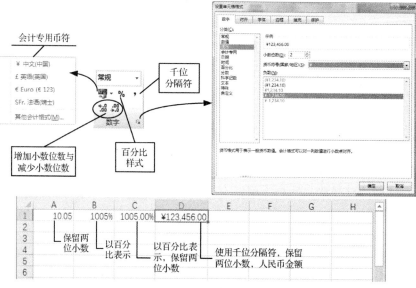

图 2-12 设置数字格式

（3）设置行高和列宽。工作表的高度和宽度应当与单元格的内容相匹配，否则工作表会因为不够高或不够宽而影响美观和阅读。设置行高和列宽有 3 种操作方法，如图 2-13 所示。

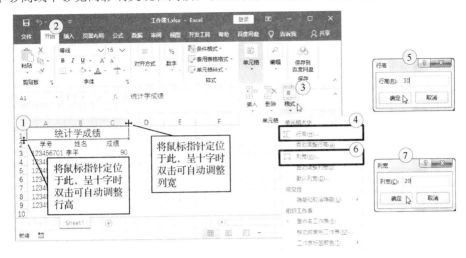

图 2-13　设置行高和列宽

操作方法 1：①选取需设置行高或列宽的单元格。②在【开始】选项卡下的【单元格】功能组中单击【格式】按钮，在展开的下拉列表中选择【行高】，可在打开的对话框中设置行高值；在展开的下拉列表中选择【列宽】，可在打开的对话框中设置列宽值。也可以选择【自动调整行高】或【自动调整列宽】，由系统根据单元格内容自动设置行高和列宽。此方法适用于对行高和列宽精确度要求较高的情况。

操作方法 2：将鼠标指针定位于单元格所在行的行标下方，当鼠标指针变为垂直带箭头的十字时双击，系统将自动调整行高；将鼠标指针定位于单元格所在列的列标右边，当鼠标指针变为水平带箭头的十字时双击，系统将自动调整列宽。此方法适用于对行高和列宽精确度要求不高，但能满足基本美观需要的情况。

操作方法 3：将鼠标指针放到行标下方或列标右边按住鼠标左键并拖动手动调节。此设置方法较为随意，适用于对行高或列宽没有严格要求的情况。

（4）设置对齐方式。单元格内容的对齐方式分为水平对齐和垂直对齐。操作方法：①选取需设置对齐方式的单元格；②在【开始】选项卡下的【对齐方式】功能组中单击相关按钮。 ▤、▤、▤ 分别为左对齐、居中对齐、右对齐按钮，用于调整单元格内容在水平方向对齐的方式； ▤、▤、▤ 分别为顶端对齐、垂直居中、底端对齐按钮，用于调整单元格内容在垂直方向的对齐方式； ▤ 为自动换行按钮，当单元格内容较多时，系统将自动转换为多行显示； ▤、▤ 分别为减少缩进量、增加缩进量按钮，用于调整单元格内容与边框的距离。单击【对齐方式】功能组右下方的 ▤ 按钮，打开【设置单元格格式】对话框，在【对齐】选项卡下也可对有关对齐方式进行设置，如图 2-14 所示。

（5）设置表格边框。为表格添加边框能使表格数据呈现得更有层次性。操作方法：①选取需设置表格边框的单元格区域；②在【开始】选项卡下的【单元格】功能组中单击【格式】按钮；③在打开的下拉列表中选择【设置单元格格式】；④在打开的【设置单元格格式】对话框中的【边框】选项卡下，进行边框设置，如图 2-15 所示。需要注意的是，操作时应先选择对话框左边的线型样式，再单击对话框右边的边框按钮，将指定边框设置为所需的线型。

图 2-14　设置对齐方式

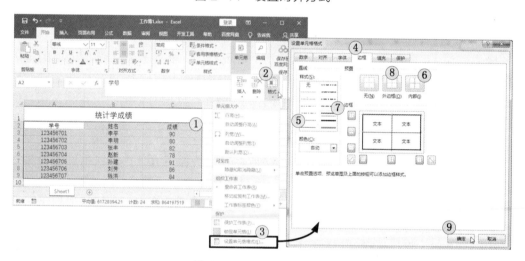

图 2-15　设置表格边框

（6）格式刷的使用。格式刷工具可以实现将一个单元格或单元格区域的格式复制到另一个单元格或单元格区域中。操作方法：①选取目标单元格或单元格区域；②在【开始】选项卡下的【剪贴板】功能组中单击格式刷按钮 ，鼠标指针即显示为格式刷形状；③拖动格式刷选取待设置的单元格或单元格区域。若要将选定单元格或单元格区域中的格式复制到多个位置，则需双击格式刷按钮 ，如图 2-16 所示。需要注意的是，格式刷不能复制目标单元格区域的行高和列宽，对行高和列宽需另行设置。

（7）套用表格格式。在 Excel 工作表中，使用套用表格格式可以在单元格区域中一次添加多种表格格式。操作方法：①在 Excel 工作表中选取准备套用表格格式的单元格区域；②在【开始】选项卡下的【样式】功能组中单击套用表格格式按钮 ；③在弹出的下拉列表中单击适用的表格格式；④系统弹出【套用表格格式】对话框，单击 确定 按钮，工作表的选取区域即被套用为所选择的格式，如图 2-17 所示。单击表格标题栏中的 按钮，可以根据需要对表格内容进行筛选。

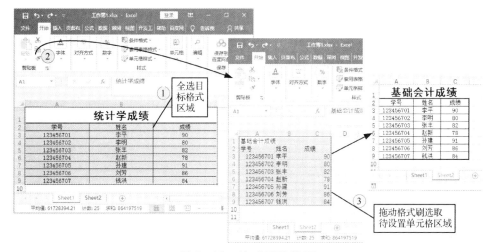

图 2-16　格式刷的使用

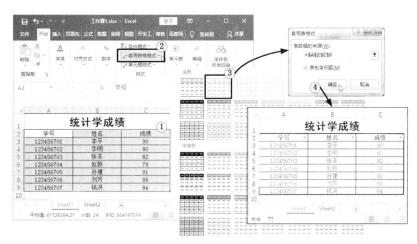

图 2-17　套用表格格式

4．工作表的基本操作

工作表包含在 Excel 文件中，对 Excel 文件进行操作即对每张工作表进行操作。一个 Excel 文件可以包含多个工作表，工作表的操作包括工作表的添加、选取、删除、重命名、移动、标签颜色设置和保护等。

（1）添加工作表。单击工作表标签右边的 ⊕ 按钮，可在当前打开的工作表后面添加一个新的工作表。

（2）选取工作表。单击工作表标签即可选取该工作表；按住 Shift 键，可选择相邻的多张工作表；按住 Ctrl 键，可选择不相邻的多张工作表。

（3）删除工作表。用鼠标右键单击需删除的工作表标签，在弹出的快捷菜单中选择【删除】。

（4）重命名工作表。用鼠标右键单击工作表标签，在弹出的快捷菜单中选择【重命名】，标签即处于可修改状态。或者，双击需修改名称的工作表标签，也可使该标签处于可修改状态。

（5）移动工作表。通过移动或复制工作表可以对现有工作表进行重新排序。操作方法：

单击需移动的工作表标签，按住鼠标左键将其拖动到目标位置，然后松开鼠标左键即可。

（6）设置工作表标签颜色。通过对工作表标签进行颜色设置，可以使工作表标签更加美观和醒目。操作方法：用鼠标右键单击工作表标签，在弹出的快捷菜单中选择【工作表标签颜色】，在颜色列表中进行选择。

（7）保护工作表。重要的工作表需要防止他人对工作表进行修改，可以为工作表设置保护措施。操作方法：用鼠标右键单击工作表标签，在弹出的快捷菜单中选择【保护工作表】，在弹出的【保护工作表】对话框中输入密码，该工作表则被锁定不能编辑。用鼠标右键单击该工作表标签，在弹出的快捷菜单中选择【撤销工作表保护】，输入密码，则可使工作表恢复可编辑状态，如图 2-18 所示。

图 2-18　保护工作表和撤销工作表保护

2.3.3　移动终端Excel的基本操作

手机版 WPS Office 的 Excel 能实现计算机的 Excel 的基本功能，但在操作上主要使用工具栏工具，通过手指的点击、长按、拖动与滑动等方法进行设置。

1. 数据输入方法

在移动终端 Excel 中输入数据的方法与在 PC 端 Excel 中的输入方法类似，不同之处在于手机中需要调出键盘，通过点击手机屏幕的方式输入文本、数值、日期和时间等数据。在移动终端 Excel 中同样有填充柄功能，使用填充柄同样可以更为快捷地实现有顺序排列、规律的数据输入。

微课：移动终端 Excel 的基本操作

填充柄使用方法1：在显示【完成】的窗口中，选取单元格后再单击该单元格，调出工具栏，选择【填充】，如图 2-19 所示。

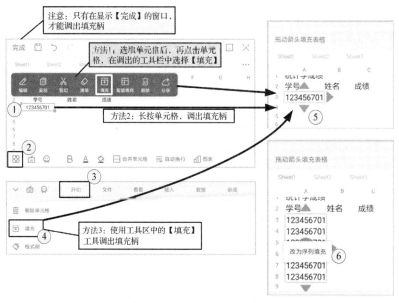

图 2-19　在移动终端 Excel 中调用填充柄输入数据

填充柄使用方法 2：在显示【完成】的窗口中，选取单元格并长按，调出填充柄。

填充柄使用方法 3：在显示【完成】的窗口中，选取单元格，点击【工具】/【单元格】/【填充】，同样可以调出填充柄。

调出填充柄后，按需输入的方向拖动箭头，系统会自动输入数据，可选择按序列填充，也可选择复制填充。

2. 单元格的基本操作方法

在单元格操作方面，移动终端 Excel 基本能如 PC 端 Excel 一样完成相关的设置，在操作方法上，较多地需要运用工具区的相关工具。

（1）选取单元格。由于缺乏外带键盘，移动终端 Excel 上选取单元格可以采用拖动的方法选定矩形的单元格区域，难以实现不连续的多个单元格的选取。

（2）插入单元格。移动终端 Excel 上可通过工具区中的插入工具插入单元格。操作方法：在显示【完成】的窗口中选取单元格，点击【工具】/【插入】/【单元格】，在弹出的列表中选择插入方式，如图 2-20 所示。选择【整行】，将在选取的单元格上方插入空白行；选择【整列】（图 2-20 中未显示），将在选取的单元格左侧插入空白列。

图 2-20　插入单元格

（3）删除单元格。操作方法：在显示【完成】的窗口中选取单元格，点击【工具】/【开始】/【删除单元格】，在弹出的列表中选择删除方式，如图 2-21 所示。

图 2-21　删除单元格

（4）复制与移动单元格。操作方法：①选取需要进行复制或移动的单元格，双击单元格或拖动选择单元格区域，窗口会出现工具栏，如图 2-22 所示；②复制单元格时，点击【复制】，移动单元格时，则点击【剪切】；③点击目标单元格，在显示的工具栏中点击【粘贴】。

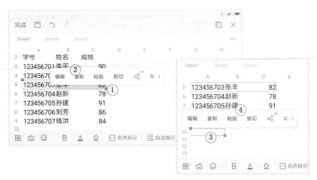

图 2-22　复制与移动单元格

（5）合并单元格。操作方法：在显示【完成】的窗口中选取单元格，点击窗口下方的【合并拆分】按钮，即可将所选取的多个单元格合并为一个单元格；再点击该按钮，则可恢复合并前状态。

3．工作表的格式设置方法

工作表的格式设置内容较多，在手机上进行格式设置主要通过工具区的工具完成操作。

（1）设置字体、字号、颜色、对齐方式、数字格式、表格边框。这几项格式的设置方法类似。

操作方法1：在显示【完成】的窗口中选取单元格，在工具区的【开始】选项卡下，选择相关工具进行设置，如图2-23所示。由于选项的限制，此方法只适用于较普遍的格式设置。

操作方法2：在显示【完成】的窗口中选取单元格，在工具区【开始】选项卡下，选择【单元格格式】，打开【单元格格式】对话框，点击相关选项，调出相关设置对话框进行格式设置。此方法适用于对单元格进行较精细化的格式设置。

（2）设置行高和列宽。移动终端Excel中只能对行高和列宽进行简单的设置。

操作方法1：在显示【完成】的窗口中选取单元格，在工具区【开始】选项卡下，选择【适应行高】或【适应列宽】，可实现系统自动调整行高或列宽。

操作方法2：手指放在行标下方或列标右边，拖动即可调整行高或列宽。

（3）格式刷的使用。移动终端Excel中格式刷的使用方法与PC端Excel中的类似。使用方法：①在显示【完成】的窗口中选取目标单元格或单元格区域；②在工具区【开始】选项卡下，选择【格式刷】；③点击待设置的单元格或拖动选取单元格区域即可完成格式的复制。

（4）自动套用格式。操作方法：选择需设置格式的单元格区域，然后在工具区【开始】选项卡下，点击【表格样式】，打开【表格样式】对话框，在【表格样式选项】中选择合适的样式选项。

4．工作表的基本操作

（1）选取工作表。通过点击工作表标签选取工作表。

（2）添加工作表。点击工作表标签右侧的【…】按钮，在打开的列表中点击【+（添加）】，即可按顺序添加一个工作表，如图2-24所示。

（3）移动工作表。点击工作表标签右侧的【…】按钮，在打开的列表中点击选取需移动的工作表标签，长按，直至出现上下箭头，将标签拖动到列表指定位置。

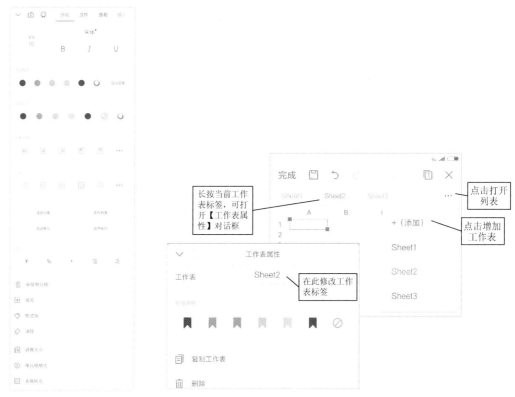

图 2-23　工具区【开始】选项卡　　　　图 2-24　工作表的基本操作
　　　　下的工具列表

（4）删除工作表。长按需删除的工作表标签，打开【工作表属性】对话框，选择【删除】。

（5）重命名工作表。长按需重命名的工作表标签，打开【工作表属性】对话框，在【工作表】对应的名称文本框中修改工作表标签。

（6）设置工作表标签颜色。长按需设置颜色的工作表标签，打开【工作表属性】对话框，在打开的【标签颜色】列表中选择设置。

（7）保护工作表。点击选取需设置保护的工作表标签，在工作表窗口下方点击【工具】/【审阅】/【保护工作表】；在打开的对话框中选择【选项】标签，将【启用保护】设置为启用状态；选择【密码（可选）】标签，输入密码并确认密码，最后点击【确定】，如图 2-25 所示。

图 2-25　保护工作表

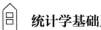

任务实施

请你根据A市自来水公司客户满意度调查的目的，制订该调查项目的统计调查方案。

应用与拓展

一、判断题

1. (2.1.1) 重点调查中，重点单位是根据人们的主观意识来选取的。 （　　）

2. (2.1.1) 典型调查中的典型单位必须是水平最高的单位。 （　　）

3. (2.1.2) 调查对象是指调查活动中需要调查的具体单位，它是进行调查登记的标志的承担者。 （　　）

4. (2.1.2) 调查单位就是填报单位。 （　　）

5. (2.1.2) 调查时间是指开始调查工作的时间。 （　　）

6. (2.1.3) 统计误差主要包括登记性误差和代表性误差两类。 （　　）

7. (2.1.2) 调查问卷是唯一的一种调查工具。 （　　）

8. (2.1.2) 调查问卷中，一个问句只能了解一个项目，包含一个调查指标。 （　　）

9. (2.2.2) 开放式问题具有简单、易操作的特点，因此被广泛应用。 （　　）

10. (2.2.2) 问卷又称调查表，是市场调查中用来收集资料的一种工具，是指一系列事先精心设计的、系统的、严密的、需要被调查者书面或口头回答的问题表格。 （　　）

二、单项选择题

1. (2.1.1) 对一批食品进行质量检验，最适宜采用的调查方法是（　　）。

    A. 全面调查　　　　　B. 抽样调查　　　　　C. 典型调查　　　　　D. 重点调查

2. (2.1.1) 抽样调查与重点调查最主要的区别是（　　）不同。

    A. 作用　　　　　　　　　　　　　　B. 组织方式

    C. 灵活程度　　　　　　　　　　　　D. 选取调查单位的方法

3. (2.1.1) 对全国各铁路交通枢纽的货运量、货物种类等进行调查，以了解全国铁路货运概况。这种调查属于（　　）。

    A. 普查　　　　　　　B. 抽样调查　　　　　C. 重点调查　　　　　D. 典型调查

4. (2.1.1) 在对总体现象进行分析的基础上，有意识地选择若干有代表性的调查单位进行调查，这种调查方式是（　　）。

    A. 抽样调查　　　　　B. 典型调查　　　　　C. 重点调查　　　　　D. 普查

5. (2.1.2) 调查时间是指（　　）。

    A. 调查资料所属的时间　　　　　　　B. 进行调查工作的期限

    C. 调查工作登记的时间　　　　　　　D. 调查资料的报送时间

6. (2.1.2) 对某市全部商业企业职工的生活状况进行调查，调查对象是（　　）。

    A. 该市全部商业企业　　　　　　　　B. 该市全部商业企业职工

    C. 该市每一个商业企业　　　　　　　D. 该市商业企业每一名职工

7. (2.1.2) 某集团规定2018年各地分公司销售业绩统计表呈报时间是2019年1月10日，其调查时间为（　　）。

    A. 1天　　　　　　　B. 10天　　　　　　　C. 1年　　　　　　　D. 1年零10天

8. _(2.1.2) 在统计调查中，调查项目的承担者是（　　　）。

　　A．调查对象　　　　B．调查单位　　　　C．填报单位　　　　D．调查者

9. _(2.2.2) 下列关于问题设计应注意的事项的说法中正确的是（　　　）。

　　A．避免否定式提问　　　　　　　　B．尽量使用专业术语

　　C．敏感性问题直接提问　　　　　　D．一项提问可以询问许多内容

10. _(2.2.2) 下列属于问卷主体部分的是（　　　）。

　　A．标题　　　　　B．问候语　　　　C．甄别问题　　　　D．问题和答案

三、多项选择题

1. _(2.1.1) 通过对开滦、大同、抚顺等几个大型矿务局进行调查，了解我国煤炭生产的基本情况，这种调查属于（　　　）。

　　A．典型调查　　　　B．重点调查　　　　C．抽样调查

　　D．全面调查　　　　E．非全面调查

2. _(2.1.2) 某市要调查全市现有养老机构的情况，全市每一个养老机构是（　　　）。

　　A．调查对象　　　　B．调查单位　　　　C．调查项目

　　D．填报单位　　　　E．总体单位

3. _(2.1.2) 我国第六次人口普查的标准时间是 2010 年 11 月 1 日零时，下列情况应统计人口数的有（　　　）。

　　A．2010 年 11 月 2 日 1 时出生的婴儿

　　B．2010 年 10 月 30 日 6 时出生的婴儿

　　C．2010 年 10 月 30 日 14 时死亡的人

　　D．2010 年 11 月 1 日 1 时死亡的人

　　E．2010 年 10 月 29 日出生，11 月 1 日 3 时死亡的婴儿

4. _(2.1.2) 下列情况中，调查单位和填报单位不一致的是（　　　）。

　　A．工业企业生产设备调查　　　　　　B．人口普查

　　C．工业企业现状调查　　　　　　　　D．农产品调查

　　E．城市零售商店销售情况调查

5. _(2.1.3) 登记性误差存在于（　　　）中。

　　A．普查　　　　B．重点调查　　　　C．典型调查　　　　D．抽样调查

6. _(2.1.3) 代表性误差存在于（　　　）中。

　　A．普查　　　　B．重点调查　　　　C．典型调查　　　　D．抽样调查

7. _(2.2.1) 开放式问题的优点有（　　　）。

　　A．可以收集到更多的信息

　　B．可以收集到调查者意想不到的信息

　　C．调查结束后，资料的统计分析较容易

　　D．容易编码

　　E．能够通过进一步的追问，使被调查者明确、完整地阐述自己的观点

8. _(2.2.3) 封闭式问题的优点包括（　　　）。

　　A．答案标准化

　　B．可事先编码

　　C．问题较清楚

D. 答题简单

E. 可提高问卷的回收率

四、实践实训

请你围绕任务一中选择的实践实训项目，结合本章的学习内容，完成以下实践实训任务。

（1）制订统计设计方案。

（2）制订统计调查方案。

（3）利用课余时间实施调查。

（4）将调查资料整理装订好，留待以后整理分析使用。

小结

在任务二的学习中，你了解了统计调查的基本方法、调查方案的主要内容、调查资料的质量控制，以及问卷设计的方法等。要把重点放在调查方案设计的学习上，并能运用 Excel 进行统计调查表设计和数据输入，为以后进行统计数据的整理和分析打下良好的基础。任务二的主要知识点及其内在关系如图 2-26 所示。

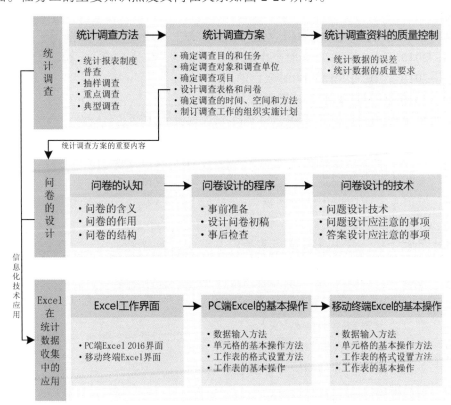

图 2-26　任务二的主要知识点及其内在关系

统计整理

知识目标

- 理解统计整理的意义和整理步骤
- 理解统计分组的概念和作用
- 掌握统计分组的方法
- 掌握编制统计表和绘制统计图的方法
- 掌握运用 Excel 软件进行统计整理的方法

能力目标

- 能够根据实际资料进行统计分组，编制分配数列
- 能够根据实际资料编制统计表、绘制统计图
- 能够利用 Excel 软件对统计资料进行整理

任务描述与分析

1. 任务描述

经过前期艰苦的统计调查，你已经从 A 市自来水公司的客户那里获得了原始的调查资料，统计调查阶段结束。现在你的统计工作进入统计整理阶段，这一阶段你的任务是对收集来的零散的、不系统的，甚至是存在错误和虚假内容的统计资料进行整理，为下一阶段的统计分析创造良好的条件。

2. 任务分析

统计资料的整理是一项较为烦琐，且技巧要求较高的任务，要完成这项任务，你需要思考以下几个问题。

（1）资料的整理大致分为哪些工作环节？

（2）用什么方法能够使零散的原始调查资料条理化？

（3）在汇总调查资料时，使用手动汇总还是计算机汇总？

（4）用什么方法把整理好的调查资料表现出来？

相关知识

3.1 统计整理的意义和步骤

📖 【案例 3-1】

通过艰苦的问卷调查，你已从 A 市自来水公司的客户那里获得了 400 多份问卷，回想一幕幕调查的场景，在接触客户的过程中，你已掌握很多客户对 A 市自来水公司的意见。假设 A 市自来水公司的领导现在向你了解情况，你该怎么向他汇报你所掌握的客户意见呢？现在你可以如数家珍地将所接触的客户的意见向领导反馈，但你还无法汇总所有客户的意见，个别客户的意见不能代表总体，你所提供的情况与自来水公司的调查要求还存在差距！那么，你该怎样汇总辛苦获得的这些调查资料，实现你的调查目的呢？

案例解析：你必须对这些调查问卷中所包含的数据进行分门别类的汇总整理，在开展这项工作之前，你应该对这一阶段的工作内容有基本的了解。

3.1.1 统计整理的意义

统计整理是统计工作的第三个阶段，是统计人员根据统计研究的目的，对统计调查阶段所收集到的大量原始资料进行加工汇总，使其系统化、条理化，从而得到表现总体特征的综合统计资料的工作过程。

统计工作经过统计调查阶段后，收集了大量的统计资料，但是这些资料都是反映每个调查个体的，资料较为零散和表面化，反映的是事物的表面现象或某个侧面的情况，不能概括地说明总体特征和事物的内在联系，并且，在调查中还可能出现错误、虚假内容。因此，只有通过对这些原始资料进行审核、分类、汇总和再加工，形成真实、系统、反映总体的资料，才能全面地认识调查对象，并为进一步分析研究打下良好的基础。

统计整理是统计工作的中间环节，它是统计调查的继续，也是统计分析的前提，在统计工作中起着承上启下的重要作用。统计整理的质量不仅直接关系到调查资料能否发挥其应有的作用，也直接影响到统计分析和预测能否得出正确的结论。

3.1.2 统计整理的步骤

统计整理过程是一个我们对个别现象的认识上升到对总体全貌的认识的过程，是一项内容烦琐、要求细致、科学性很强的工作，需要有组织、有计划地进行，每个步骤都有各自需要解决的问题和原则要求。使用计算机进行统计整理的工作步骤如图 3-1 所示。

图 3-1 使用计算机进行统计整理的工作步骤

1. 设计统计整理方案

在对调查资料进行整理之前，首先要制订明确的统计整理方案。统计整理方案是从调查目的出发，按照整理资料的专门方法，对整理资料的工作流程、分工和要求等事项所做的具体说明。

统计整理方案在前期调查和设计阶段就应作为调查方案的组成部分予以制订。统计整理方案中要明确的基本工作内容：资料回收审核方法、资料录入方法、与统计研究目的相对应的统计指标及指标体系、统计分组的方法、统计汇总的方法、表现统计指标的形式；如果是大型的统计调查工作，还应确定统计整理各环节的人员分工与责任等。统计整理方案是统计设计在统计整理阶段的具体化，是保证统计整理工作顺利进行的前提，因此，统计整理方案应尽可能详细具体。

2．审核调查资料

审核调查资料的目的是确保能够进入数据分析阶段的调查资料的完整性和准确性，这是对回收的调查资料进行质量控制的必不可少的步骤。在问卷调查中，对调查资料的检查通常在实施调查过程中就应进行，在回收被调查者问卷时应尽可能及时检查问卷的完成质量，以便对未能完成的问卷及时予以补充完善。为了对调查活动进行有效的质量监控，在回收问卷时，也就是在调查活动结束后，仍应对所回收的问卷进行独立的审查，其目的是确定哪些问卷可以接受，哪些问卷必须作废。由于调查资料是分批回收的，所以在回收第一批调查资料后，就可以开始进行资料的审核工作了。这样做的好处是可以及时发现问题并及时予以改正。

3．录入数据

通过审核的调查资料往往包含着大量的调查数据，这些数据需要通过汇总才能使我们对调查对象的认识形成从个体到总体、从局部到整体的深化。传统的手动汇总主要通过划记法、卡片法、折叠法、过录法等汇总数据，如选举中对选票的汇总用的是划记法。但手动汇总效率低、准确性差，只适用于简单的数据汇总处理。运用计算机汇总调查数据是目前调查工作中运用较为普遍的技术方法。

4．数据排序与分组

一般来说，录入的数据是无序的，不能反映现象的本质与规律，只有进行统计分组，依据相应的统计指标对统计资料进行加工整理，使录入的数据按要求排列，才能对被研究的客观现象进行准确的数量描述和数量分析。因此，统计分组是统计整理的基础，是统计整理的关键环节。统计分组科学与否直接影响到统计整理工作的质量。

5．绘制统计表和统计图

根据现象之间的内在联系和统计分析的要求，将总体的有关统计指标编制在一张表格上，就可形成统计表，统计表能使统计资料的表现更加明白、清晰。统计图是表现统计资料的另一种更直观、更形象的手段。

3.2 统计分组

 【案例 3-2】

现在你已经对 400 多份调查问卷进行了审核，并将有效的问卷资料录入了计算机。但计算机中呈现的数据仍然是零散的，只能显示每个被被调查者的具体情况，不能说

明被研究总体的全貌，接下来，你该怎么办呢？

案例解析：在统计中，分组是常用的统计整理方法，它可以使我们在充分掌握个别数据的基础上，以分类概括的方式汇总资料，从而达到全面反映总体数量特征的目的。

3.2.1 统计分组的概念和作用

统计分组是根据统计研究的需要，将统计总体按照一定的标志分为若干组的一种统计整理方法。统计分组对总体而言是"分"，对总体单位而言是"组"，其目的是把同质总体中的具有不同性质的总体单位归类，把性质相同的总体单位归到一起，通过分类的方法达到认识事物本质和规律的目的。

统计分组在统计整理和统计分析中具有十分重要的作用，具体表现在以下几个方面。

（1）反映总体特点和规律。对于零星的、分散的统计资料，经过统计分组后，资料变得有条理，从而能够直观地反映事物的特点。例如，某班级共50位学生，以下是某次考试的卷面成绩。

89　75　60　48　95　88　78　90　66　93　74　71　58　85　80　69　79

77　92　70　61　55　81　83　66　62　51　72　90　86　65　73　83　61

86　67　82　71　51　92　69　77　87　82　79　72　75　80　76　58

根据以上资料我们无法对该班的学习成绩进行具体分析。现在，我们对上述资料进行分组整理，编制成表 3-1 所示的考试成绩分组（对于相邻两组的重叠部分，一般遵循"上限不在内"的原则）。

表 3-1　某班学生考试成绩分组

按成绩分组/组	学生人数/人
60 以下	6
60～70	10
70～80	15
80～90	13
90～100	6
合计	50

从表 3-1 中可以看到，某班学生的考试成绩经过分组整理后，能够比较直观地反映该班的总体成绩情况。

（2）划分现象类型。在复杂的社会经济现象统计中，借助统计分组的方法，可以将社会经济现象按照统计研究的要求区分为不同的类别或群体，形成若干类型，通过类型划分研究国民经济和社会发展各方面内在的相关关系。例如，国民经济统计中，按经济活动性质的不同将国民经济划分为第一、第二、第三产业；社会统计中，将人口按经济收入、受教育程度等标准划分为不同的群体；企业统计中，将技术工人按技能水平划分为不同的岗级，这些类型划分对于研究国民经济运行、社会发展和企业生产经营都有着重要的意义。

（3）揭示现象内部结构。各种现象的总体都是由各个组成部分构成的，计算各组成部分占总体的比重，可以揭示总体内部的构成，表明部分与总体、部分与部分之间的关系。例如，根据某班学生考试成绩所编制的成绩分组之所以能够比较直观地反映该班的总体成绩情况，正是因为分组能够揭示该班学习成绩的总体分布。我们还可以通过计算各组的学生人数在班级中所占的比重，更深入地反映该成绩分布的结构关系。

（4）分析现象的依存关系。社会经济现象之间是相互联系、相互制约的，一些现象的发展变化往往会引起另一些现象的发展变化，统计分组可以帮助我们分析现象之间的这种依存关系。例如，研究商业企业商品销售额与流通费用率的依存关系，可以将各商业企业按商品销售额分组，计算每个组相应的商品流通费用率，如表 3-2 所示。

表 3-2　某市 100 个超市流通费用率情况

按销售额分组/万元	超市数/个	流通费用率/%
100 以下	10	11.8
100～200	20	11.2
200～300	30	10.5
300～400	25	9.7
400 及以上	15	8.9

由表 3-2 的分组资料可知，销售额与流通费用率之间具有明显的依存关系，即销售额越大，每百万元销售额中的流通费用率越小。这种依存关系可以通过分组揭示出来。

3.2.2　统计分组的方法

对调查资料的分组整理分为 3 个步骤：一是选择分组标志；二是确定分组界限；三是根据分组标志和分组界限编制分配数列。其中，选择分组标志和确定分组界限是统计分组的关键，这里先介绍这两个分组步骤，编制分配数列的内容在 3.3 节中介绍。

1. 选择分组标志

正确地选择分组标志是统计分组的关键。分组标志可突出总体在该项标志下的性质差别，而掩盖总体在其他标志下的不同。对同一总体按不同标志进行分组会得到不同的分组结果甚至相反的结论。分组标志选择不当，不但无法显示现象的根本特征，甚至会混淆事物的性质。正确选择分组标志应遵循以下原则。

（1）根据统计研究的目的和任务选择分组标志。同一研究总体，研究的目的不同，可选用的分组标志也不同。如市场调查中研究的目的不同，对客户的分组可以从多个角度来进行。例如，在学校学生管理工作中，一般按班级对学生进行分组；在举行全校运动会时，会按性别和年级分组；在统计学生就业情况时，又会按学生是否就业进行分组。

（2）要选择最能够反映现象本质的标志作为分组标志。在同一研究目的下，往往有多种分组标志可供选择。在这些标志中，有些是本质的或主要的，有些是非本质的或次要的。在进行分组时，应选择最能反映事物本质特征的标志。例如，在对大学生理财观念及行为进行调查时，应选择更能够反映大学生理财观念及行为的标志，如每月必需生活费的金额、节余的钱的使用方向、对生活支出是否有计划等。

（3）要考虑现象所处的历史条件和经济状况及标志内涵的变化来选择分组标志。社会是不断发展的，不同的历史条件与不同的经济条件下，选择的分组标志也可能不一样，某些标志的内涵也在发展改变。例如，企业按规模大小进行分组，反映企业规模的标志

有很多，如职工人数、产品产量、产值、生产能力、固定资产价值等，选择分组标志，就必须结合企业所处的具体行业来确定。劳动密集型行业的企业宜选择职工人数作为分组标志；技术密集型行业的企业宜采用生产能力或固定资产价值作为分组标志。并且，随着社会经济的发展，划分大、中、小型企业的标准也在改变，宜参照国家提供的企业规模划分标准和企业当地的实际经济状况来确定具体的划分标准。

📖 视野拓展

微课：恩格尔
系数

科学的统计分组是建立在人们对世界的认知基础上的。德国统计学家恩格尔通过对工人家庭的消费支出进行分组，发现购买食品的开支占收入或总支出的比例可用来反映居民的生活质量和富裕程度，这一比例后来被称为"恩格尔系数"。一般认为，一个国家或家庭越贫困，恩格尔系数就越大；越富裕，恩格尔系数就越小。根据联合国粮食及农业组织提出的标准，恩格尔系数在 59% 以上为贫困，在 50%～59% 为温饱，在 40%～50% 为小康，在 30%～40% 为富裕，低于 30% 为最富裕。2017 年我国的城乡居民恩格尔系数为 29.39%，首次低于 30%，进入最富裕行列。需要指出的是，我国恩格尔系数低于 30% 并不意味着我国已经达到富裕国家水平。衡量一个国家是否达到富裕水平，不仅仅要看恩格尔系数，还要看人均国内生产总值（Gross Domestic Product，GDP）水平、国民收入分配情况、人均受教育程度、人均预期寿命等一系列指标。

请你结合实际思考一下，还有哪些能揭示事物本质特征和规律的分类和分组，可帮助人们更好地认识世界和改造世界？

2. 确定各组界限

分组标志确定之后，还必须在分组标志变异范围内，划定各相邻组间的性质界限和数量界限。根据分组标志的不同，统计总体可以按品质标志分组，也可以按数量标志分组。

（1）按品质标志分组。按品质标志分组是指选择反映现象属性或特征的品质标志作为分组标志。按品质标志分组能直接反映事物间质的差别，给人以明确、具体的概念，如将学生按性别、班级分组，将某市的企业按区域分组，等等。按品质标志分组多数是比较容易的，由于分组界限清晰，分组标志有几种具体表现，就分成几组。但有些品质标志分组时各组的界限确定则比较复杂，如人口按城乡分组、产品按用途分组、生产按行业分组、劳动者按职业分组等。在实际工作中，为了统一标准，联合国及各个国家都制定了适合一般情况的标准分类目录，如我国就有《国民经济行业分类》《学科分类与代码》《统计用产品分类目录》《统计上大中小微型企业划分办法》等。

（2）按数量标志分组。统计的研究对象是社会经济现象的数量方面，所以，按数量标志分组是我们研究的重点。按数量标志分组是指选择反映事物数量差异的数量标志作为分组标志。

与按品质标志分组不同的是，数量标志具体表现为一定范围内的变量数值，按数量标志分组并不是单纯地确定各组的数量差别，而是要通过数量的变化来区分各组的不同类型和性质。因此，正确地选择决定事物质的差别的数量界限，在按数量标志分组中是一个关键问题。例如，统计学生的考试成绩时，应选择 60 分为数量界限，60 分是划分学生成绩是否及格的关键界限。

无论是按品质标志分组还是按数量标志分组，在进行分组时都必须遵循穷尽原则和互斥原则。

穷尽原则是指要使总体内的每一单位都能无一例外地划归到各自所属的组。例如，如果把学生的生活费开支分为 800～1 200 元、1 200～1 600 元、1 600～2 000 元 3 组，则那些生活费开支在 800 元以下的和生活费开支在 2 000 元以上的学生就会无所归属。

互斥原则也称不相容原则，是指总体分组后，每个组的范围应该互不相容，互相排斥。即每个总体单位在特定的分组标志下只能归属于某一组，而不能同时归属于几个组，组限的划分要分明。例如，将学生的生活费开支分为 800 元以下、800～1 200 元、1 200～1 600 元、1 600～2 000 元、2 000 元及以上，需要确定各组临界值的归属标准，如生活费开支为 1 200 元的学生按"上限不在内"原则应被划入 1 200～1 600 元组中。

3．统计分组的种类

统计分组按分组标志的多少及其排列形式可分为简单分组、平行分组体系和复合分组体系。

（1）简单分组。简单分组是对被研究现象总体仅按一个标志所进行的分组，例如将学生按性别分组、按学习成绩分组等。简单分组只能说明总体在某一方面的差异情况。

（2）平行分组体系。对同一总体采用两个或两个以上的分组标志分别进行简单分组，就可形成平行分组体系。例如，将某班学生按性别和考试成绩分别分组，就可形成表 3-3 所示的分组情况。

表 3-3　某班学生分别按性别、考试成绩分组情况

性别		考试成绩				
男	女	60 分以下	60～70 分	70～80 分	80～90 分	90～100 分
22	28	6	10	15	13	6

从表 3-3 中可以看到，通过平行分组体系可以从多个角度了解总体内部的分布情况，但各个分组标准之间是相互独立的。

（3）复合分组体系。复合分组体系是将总体按两个或两个以上的标志重叠起来进行的分组。例如，将某班学生先按性别分组，再在此基础上按考试成绩分别在男生和女生中细分成更小的组，如表 3-4 所示，就可形成复合分组体系。

表 3-4　某班学生按性别和考试成绩分组情况

考试成绩分组	男生学生数/人	女生学生数/人
总人数	22	28
60 分以下	4	2
60～70 分	5	5
70～80 分	5	10
80～90 分	4	9
90～100 分	4	2
合计	50	

从表 3-4 中可以看到，通过复合分组体系，可以从学生性别、考试成绩两个不同的

角度了解总体内部的差别和关系，能够更深入、更全面地掌握总体情况。

需要注意的是，复合分组体系的组数会随着分组标志的增加而成倍地增加，如果组数太多，反而不易揭示问题的实质。因此，复合分组体系的分组标志不宜过多，一般不超过 3 个。

 【案例 3-2】解析

现在来思考一下 A 市自来水公司客户满意度调查项目，在这个项目中你觉得应使用哪些分组方法？

提示：在前面的学习中，你已经编制了客户满意度调查问卷，现在你会发现，其实在设计调查问卷时就已经涉及分组概念了，调查问卷上的每一个调查项目（标志）都已进行了分组。例如，问卷中的问题 D1，"对于 A 市自来水公司提供的自来水的质量，您的满意度如何？"，这个调查分为"无特殊气味""无杂质""无色""无特殊味道"等 4 个项目，分别按"非常满意""满意""一般""不满意""非常不满意"进行分组。

在 A 市自来水公司客户满意度调查项目里，统计分组主要表现为按品质标志分组，但对客户家庭人口数的分组和客户每月水费的分组属于按数量标志分组。

统计分组在统计工作中可分为事前分组和事后分组。如在问卷调查中，为了便于被调查者回答问题和提高答卷的有效性，通常在问卷设计中就已考虑到后期资料整理的要求，每一个调查项目的答案就是按照后期分组的要求设计的，这就是事前分组。但在使用直接观察法和访问法的调查项目中，需要通过现场观察和访问的方法先记录下调查的结果，然后才能对资料进行整理、汇总，这就需要进行事后的分组整理。

3.3 分配数列

 【案例 3-3】

在明确了应如何对 A 市自来水公司的客户满意度进行分组的基础上，你现在应着手对客户意见进行汇总，试问当你计算汇总出结果后，该以什么方式来反映分组统计出的客户意见的总体情况呢？

案例解析：在统计分组整理的前两个步骤中，我们通过选择合理的分组标志和分组界限解决了如何分类汇总统计资料的问题，在此基础上我们需要实施第三个步骤，通过编制分配数列，将分类汇总的结果表现出来。

3.3.1 分配数列的概念和种类

分配数列又称分布数列、次数分布，是指在统计分组的基础上，把总体的所有单位按组归类并排列，形成总体中各个单位在各组间的分布。各组的单位数叫作次数，又称频数。各组次数与总次数之比叫作频率，又称比率。分布数列在统计研究中具有重要意义，它是统计整理结果的一种重要表现形式，也是统计分析的一种重要方法。它能表明总体单位分布的特征和结构状况，为进一步研究总体的构成、计算统计指标提供方便。

分配数列由两个要素构成：总体按某标志所分的组的名称和各组的次数或频率。表3-5所示为2020年我国人口性别情况统计。

表3-5　2020年我国人口性别情况统计

性别	人口数/万人	占比/%
男	72 334	51.24
女	68 844	48.76
合计	141 178	100.00

根据分组标志的不同，可将分配数列分为品质分配数列和变量分配数列。

按品质标志分组形成的分配数列为品质分配数列。分类数据和顺序数据都是按品质标志进行分组形成的定性数据。品质分配数列的编制相对比较简单，只要分组标志选择正确，分组恰当合理，按统一规定的分类标准，各组的性质界限也就容易划分。

按数量标志分组形成的分配数列为数量分配数列，也称为变量分配数列。数值型数据需要通过数值的不同来反映事物性质的差异，按照用以分组的变量的表现形式，可以将变量分配数列分为单项式变量数列和组距式变量数列两种。

1．单项式变量数列

单项式变量数列指只以一个变量值代表一组所编制的变量分配数列，简称单项数列。单项数列的特点是每个变量值单独成为一个组，组数的多少由变量值的个数决定。表3-6所示的某班学生年龄统计即单项数列。

表3-6　某班学生年龄统计

年龄/岁	学生数/人	占比/%
18	20	40
19	20	40
20	10	20
合计	50	100

单项数列一般适用于离散变量，且在变量值不多、变动范围不大的条件下采用。如果离散变量的值变动很大、数值很多，采用单项数列必然造成组数过多，总体次数分布过于分散，就会失去分组的意义。例如，如果将全国的人口按年龄分组，由于人口年龄跨度大，从0岁至100多岁，这种情况下就不适合编制单项数列。

2．组距式变量数列

组距式变量数列指每个组是由表示一定变动范围的两个变量值组成的变量分配数列，简称组距数列。组距数列的特点是每个组是变量值的一段数值区间，组别的多少由组距的大小决定。表3-7所示为2020年全国人口年龄构成统计即组距数列。组距数列一般适用于连续变量或者变量值个数较多、变动范围较大的离散变量。

表3-7　2020年全国人口年龄构成统计

年龄/岁	人口数/万人	占比/%
0~14	25 338	18.0
15~64	96 776	68.5
65 及以上	19 064	13.5
合计	141 178	100.00

在组距数列的编制和分析中，经常运用以下基本概念。

（1）组限。组限是指各组两端的数值。每一组的最大变量值称为该组的上限，最小变量值称为该组的下限。例如，表 3-7 所示的 2020 年全国人口年龄构成统计第一组的上限为 14 岁，下限为 0 岁；最后一组"65 及以上"则只有下限，没有上限，这种分组称为开口组。

变量有离散变量和连续变量之分，它们在组限表示上也有所不同。离散变量可以一一列举，而且相邻两个数值之间没有中间数值，因此，各组的上、下限都可以用确定的数值表示，相邻组组限可不重叠，表 3-7 所示的各组年龄数值可表示为 0～14、15～64、65 及以上等。

连续变量与此不同，由于相邻两个数值之间可能有无限多个中间数值，不可能一一列举，因此相邻组的上限和下限无法用两个确定的数值分别表示。所以在连续变量的组距数列中，上一组的上限同时也是下一组的下限。表 3-8 所示为某车间职工月工资统计，表中相邻两组的组限是重叠的，如 6 000 元是第二组的上限，也是第三组的下限，这时，习惯上按照"上限不在内"的原则处理，将月工资为 6 000 元的职工归入第三组中。

表 3-8　某车间职工月工资统计

月工资/元	职工人数	比率/%
5 000 以下	5	10
5 000～6 000	15	30
6 000～7 000	20	40
7 000～8 000	8	16
8 000 及以上	2	4
合计	50	100

根据"上限不在内"原则，离散变量的分组，也普遍采用相邻组上、下限重叠的方式，表 3-7 所示的 2020 年全国人口年龄构成统计的分组可以表示为 0～15、15～65 等。这样表示不仅比较简明，而且在统计分析中计算组中值时也更加方便。

（2）组距。上限与下限之间的距离或差值就是该组的组距，即组距 = 上限 - 下限。组距表示各组标志值变动的范围。

根据变量分配数列各组的组距是否相等还可将其分为等距数列和异距数列（或不等距数列）。

等距数列是指各组保持相等组距的变量分配数列。表 3-8 所示的某车间职工月工资统计即等距数列。在标志值变动比较均匀的情况下，可编制等距数列。等距数列有很多好处，它便于各组单位数和标志值的直接比较，使用它进行统计分析也比较简便。

异距数列是指各组组距不相等的变量分配数列。当标志值变动很不均匀，如急剧增长或下降、变动较为极端时比较适宜编制异距数列。有时异距数列更能反映事物性质变化的数量界限，表 3-7 所示的 2020 年全国人口年龄构成统计，是考虑到人口在不同年龄阶段的生理变化特点所进行的分组。

（3）组数。组数就是分组的个数。在研究的总体一定的情况下，组数的多少和组距的大小是紧密相关的。一般来说，组数和组距成反比关系。在对同一现象进行分组时，组数少，则组距大；组数多，则组距小。如果组数太多，分组太细致，容易将属于同类的单位划分到不同的组中，因而不能显示出现象类型的特点。但也不能随意扩大组距，减少组数，如果把不同性质的单位归入一组中，失去区别事物的界限，则无法达到正确反映客观事实的目的。

（4）组中值。组中值是上限与下限之间的中点数值，是代表各组标志值的一般水平的数值。

$$组中值 = \frac{上限 + 下限}{2}$$

在开口组中计算组中值的公式为

$$缺下限组的组中值 = 该组上限值 - \frac{相邻组组距}{2}$$

$$缺上限组的组中值 = 该组下限值 + \frac{相邻组组距}{2}$$

组中值并不是各组标志值的平均值，在组距数列中，组距掩盖了分布在组内各单位的实际变量值，因此需要用组中值来代表该组的一般水平。可见计算组中值时假定各组标志值的变化是均匀的。

3.3.2　变量分配数列的编制

品质分配数列的编制较为简单，在实际工作中使用较多的是变量分配数列，因此，这里以变量分配数列为例介绍分配数列的编制方法。

1. 单项数列的编制

单项数列把每一个变量值作为一组，编制时，首先把所有变量值按大小顺序排列，再将各变量值相应的次数列入分配数列的次数栏中即可。

【例 3-1】某车间班组 25 个工人生产计件（单位：台）资料如下，要求对其进行分组整理。

6　4　3　5　7　5　4　6　7　3　5　4　6　6　4　4　5　6　4　7　5　4　3　5　6

方法如下。

（1）观察以上原始资料，将变量值按由小到大的顺序进行排列。

（2）将加工产品数量相同的工人分为一组，计算各组的工人数。

（3）计算出每组的工人人数在总体中所占的比率，编制分配数列，如表 3-9 所示。

表 3-9　某车间班组 25 个工人生产计件统计

生产计件数/台	工人数/人	比率/%
3	3	12
4	7	28
5	6	24
6	6	24
7	3	12
合计	25	100

2. 组距数列的编制

组距数列一般在不同变量值很多且变量值变动范围很大时使用。

【例 3-2】以下是某学生对班里 40 位同学暑期勤工俭学情况进行调查时所获得的每位同学勤工俭学的收入（单位：元）。

6 400	2 400	960	0	3 000	2 600	1 200	0	5 800	3 700
4 100	2 700	1 700	0	4 960	1 960	1 500	2 400	1 920	1 600
1 000	2 700	5 600	0	1 560	3 600	3 100	3 200	7 300	2 000
3 560	1 320	2 800	2 200	6 900	8 000	3 720	2 560	9 160	3 200

由于每位同学的勤工俭学收入差异较大，且收入属于连续变量，所以整理数据时不宜编制单项数列，该学生决定编制组距数列。

方法如下。

（1）将原始资料按大小顺序排列。只有将得到的原始资料按其数值大小重新排列，才能看出变量分布的集中趋势和特点，为确定全距、组距和组数做准备。以下是将数据重新排列后的结果。

0	0	0	0	960	1 000	1 200	1 320	1 500	1 560
1 600	1 700	1 920	1 960	2 000	2 200	2 400	2 400	2 560	2 600
2 700	2 700	2 800	3 000	3 100	3 200	3 200	3 560	3 600	3 700
3 720	4 100	4 960	5 600	5 800	6 400	6 900	7 300	8 000	9 160

从以上数据排列可以观察到，学生的勤工俭学收入差距较大，收入比较集中于 2 000～4 000 元。

（2）确定全距。全距是最大变量值与最小变量值之差，可表明标志值的变动范围。确定全距，主要是确定变量值的变动范围和变动幅度。如果是变动幅度不大的离散变量，即可编制单项数列；如果是变量变动幅度较大的离散变量或者是连续变量，就要编制组距数列。在本例中，全距 = 9 160 - 0 = 9 160（元）。

（3）确定组数、组距和组限。组距的大小与组数的多少相互制约，呈反比例关系。组距越大，组数就越少。为了统计分析计算方便，编制组距数列时，组距宜取 5、10 或 100 的倍数，而且第一组的下限应低于最小变量值，最后一组的上限应高于最大变量值。在确定组距时，必须考虑原始资料的分布状况和集中程度，注意组距的同质性，尤其是决定质的差别的数量界限，绝不能混淆，否则会失去分组的意义。例如，对成绩分组时，应将 60 分作为一个重要组限，不能在同一组中既有及格的学生又有不及格的学生；对计划完成程度分组时，100% 也是一个重要组限，同样不能出现同一组中有已完成任务的和未完成任务的情况。如果一个班的学生成绩比较集中于 70～90 分，仅有一个学生成绩在 40 分，则可以将其归入"60 分以下"组，而无须在 60 分以下再详细分组。

在本例中，由于学生勤工俭学收入差异较大，分组不能太细，分组的组数在 10 组以下较为适宜，如果组数为 10 组，则每组组距 = 9 160 ÷ 10 = 916 元，显然这种分组组距不便于统计整理和分析。分组的组距宜取 5、10 或 100 的倍数，这里我们可以考虑将组距定为 1 000 元，这样分组数据在显示上较为简明，在计算组中值时也较为简便。经过以上分析，我们可以确定表 3-10 所示的分组组距、组数和组限。

（4）计算各组的单位数。在变量分组确定后，通过手动或计算机汇总，计算出各组的单位数，并用分配数列的形式表示，如表 3-10 所示。

表 3-10　某班学生暑期勤工俭学收入统计

勤工俭学收入/元	学生人数/人	比重/%
1 000 以下	5	12.50
1 000～2 000	9	22.50
2 000～3 000	9	22.50
3 000～4 000	8	20.00
4 000～5 000	2	5.00
5 000～6 000	2	5.00
6 000～7 000	2	5.00
7 000 及以上	3	7.50
合计	40	100.00

3. 累计次数和累计频率

对于顺序数据和数值型数据，为了研究数列的次数分配状况，统计工作中还常计算累计次数和累计频率，它们分别表明总体在某一定量值之下或之上共包含的单位个数及占总体单位总数的比重。累计次数和累计频率分为向上累计和向下累计两种。

（1）向上累计。向上累计又称由小向大累计，是指将各组次数和频率由变量值小的组向变量值大的组逐个累计，它表明该组上限以下的单位数是多少，占总体比重是多少。例如，表 3-11 所示的某班学生考试成绩分组，第二组的上限是 70 分，则向上累计即 70 分以下的学生数，包括 60 分以下组的 6 人和 60～70 分组的 10 人，累计人数为 16 人。

（2）向下累计。向下累计又称由大向小累计，是指将各组次数和频率由变量值大的组向变量值小的组逐组累计，它表明该组下限以上的单位数是多少，占总体比重是多少。例如，表 3-11 所示的某班学生考试成绩分组，第二组的下限为 60 分，则向下累计即 60 分以上的学生数，包括除 60 分以下组以外的其他各组的学生数，累计人数为 44 人。

表 3-11　某班学生考试成绩分组

按成绩分组/组	学生数/人	比重/%	向上累计		向下累计	
			学生数/人	比重/%	学生数/人	比重/%
60 以下	6	12	6	12	50	100
60～70	10	20	16	32	44	88
70～80	15	30	31	62	34	68
80～90	13	26	44	88	19	38
90～100	6	12	50	100	6	12
合计	50	100	—	—	—	—

 【案例 3-3】解析

现在来思考一下 A 市自来水公司客户满意度调查项目，在这个项目中你该怎样编制分配数列？

提示：由于在 A 市自来水公司客户满意度调查项目中已进行了事前分组，因此你在统计整理阶段所需要做的工作就比较简单了，只需汇总统计每个调查项目客户的反馈意见即可整理出相应的分配数列。下面以编号为 D1 的问题为例，说明其编制分配

数列的方法。

D1. 对于 A 市自来水公司提供的自来水的质量，您的满意度如何？（见表 3-12）

表 3-12　客户对自来水质量的满意度调查

	非常满意	满意	一般	不满意	非常不满意
无特殊气味					
无杂质					
无色					
无特殊味道					

操作方法：分别统计与自来水质量有关的 4 个项目的客户意见，将有相同意见的客户归入同一组，然后编制分配数列，如表 3-13 所示。

表 3-13　客户对自来水质量的满意度

按客户对自来水质量满意度分组	无特殊气味		无杂质		无色		无特殊味道	
	客户数/人	比率/%	客户数/人	比率/%	客户数/人	比率/%	客户数/人	比率/%
非常不满意	5	1.25	7	1.75	9	2.25	3	0.75
不满意	28	7.00	46	11.50	54	13.50	24	6.00
一般	128	32.00	122	30.50	105	26.25	116	29.00
满意	171	42.75	172	43.00	173	43.25	195	48.75
非常满意	68	17.00	53	13.25	59	14.75	62	15.50
合计	400	100.00	400	100.00	400	100.00	400	100.00

3.3.3　次数分布的类型

各种不同性质的客观现象有着各自不同的次数分布特征，概括起来主要有 3 种类型：钟形分布、U 形分布和 J 形分布。

1. 钟形分布

钟形分布的特征是中间高、两头低，这类总体单位的分布是以平均值为中心的。越接近中心，分布的次数越多；离中心越远，分布的次数越少。其分布曲线就像一口古钟，故称之为钟形分布。钟形分布又可细分为正态分布和偏态分布。

（1）正态分布。钟形分布中的对称分布也称为正态分布，其曲线如图 3-2 所示。许多现象的分配数列的分布属于钟形分布，如学生的学习成绩、工人的生产产量、人的身高等。据《华尔街日报》报道，美国人在购物商场停车的现象甚至都呈现出正态分布，正对着商场的地方停车数量最多，也就是正态分布曲线的"峰值"，在入口左右两侧的停车数量逐渐变少，即曲线两端下滑的"尾巴"。所以，当你来到一家陌生的商场，要想尽快找到出入口，比较简单的方法就是去车多的地方看看。

（2）偏态分布。偏态分布曲线也是中间高、两侧低的，但左右不对称，有一侧呈"尾巴"状。根据长尾拖向左方或右方，可将偏态分布分为左偏分布和右偏分布，其曲线如图 3-3 和图 3-4 所示。如社会人均收入分布通常呈右偏分布，即低收入段的人数较多，高收入段的人数较少，收入水平差距较大。保健品消费的年龄分布通常呈左偏分布，这些产品的消费者以中老年人为主，年轻人对保健品需求不高，人数较少。

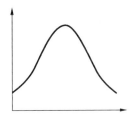 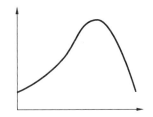 

图 3-2　正态分布曲线　　图 3-3　偏态（左偏）分布曲线　　图 3-4　偏态（右偏）分布曲线

2. U 形分布

U 形分布曲线的特征与正态分布曲线恰好相反，其特征是：靠近中间的变量值分布次数较少，靠近两端的变量值分布的次数较多，形成两头大、中间小的状态，如图 3-5 所示。例如，人口死亡现象按年龄分布便是典型的 U 形分布，在正常情况下的人口总体中，婴幼儿和老年人死亡率相对较高，而中青年人死亡率较低。

3. J 形分布

J 形分布的特征是一边小一边大的单边分布，绘制成曲线图形如英文字母"J"，故称之为 J 形分布。J 形分布有正 J 形分布和反 J 形分布之分。

正 J 形分布的特点是次数随着变量值的增大而增多，其曲线如图 3-6 所示。例如，通常某种产品的供应量会随着价格上升而增大，供应量在价格上的次数分布即表现为正 J 形分布。

反 J 形分布的特点是次数随着变量值的增大而减少，其曲线如图 3-7 所示。例如，通常某种产品的消费量会随着价格上升而减少，消费量在价格上的次数分布即表现为反 J 形分布。

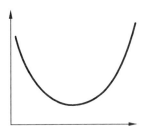 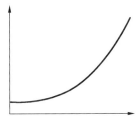 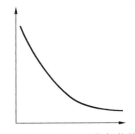

图 3-5　U 形分布曲线　　　　图 3-6　正 J 形分布曲线　　　　图 3-7　反 J 形分布曲线

3.4　统计表和统计图

【案例 3-4】

现在你已完成了对 A 市自来水公司调查资料的分组整理，并按要求编制了各个调查项目的分配数列。你的统计整理任务是否已经完成？你还需要做些什么？

案例解析：统计资料经过分组整理后，通过编制分配数列已经变得有条理了，在此基础上，你需要按照统计表的规范格式展示分配数列，以便于读者阅读和理解。

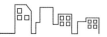

你还可以考虑用形象的统计图把总体的数量特征和数量关系更直观地表现出来，尤其是在你需要强调的关键问题上，这样效果会更好。

统计资料的表现形式有统计表、统计图和统计分析报告。其中，统计表和统计图是表现统计资料最常用的两种形式。阅读、编制和使用统计表、统计图是统计的基本技能，是做好统计分析的基础。

3.4.1 统计表

将统计资料按照一定的规范表现在表格里，就可形成统计表。统计表能够使统计资料的表现条理化、系统化，更清晰简明地显示数字之间的联系，有利于进行比较和分析研究。

1. 统计表的结构

从统计表的形式看，统计表由4部分构成，如图3-8所示。

（1）总标题：它是统计表的名称，用以概括表中统计资料的主要内容。

（2）横行标题：它是各组的名称，用以反映总体单位的分组情况。

（3）纵栏标题：它是统计指标的名称，用以说明纵栏所列各项资料的内容。

（4）数字资料：也称指标数值，它是统计表的具体内容，每一项指标数值都由相应的横行标题和纵栏标题加以限定。

从统计表的内容看，统计表包括主词和宾词两个部分。主词是统计表所要说明的总体以及总体的各单位、各组的名称，或者各个时期。宾词是统计表用来说明主词的各个指标，包括指标名称、指标数值和计算单位。

总标题

某班学生年龄统计

纵栏标题

年龄/岁	学生数/人	比率/%
18	20	40
19	20	40
20	10	20
合计	50	100

横行标题　数字资料

主词　宾词

图 3-8　统计表的结构

2. 统计表的种类

统计表按照主词是否分组和分组的程度，分为简单表、分组表和复合表。

（1）简单表。简单表是主词未经任何分组，仅按单位名称或时间先后顺序排列而成的统计表。通常对调查的原始资料进行初步整理时会运用简单表，表3-14所示的某企业某年各季度销售额统计即简单表。

表 3-14　某企业某年各季度销售额统计

季度	销售额/万元
一季度	5 158
二季度	5 649
三季度	6 687
四季度	7 103

（2）分组表。分组表是主词按某个标志进行分组而形成的统计表，分组可以反映现象的不同特征，揭示总体的内部构成，有利于分析现象之间的依存关系。图3-8所示的某班学生年龄统计即分组表。

（3）复合表。复合表是主词按两个或两个以上标志进行复合分组而形成的统计表。它可以反映研究对象受几种因素的共同影响而发生的变化，如表3-15所示的各城市某年自来水用水量统计即复合表。

表3-15　各城市某年自来水用水量统计

按各城市自来水客户性质分组	自来水用水量/亿立方米
A市	4.5
企业客户	2.4
居民客户	2.1
B市	6.5
企业客户	3.8
居民客户	2.7
C市	4.3
企业客户	2.5
居民客户	1.8

3．统计表的编制规则

为使统计表的设计合理、科学、实用、简明，在编制统计表时，必须遵守以下规则。

（1）统计表的各种标题，特别是总标题，应该十分简明、确切，能够概括地反映出统计表的基本内容。总标题还应该标明资料所属的时间和空间。

（2）统计表的左右两端习惯上均不画线，采用开口式。表的上下横线最好用粗线，纵栏之间用细线分开，横行之间可以不加线。

（3）如果统计表的栏数较多，通常要加以编号，主词和计量单位等栏用（甲）、（乙）、（丙）等标明；宾词指标各栏用（1）、（2）、（3）等编号。各栏之间若有计算关系，可以用编号表示。如（3）＝（2）×（1），表示第（3）栏等于第（2）栏乘第（1）栏。

（4）表中数字应该填写整齐，对准位数，同类数字要保持统一的有效位数。当数字为0或因数小可忽略不计时，要写上0；当缺乏某项资料时，用符号"—"表示；不应有数字时用符号"—"表示。表内如有相同的数字时，应全部重写一遍，不能用"同上""同左"等字样表示。

（5）表中的横行"合计"，一般列在最后一栏（或最前一栏），表中的纵栏"合计"一般列在最后一行。

（6）统计表中必须注明数字资料的计量单位，当表中只有一种计量单位时，可以把它写在表头的右上方。如果表中需要分别注明不同的单位，横行标题的计量单位可以专设一栏，纵栏标题的计量单位，要与纵栏标题写在一起，用小写字体标写。

（7）必要时，统计表应加注说明或注解。例如，某些数字是估算的，某些资料只包括一部分地区，这些都需要加以说明。

3.4.2　统计图

统计图是利用几何图形或具体形象表现统计资料的一种形式。统计图具有鲜明醒目、富于表现、易于理解的特点，因而绘制统计图是统计整理的重要内容之一。

统计图可以表明现象的规模、水平、结构、对比关系、依存关系、发展趋势和分布状况，有利于进行统计分析和研究，常用的统计图主要有直方图、折线图、曲线图、饼图等。

1．直方图

直方图是用宽度相等、高度或长短不同的柱形来表示现象之间对比关系的统计图，故又被称为柱形图。这种图形由于制作简单，便于对比，又容易给人留下深刻印象，所以被广泛应用于实践中。绘制直方图的基础是分组表，以某班学生考试成绩分组为例，绘制的直方图如图3-9所示。

微课：扁平化
统计图表

微课：三维
统计图表

2．折线图

折线图在直方图的基础上，将每个长方形的顶端中点用折线连接而成，或用组中值和频数相应的坐标点连接而成。折线图可使资料的分布更加一目了然，并且可以描述某种现象随时间变化的趋势，通过分析其规律，来预测未来发展变化。图3-10所示为根据某班学生考试成绩分组绘制的折线图。

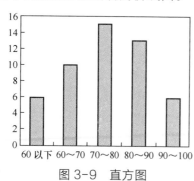

图3-9　直方图

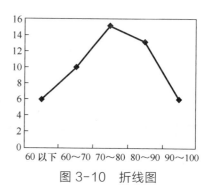

图3-10　折线图

3．曲线图

曲线图是将纵横坐标相交的实心点以光滑的曲线连接而成的图形。曲线是表现连续变量分配数列次数分布的常用形式，适用于变量值非常多或变量分配数列的组数非常多的情况。图3-11所示为根据某班学生考试成绩分组绘制的曲线图。

4．饼图

饼图又称圆形图，是以圆形面积或以圆内各扇形面积的大小来表示指标数值大小的图形，它常用于反映总体的内部结构。在实际应用时亦可将圆面改为圆饼、圆台或圆形立体图来展示。其所显示的资料数据一般是百分数，这样可以直观地显示总体各组成部分所占的比重。图3-12所示为根据某班学生考试成绩分组绘制的饼图。

一项调查的所得资料经过处理，通常会产生大量的数据，如果仅用文字描述，会显得枯燥乏味且难以理解，而用以上所展示的统计图则能非常简单直观地说明事物之间的内在关系和发展变化。

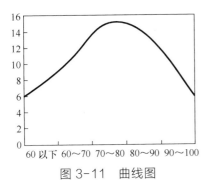

图 3-11 曲线图

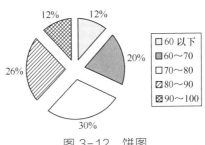

图 3-12 饼图

分类数据主要用于反映现象的内部结构，所以，一般使用饼图或直方图来显示各部分的分布情况；顺序数据具有等级差异或顺序差异，除了可以使用饼图、直方图反映总体各部分的分布情况，还可以绘制基于累计频数（频率）的折线图，从而更为清楚地显示某一水平以上或以下的频数（频率）。图 3-13 所示为根据表 3-14 所示的某企业某年各季度销售额统计数据绘制的各季度销售额和全年累计销售额的组合统计图；对于数值型数据，则可以根据分析的目的所需展示的重点，灵活选择各种统计图，在实践中，以折线图、曲线图和直方图最为常见。

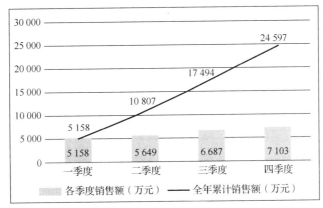

图 3-13 某企业某年各季度销售额和全年累计销售额

3.5 Excel 在统计整理中的应用

除了在大型统计项目中需要运用专业的统计软件如 SPSS 等进行资料整理和分析，一般的统计项目均可以运用 Excel 软件进行资料的整理和分析。

3.5.1 在 Excel 中输入公式

1. 公式的结构

公式是对工作表中的数值执行计算的等式，公式以"="开头，然后是公式的表达式。通常情况下，公式中包含各种运算符、常量、函数和单元格地址等。以下是公式的简单实例。

=300*50   //常量运算

=B6+B7+B8+B9+B10   //使用单元格地址（变量）

=SUM(B6:B10)　　　　　　　//使用求和函数

在 Excel 中，函数是预定义的公式，如公式"=B6+B7+B8+B9+B10"可以用求和函数表达为"=SUM(B6:B10)"，从而使公式的表达更为简洁。

2. 单元格引用

单元格引用是指用单元格在工作表中的地址作为标识。单元格的地址用单元格所在的列标和行号表示，如 B8，表示 B 列第 8 行。对于单元格区域的引用，则使用冒号将该区域左上角和右下角单元格连接来表示，例如 B2:D6 表示从 B2 单元格到 D6 单元格的 5 行 3 列的区域。在定义 Excel 公式时，经常会通过引用单元格来实现计算，从而提高计算的效率。单元格的引用主要包括相对引用、绝对引用和混合引用。

（1）相对引用。相对引用是指复制公式时单元格地址随着发生改变的引用方式。如图 3-14 所示，张强的全年销售额为 F3，在 F3 输入公式"=B3+C3+D3+E3"。当将 F3 的公式复制到 F4，计算李伟的全年销售额时，F4 单元格的公式将自动调整为"=B4+C4+D4+E4"。

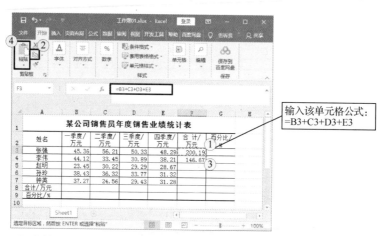

图 3-14　单元格的相对引用

（2）绝对引用。绝对引用是指复制公式时单元格地址不随着改变的引用方式。其表示方式为在单元格的列标和行号前加上符号"$"。如图 3-15 所示，在计算张强的全年销售额占公司全年总销售额的百分比时，将 G3 单元格的公式设置为"=F3/$F$8"，该公式的分母使用的是单元格的绝对引用，这样，在复制该单元格公式时，分母引用的单元格将不再随着单元格的改变而改变。在复制 G3 单元格公式到 G4 单元格，计算李伟的年度销售额占比时，G4 单元格公式自动调整为"=F4/$F$8"，分母所引用的单元格不再改变。

（3）混合引用。在有些情况下，复制公式时只想保留行固定不变或者列固定不变，这时可以使用混合引用，即同时包含相对引用和绝对引用两种方式。其表示方式为在单元格的列标或行号前加上符号"$"，如"B$2"，为引用绝对行，"$B2"为引用绝对列。

另外，如果设置公式时，需要引用同一工作簿内的不同工作表的单元格，则引用单元格时需标明工作表，其格式为"工作表！单元格引用"。如在同一工作簿中，对工作表 Sheet1 中的单元格 B6、Sheet2 中的单元格 B6、Sheet3 中的单元格 B6 求和，将结果放在 Sheet1 中的单元格 C6 中，则需在工作表 Sheet1 的单元格 C6 中输入公式为"=Sheet1！B6+ Sheet2！B6+ Sheet3！B6"。

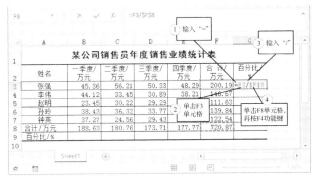

图 3-15　在 PC 端 Excel 中输入公式

3. 输入公式

在 Excel 中使用公式有助于分析工作表中的数据，同时也可避免手动输入数字引发的错误。

（1）在 PC 端 Excel 中输入公式。在 PC 端 Excel 中输入公式有两种方式：一是直接在单元格中输入公式内容；二是在编辑栏中输入公式。在单元格中输入公式时，可以用键盘输入，也可以单击引用的单元格，使用 F4 功能键，可以调整单元格的引用方式。

微课：在 PC 端 Excel 中输入公式

【例 3-3】在某公司销售员年度销售业绩统计表的 G3 单元格中输入 "=F3/$F$8"。

操作方法：①输入 "="；②单击 F3 单元格，该单元格地址自动写入公式；③输入 "/"；④单击 F8 单元格，该单元格地址自动写入公式；⑤光标位于 F8 时，按功能键 F4，将 F8 单元格的引用方式修改为绝对引用 "$F$8"；⑥按 Enter 键确认公式。

（2）在移动终端 Excel 中输入公式。在移动终端 Excel 中输入公式的方法与 PC 端类似，只是由于手机界面较小，在单元格中设置的公式内容仅显示在编辑栏中。在移动终端 Excel 中调整单元格引用方式的方法是：点击编辑栏中需调整的单元格地址，窗口自动显示出单元格引用方式列表，点击选择所需的方式，如图 3-16 所示。

微课：在移动终端 Excel 中输入公式

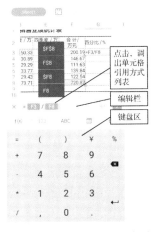

图 3-16　在移动终端 Excel 中输入公式

4．复制公式

复制公式有两种方式：一是通过窗口功能区中的复制、粘贴工具按钮完成，或使用组合键 Ctrl+C、Ctrl+V 完成，此方式适用于不连续的单元格之间的公式复制；二是通过填充柄工具完成复制，此方式适用于连续单元格的公式复制。如图 3-15 所示，在 G3 单元格中输入公式后，使用填充柄向下拖动，即可完成对 G4 至 G7 单元格的公式设置。有关填充柄的操作方法在任务二中已有介绍，这里不赘述。

5．插入函数

Excel 提供了非常丰富的函数，包括统计、财务、数学与三角函数等。插入函数有两种方法：一是直接在单元格或编辑栏中输入函数，与输入公式的方法相同；二是在对函数不熟悉的情况下，通过插入函数工具向导插入函数。下面详细介绍插入函数的操作方法。

【例 3-4】在某公司销售员年度销售业绩统计表中的 B8 单元格中输入"SUM=(B3:B7)"。

（1）在 PC 端 Excel 中插入函数。操作方法：①在 Excel 工作表中选择准备输入函数的单元格 B8；②单击编辑栏中的 f_x 按钮；③在弹出的【插入函数】对话框中选择所需函数，然后单击 确定 按钮；④在弹出的【函数参数】对话框中，对函数参数进行设置，单击 确定 按钮，在工作表中将会显示函数计算的结果，如图 3-17 所示。

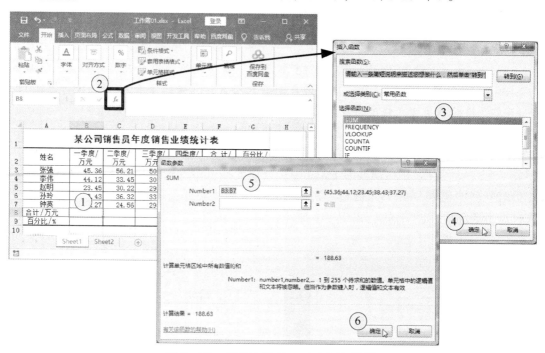

图 3-17　在 PC 端 Excel 中插入函数

（2）在移动终端 Excel 中插入函数。在移动终端 Excel 中插入函数的方法与计算机上类似。操作方法：①选择需输入公式的单元格；②在输入的等号后输入函数英文字母，可在符合条件的函数列表中选取函数，打开键盘，也可在键盘中点击【fx】，在打开的【函数列表】中选择所需的函数；③根据需要进行函数内容的编辑（可直接拖动选择单元格区域），函数编辑完成后，按 √ 确认，如图 3-18 所示。

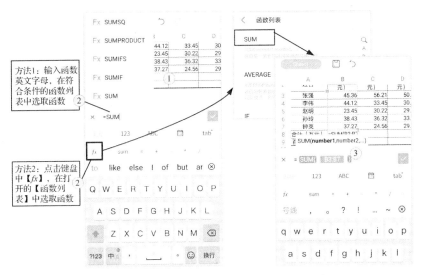

图 3-18　在移动终端 Excel 中插入函数

3.5.2　在 Excel 中进行分组统计

1. 数据排序

对数据进行排序有时是出于分组统计的需要，有时是为了便于阅读理解，使有限的数据在图表中能够以一定的顺序呈现。

【例 3-5】请对以下某班 40 位同学暑期勤工俭学收入（单位：元）数据进行排序。

6 400	2 400	960	0	3 000	2 600	1 200	0	5 800	3 700
4 100	2 700	1 700	0	4 960	1 960	1 500	2 400	1 920	1 600
1 000	2 700	5 600	0	1 560	3 600	3 100	3 200	7 300	2 000
3 560	1 320	2 800	2 200	6 900	8 000	3 720	2 560	9 160	3 200

（1）PC 端 Excel 中的数据排序。操作方法：①先将原始数据输入 Excel 工作表中，为便于对数据进行操作管理，一般将数据录入同一列中；②单击列标按钮 A ，选定需进行排序的数据所在列；③在【数据】选项卡下的【排序和筛选】功能组中，单击【排序】按钮，将"列 A"选择为【升序】排列；④单击 确定 按钮完成排序，如图 3-19 所示。

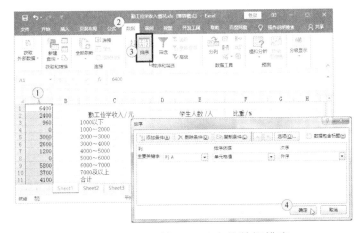

图 3-19　PC 端 Excel 中的数据排序

（2）移动终端 Excel 中的数据排序。操作方法：①将原始数据输入 Excel 工作表中同一列；②选定需进行排序的数据所在列；③点击【工具】，在【数据】选项卡下点击【升序排序】或【降序排序】，系统将按指定顺序排列数据，如图3-20所示。

图 3-20　移动终端 Excel 中的数据排序

2．分组整理

在 Excel 中进行分组整理有两种方法：一是利用统计分组函数 FREQUENCY；二是利用数据分析工具中的直方图工具，可以一次完成分组，计算频数、频率，绘制直方图和累计频率以及图表制作等全部操作，此种方法需要安装"数据分析"模块。统计分组一般适合用 PC 端 Excel 进行相应的数据处理。

下面仍以【例3-5】数据为例，介绍这两种 PC 端 Excel 中的分组整理方法。

（1）用 FREQUENCY 函数进行分组整理。FREQUENCY 函数是根据统计数据源，按照设置的分组标准进行自动计算各组次数的函数。

操作步骤如下。

① 观察资料，确定组数、组距和组限。

② 按分组要求将组限值输入指定位置，如图3-21所示。

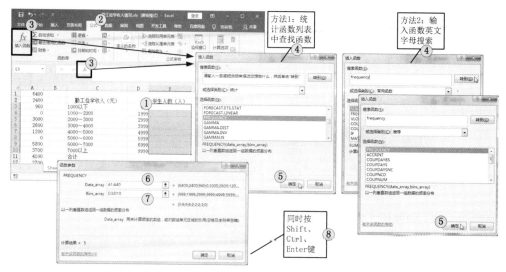

图 3-21　数据资料分组

③ 选定结果存放的单元格区域。

④ 在【公式】选项卡下的【函数库】功能组中单击【插入函数】按钮 f_x，或直接单击编辑栏中的 f_x 按钮，打开【插入函数】对话框。

⑤ 在对话框中的【或选择类别】下拉列表中选择"统计"，再在统计函数列表中选择 FREQUENCY 函数（当前窗口没有，可拖动滚动条寻找）；也可输入函数英文字母搜索函数。然后单击 按钮，打开 FREQUENCY 函数的【函数参数】对话框。

⑥ 在【Data_array】框中输入需要分组的原始数据所在区域。可用键盘输入，也可将光标定位于文本框中后，拖动鼠标选取数据区域。

⑦ 在【Bins_array】框中输入分组的组限。可用键盘输入每组的上限值，如果是单项数列分组（一个数据一组），也可将光标定位于该文本框中后，拖动鼠标选取事先设定好的数据区域。用键盘输入时注意，由于分组结果要给出一组频数，所以必须以数组的形式输入，即在输入数据的两端分别加花括号"{"和"}"，各数据（即上限）之间用半角分号";"隔开。

注意

> Excel 在统计各组频数时，是按"上限在内"的原则进行统计的，这与前面介绍分组原则时所要求的各组"上限不在内"正好相反。在利用 Excel 进行统计分组整理时，要特别注意两者的差异。在设置各组上限时，应根据实际数据情况进行适当的调整，如本例中，1 000～2 000 组的上限为 2 000，但在 Excel 中该组上限应设为 1 999，否则，原始数据中有一个 2 000 的勤工俭学收入数据将统计入 1 000～2 000 组内。

⑧ 输入完毕，将在文本框下显示出频数分布情况，如图 3-21 所示。按 Shift + Ctrl + Enter 组合键，即可将计算出的分组次数分布数据记入指定的单元格区域内。

注意

> 按 Enter 键或按 按钮均只能记入第一组的次数。

⑨ 计算合计数和各组比重。计算合计数可使用 SUM 函数实现，即 E11=SUM(E3:E10)，按 Enter 键后在合计栏中将自动显示合计数据。计算各组比重时，可对第一组的比重使用公式计算，即 F3=E3/$E$11，按 Enter 键后即得出第一组的比重。然后运用填充柄完成对其他各组比重的计算，如图 3-22 所示。

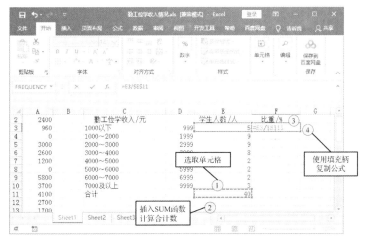

图 3-22 计算合计数和比重

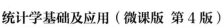

⑩ 设置比重数据格式。在【开始】选项卡下的【数字】功能组中，单击 % 按钮，可将该选取区域设置为百分比格式；单击 按钮和 按钮，可增加和减少小数位，如图 3-23 所示。

图 3-23 设置数据格式

（2）使用数据分析工具进行分组整理。如果在 Excel 的功能区中没有数据分析工具，则必须在 Excel 中安装"数据分析"模块。

操作步骤如下。

① 在 Excel 窗口中单击【文件】标签，在打开的窗口中单击【选项】，打开【Excel 选项】对话框。

② 在【自定义功能区】的【主选项卡】中勾选【开发工具】，然后单击 确定 按钮。在 Excel 的功能区会看到新增的【开发工具】标签，如图 3-24 所示。

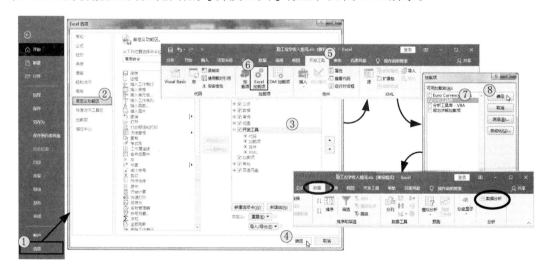

图 3-24 安装"数据分析"模块

③ 在【开发工具】选项卡中的【加载项】功能组中单击【Excel 加载项】按钮，打开【加载项】对话框。

④ 勾选【分析工具库】复选框，然后单击 确定 按钮。在 Excel 的【数据】选项卡中即可增加【数据分析】按钮。

使用"数据分析"模块中的直方图工具，可以将调查所得的原始数据分组，并一次性完成统计各组频数、频率、累计频率和图表绘制的操作。

操作步骤如下。

① 将调查获得的原始数据输入 Excel 表中，并进行排序。

② 观察原始数据，按分组要求将组限值输入指定位置，注意在 Excel 中上限值包含在该组内，如需设置标题则在分组标志值前空出相应标题行，如图 3-25 所示。

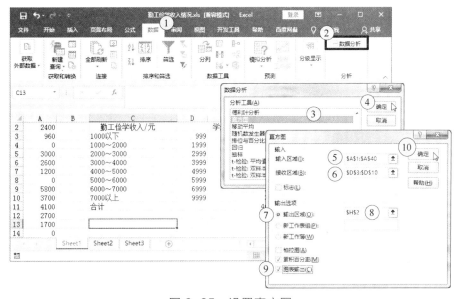

图 3-25　设置直方图

③ 在 Excel 窗口中的【数据】选项卡中单击【数据分析】按钮，打开【数据分析】对话框。

④ 从【分析工具】列表中选择【直方图】，然后单击 确定 按钮，打开【直方图】对话框。

⑤ 将光标定位于【输入区域】文本框中，再拖动鼠标选择原始数据所在的区域。

⑥ 接收区域是指分组标志所在的区域，如勾选了【标志】复选框，则需将标志值上方的标题行一并选入接收区域；如未勾选【标志】复选框，则只需将各组标志值所在区域选入接收区域。

⑦ 设置输出选项。选择【输出区域】，则需定义输出图表在 Excel 表中所处的位置，只需定义输出表左上角所在的单元格行列号，如本例中选为 H2 单元格；如选择【新工作表组】，则 Excel 在本文件中建立新的工作表，输出图表将在新的工作表中单独显示；如选择【新工作簿】，则 Excel 将建立一个新文件，输出图表将显示在新文件的窗口中。

⑧ 对其他图表选项进行设置。如选择【图表输出】，则可以输出按标志值顺序排列

的次数分布直方图；如选择【柏拉图】，则输出按降序排列的直方图；如选择【累积百分率】，则系统将在直方图上添加累积频率折线图。

⑨ 设置完毕，单击 确定 按钮，将在指定位置显示出一个分组表，如图 3-26 所示。注意表和图中的"频率"实际上是频数，"累积"实际上是累计频率。

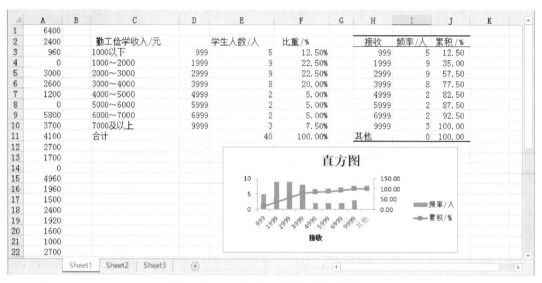

图 3-26　利用直方图整理输出数据

3.5.3　在 Excel 中绘制统计图

Excel 提供的统计图有多种，包括柱形图（竖列条形图）、条形图（横列条形图）、折线图、饼图、散点图、面积图等，各种统计图的绘制方法大同小异。在移动终端 Excel 中同样可以较为便捷地绘制各种统计图。

【例 3-6】根据某班 40 位同学暑假勤工俭学收入的分组资料绘制统计图。

（1）在 PC 端 Excel 中绘制统计图。

操作方法：①选定要绘制统计图的区域，在选择时，可以将数据所对应的横行标题和纵栏标题一并选上，这样可以使生成的统计图的标题和图例自动说明数据含义；②在【插入】选项卡下的【图表】功能组中，单击所需绘制的图表按钮，以柱形图为例，单击【柱形图】按钮 ，窗口会显示柱形图的图例列表，选择适合的柱形图图标，即可生成相关柱形图，如图 3-27 所示（本书图 3-13 所示的组合图，需在选定相关数据区域后，单击【组合图】按钮 进行绘制）；③单击标题文本框，可重新编辑柱形图标题。

如需对图表做进一步设置，可选定图表，在窗口上方将显示【图表工具】选项卡，可分别在【设计】【格式】选项卡下，单击相应的按钮进行设置。

（2）在移动终端 Excel 中绘制统计图。

操作方法：①选定要绘制统计图的区域；②点击【工具】/【插入】/【图表】；③选择图表类别；④选择图表样式，点击【确定】，窗口将生成相应的统计图表；⑤点击图表框中的空白区域，可调出工具栏，可对图表进行复制、粘贴、剪切、数据源修改、切换图表类别和样式、进行图表选项设置和删除图表等操作，如图 3-28 所示。

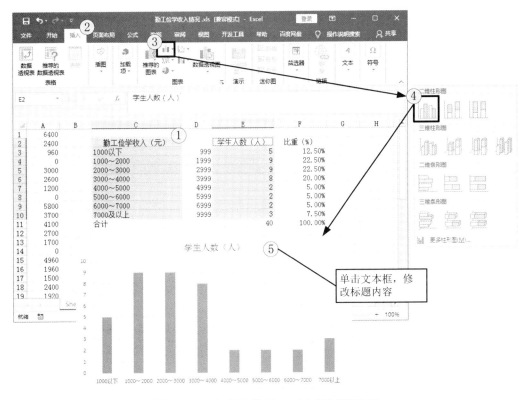

图 3-27 在 PC 端 Excel 中绘制统计图

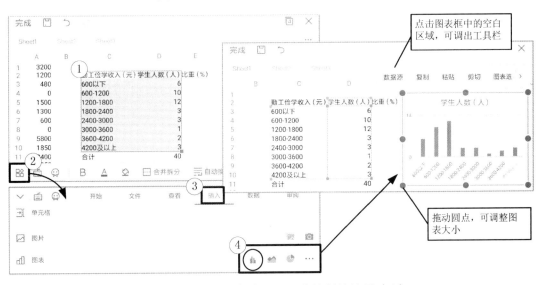

图 3-28 在移动终端 Excel 中绘制统计图（1）

在图表选项中，可以对图表标题、图例、坐标轴、数据源等参数进行设置。以设置图表标题为例，操作方法：①点击图表框中的空白区域，调出工具栏，点击【图表选项】；②在【图表选项】对话框中点击【图表标题】；③在打开的窗口中将【显示标题】设置为显示状态；④在【标题文字】文本框中输入标题内容，在【标题位置】下拉列表框中选择【图表上方】，在窗口下方将显示图表样式；⑤设置完毕点击【确定】返回，如图3-29所示。

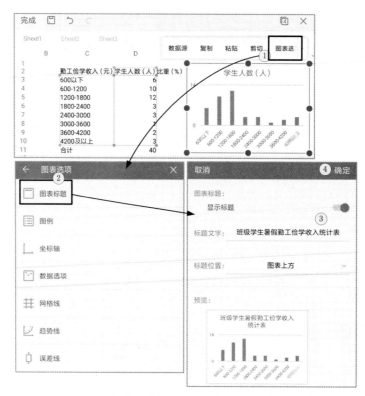

图 3-29　在移动终端 Excel 中绘制统计图（2）

任务实施

现在来思考一下 A 市自来水公司客户满意度调查项目，请你根据本书提供的数据资料，利用 Excel 进行统计资料的整理。要求根据资料编制相应的统计表和统计图。

应用与拓展

一、判断题

1. (3.2.1)进行统计分组，有利于研究经济现象的内部结构。　　　　　　（　　）

2. (3.2.1)是否能够对统计总体进行分组，是由统计总体中的各个单位的"同质性"特点所决定的。　　　　　　　　　　　　　　　　　　　　　　　　　（　　）

3. (3.2.2)统计分组的关键问题是确定组距和组数。　　　　　　　　　（　　）

4. (3.2.2)按数量标志分组的目的，就是要区别各组在数量上的差别。　（　　）

5. (3.2.2)在确定组限时，最大组的上限应大于最大变量值。　　　　　（　　）

6. (3.3.1)按品质标志分组所形成的数列就是变量分配数列。　　　　　（　　）

7. (3.3.1)某企业职工按文化程度分组形成的分配数列是一个单项数列。（　　）

8. (3.3.1)连续变量的分组，只能是组距式的。　　　　　　　　　　　（　　）

9. (3.4.1)统计表的横行标题就是统计表的主词。　　　　　　　　　　（　　）

10. (3.4.2)饼图可以反映经济现象的内部结构。　　　　　　　　　　（　　）

二、单项选择题

1. (3.1.1) 统计整理主要是针对（　　　）进行加工的过程。
    A. 综合统计数据　　　　　　　　　　B. 历史数据资料
    C. 统计分析数据　　　　　　　　　　D. 原始调查数据

2. (3.2.2) 对职工的生活水平进行分组研究，选择的正确分组标志应当是（　　　）。
    A. 职工月工资总额　　　　　　　　　B. 职工月人均收入额
    C. 职工家庭成员平均月收入额　　　　D. 职工的人均月岗位津贴及奖金

3. (3.2.2) 下列属于按品质标志分组的是（　　　）。
    A. 企业按职工人数分组　　　　　　　B. 企业按工业总产值分组
    C. 企业按经济类型分组　　　　　　　D. 企业按资金占用额分组

4. (3.2.2) 区分简单分组和复合分组的主要依据是（　　　）。
    A. 分组对象的复杂程度不同　　　　　B. 分组数目的多少不同
    C. 采用分组标志的多少不同　　　　　D. 分组的目的和方式不同

5. (3.3.1) 将某地区 40 个工业企业按产值分组而编制的变量分配数列中，变量值是（　　　）。
    A. 产值　　　　　B. 工厂数　　　　　C. 各组的产值　　　　D. 各组的工厂数

6. (3.3.1) 在组距数列中，下限就是（　　　）。
    A. 每个组的最小值　　　　　　　　　B. 每个组的最大值
    C. 全距中的最大值　　　　　　　　　D. 全距中的最小值

7. (3.3.1) 某连续变量分配数列，其末组为开口组，下限为 200，又知其邻组的组中值为 170，则末组的组中值为（　　　）。
    A. 230　　　　　B. 260　　　　　C. 185　　　　　D. 215

8. (3.3.1) 某企业的生产计划完成百分比采用如下分组，其中正确的是（　　　）。
    A. 80%～89%，90%～99%，100%～109%，110%以上
    B. 80%以下，80.1%～90%，90.1%～100%，100.1%～110%
    C. 90%以下，90%～100%，100%～110%，110%以上
    D. 85%以下，85%～95%，95%～100%，105%～115%

9. (3.3.1) 单项式分组适合运用于（　　　）。
    A. 连续数量标志
    B. 品质标志
    C. 离散数量标志中标志值变动范围比较小的情况
    D. 离散数量标志中标志值变动范围很大，标志值的项数又很多的情况

10. (3.3.2) 在分配数列中，比率是指（　　　）。
    A. 各组分布次数频率之比　　　　　　B. 各组分布次数与总次数之比
    C. 各组分布次数相互之比　　　　　　D. 各组频率相互之比

11. (3.3.2) 在变量数列中，各组频率之和应（　　　）。
    A. 小于 1　　　　　B. 等于 1　　　　　C. 大于 1　　　　　D. 不等于 1

12. (3.3.2) 组数与组距的关系是（　　　）。
    A. 组数越多，组距越小　　　　　　　B. 组数越多，组距越大
    C. 组数与组距无关　　　　　　　　　D. 组数越少，组距越小

13. (3.3.3) 次数分配中，靠近中间的变量值分布的次数少，靠近两端的变量值分布次数多，这种分布的类型是（　　　）。

    A. 钟形分布　　　　　B. U 形分布　　　　　C. 正 J 形分布　　　　D. 反 J 形分布

14. (3.4.1) 统计表中的主词是指（　　　）。

    A. 表中全部统计资料的内容　　　　　　B. 描述研究对象的指标

    C. 各种指标所描述的研究对象　　　　　D. 分布在各栏中的指标数值

三、多项选择题

1. (3.1.1) 统计整理包括的内容有（　　　）。

    A. 原始资料的审核　　　　　　　　　　B. 原始资料的汇总

    C. 编制统计表　　　　　　　　　　　　D. 统计资料的分析

2. (3.2.1) 统计分组同时具备的两个方面的含义是（　　　）。

    A. 对个体而言，是"分"　　　　　　　B. 对总体而言，是"合"

    C. 对个体而言，是"合"　　　　　　　D. 对总体而言，是"分"

3. (3.2.1) 统计分组的作用在于（　　　）。

    A. 提高统计整理的准确性　　　　　　　B. 划分现象的类型

    C. 揭示现象的内部结构　　　　　　　　D. 分析现象的依存关系

4. (3.2.2) 下列按数量标志分组的有（　　　）。

    A. 教师按专业分组　　　　　　　　　　B. 学生按班级分组

    C. 企业按营业收入分组　　　　　　　　D. 职工按月平均工资分组

5. (3.3.2) 编制组距数列时，关于组限的确定，正确的有（　　　）。

    A. 最小组的下限应大于最小变量值　　　B. 最小组的下限应略小于最小变量值

    C. 最大组的上限应小于最大变量值　　　D. 最大组的上限应略大于最大变量值

6. (3.3.3) 次数分布的主要类型有（　　　）。

    A. U 形分布　　　　　B. J 形分布　　　　　C. S 形分布　　　　　D. 钟形分布

7. (3.4.1) 从外形看，统计表由（　　　）组成。

    A. 总标题　　　　　B. 横行标题　　　　　C. 数字资料　　　　　D. 纵栏标题

8. (3.4.1) 统计表按分组情况不同，可分为（　　　）。

    A. 简单表　　　　　B. 汇总表　　　　　C. 分组表　　　　　D. 复合表

9. (3.4.1) 填写统计表中指标数值的具体方法有（　　　）。

    A. 当数字为 0 时要填写 "0"

    B. 如不应有数字时，要用符号 "—" 表示出来

    C. 如不应有数字时，就不用填

    D. 当缺某项数字或因数小可忽略而不计时，用符号 "…" 表示

    E. 统计表中数字部分不应留下空白，不可出现 "同上" 等字样

四、实践实训

请使用 Excel 软件，对你获得的调查资料进行整理，并绘制相应的统计表和统计图。

小结

在任务三的学习中，你了解了有关统计整理的基础知识，包括统计整理的重要性、

统计整理的工作步骤、统计分组和编制分配数列的方法、绘制统计表和统计图的方法等内容。你需要重点学习统计分组和编制分配数列的方法，它们是进行统计整理的关键。在此基础上，掌握运用 Excel 进行统计整理的技能，能够提高统计整理的工作效率，并为下一阶段的统计分析做好准备。任务三的主要知识点及其内在关系如图 3-30 所示。

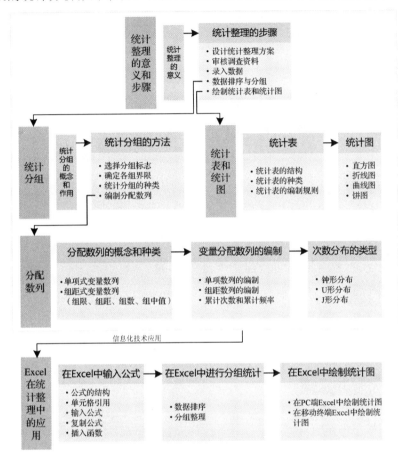

图 3-30 任务三的主要知识点及其内在关系

总量分析和相对分析

- 理解总量指标的概念及其种类
- 理解相对指标的概念及其种类
- 掌握各类总量指标和相对指标的计算方法

- 能够结合具体统计资料进行总量指标的计算和分析
- 能够结合具体统计资料选择恰当的相对指标进行计算和分析

1. 任务描述

通过对统计资料进行整理，统计资料现在呈现出有序的状态。从现在开始，你要学习如何利用这些收集的资料对调查对象的内在特点和相互关系进行定量分析，实现对事物从现象认识到本质认识的飞跃。从 A 市自来水公司的客户满意度调查项目来看，我们已经获得了客户对自来水公司经营的多个方面的评价资料，现在你需要思考的是：应该如何概括这些数据？应该从哪些方面去概括这些数据呢？

2. 任务分析

经过统计整理后的调查资料虽然已经较为系统有序，但大量的原始数据还不能被用来说明问题，在向公众或公司管理层说明客户满意度情况时，我们必须使用概括性的数据来说明调查总体的情况。在分析 A 市自来水公司的客户满意度时，我们还需要从多个角度，通过对比分析的方式来认识公司目前的客户满意度水平。

相关知识

4.1 总量分析

【案例 4-1】

对 A 市自来水公司的调查数据进行总量分析。

案例分析：总量分析是进行统计分析的基础，在进行总量分析时，你必须明确总量指标的概念、总量指标有哪些种类、总量指标的计算等，在此基础上选择恰当的总量指标进行计算和分析。

4.1.1 总量指标的概念和作用

1. 总量指标的概念

总量指标是反映社会经济现象在一定时间、地点和条件下的总体规模或总水平的统计指标。其表现形式通常为绝对数，因而又称为绝对指标。例如，2021 年 9 月 1 日，A 市自来水用水量为 90 万立方米，这一统计数字可以概括地说明特定时间段内 A 市自来水的用水量总水平。

总量指标的数值大小与所研究的总体范围大小有关，总体范围越大，总量指标一般也越大，反之则越小。例如，在上例中，如果将总体定义为 A 市的某一用水企业，其在 2021 年 9 月 1 日的用水量为 8 万立方米，可见总体范围的减小会导致相应的用水量总水平也减小。

有时总量指标也可以表现为同一总体在不同的时间、空间条件下的差数。例如，2020 年我国 GDP 为 1 015 986.2 亿元，比 2019 年增长了 29 471 亿元，增长的国内生产总值也是总量指标。总量指标作为增加量时，其数值表现为正值；作为减少量时，其数值表现为负值。

2. 总量指标的组成

总量指标是由两个部分和六个要素组成的。

从形式上看，任何指标都包含两大组成部分：指标概念和指标数值。例如，国内生产总值为 1 015 986.2 亿元。国内生产总值是指标概念，1 015 986.2 亿元是指标数值。

微课：有关人民生活统计指标解释

微课：有关就业人员和工资统计指标解释

从其内涵分析，总量指标包含六大要素，即指标名称、计算方法、时间限制、空间限制、指标数值和计量单位。例如，上例中，对指标的完整表述应该是"2020 年，按照《中国国民经济核算体系（2016）》的要求进行测算，我国国内生产总值为 1 015 986.2 亿元"。

3. 总量指标的作用

总量指标是最基本的统计指标，是认识社会经济现象的起点。总量指标所提供的总体规模和总水平的数据是制定政策、编制计划和检查计划执行情况及日常经济管理的主要依据。总量指标还是计算相对指标和平均指标的基础。

4.1.2　总量指标的种类

根据不同的分组标志，总量指标有着多种分类方法，主要有以下两种。

1. 按总量指标反映的内容的不同，可分为总体单位总量和总体标志总量

总体单位总量简称单位总量，就是总体单位的总数，用来反映总体本身的规模的大小，如 A 市自来水用水居民数、用水企业数等。总体标志总量简称标志总量，是总体中各单位某一数量标志的总和，如 A 市居民自来水用水总量、A 市企业自来水用水总量等。

在一个特定的总体内，只存在一个总体单位总量，同时并存多个总体标志总量，构成一个总量指标体系。如研究 A 市企业情况时，A 市的企业数为总体单位总量，而企业的用水总量、生产总值、工资总额等都属于总体标志总量。

总体单位总量和总体标志总量并不是一成不变的，而是随着研究目的的不同而变化的。例如，当研究 A 市某企业平均工资水平时，职工总数是总体单位总量，工资总额是总体标志总量；而当研究 A 市企业平均职工数以分析企业规模时，职工总数则成为总体标志总量，A 市所有企业数则成为总体单位总量。

2. 按总量指标所反映的时间状况的不同，可分为时期指标和时点指标

时期指标用来反映社会经济现象在一定时期内发展变化形成的总量结果，又称为时期数。时期指标具有可累计性，其数值的大小与时间的长短成正比。例如，2021 年 9 月 1 日 A 市自来水用水量为 90 万立方米，是 2021 年 9 月 1 日这一天全市自来水用水量的累计；某企业 2021 年销售总额为 1 亿元，是 2021 年该企业所有销售额的累计。时期指标在经济学中称为流量，统计时期指标时应有起止时间。

时点指标用来反映社会经济现象在某一时刻上所达到的数量，又称为时点数。如人口总数、商品库存量、国家外汇储备金额等都属于时点指标，这些指标具有不可累计性，其数值与具体的时点有关。时点指标在经济学中称为存量，统计时点指标时应说明具体的时刻。

4.1.3　总量指标的计量单位

总量指标是社会经济现象总量的具体表现，是一个有名数，应有相应的计量单位。根据其反映的社会经济现象的性质和研究任务的不同，总量指标的计量单位一般有实物单位、货币单位和劳动单位 3 种形式。

1. 实物单位

实物单位是根据事物的自然属性或物理属性而采用的计量单位，用来计量同质的实物总量。以实物单位计量的总量指标又称为实物指标。实物单位可进一步划分为自然单位、度量衡单位、复合单位和标准实物单位。

（1）自然单位。它是按社会经济现象的自然表现形态来计算其数量的单位。如高职院校以"所"为单位、人口以"人"为单位、机器设备以"台"为单位等。

（2）度量衡单位。它是根据度量衡制度来规定的计量单位。如自来水用水量以"吨"为单位、布匹以"米"为单位等。

（3）复合单位。它用两种或两种以上的单位结合在一起表明某事物的数量。如货物周转量以"吨千米"为计量单位，发电量以"千瓦时"为计量单位等。

（4）标准实物单位。它是按照统计的折算标准来度量被研究现象数量的一种计量单位。如不同品种的煤按燃烧放热 7 000 千卡/千克折合成标准煤等。

2. 货币单位

货币单位是以货币形式来反映社会物质财富和劳动成果的计量单位。例如，国内生产总值、财政收入、生产成本、销售收入等。这种以货币为计量单位形成的指标又叫价值指标。货币单位具有广泛的综合性和较强的概括能力，它使实物形态各不相同的产品数量可以相加汇总，在社会经济统计中应用得最为广泛。

3. 劳动单位

劳动单位是用劳动时间表示的计量单位，如工日、工时等。用劳动单位表示的总量指标又称为工作量指标。劳动单位主要用于编制和检查生产作业计划，核算企业工人工资和劳动生产率。

4.1.4 总量指标的计算

总量指标的计算方法有两种：直接计算法和间接推算法。

1. 直接计算法

直接计算法是指将所要研究总体的每个总体单位标志值直接汇总求和。采用直接计算法时，必须对所有的总体单位进行调查登记，遵循不重复、不遗漏的原则逐步汇总得到总量指标。

2. 间接推算法

间接推算法是在不能直接计算或不必直接计算总体的情况下，根据现象之间的关系或根据非全面调查资料推算出总量指标的方法。常用的间接推算法有：平衡关系推算法、比率关系推算法、因素关系推算法、抽样推断法等。

总量指标的计算不只是一个单纯的技术性的求和问题，通常总量指标的计算比较简单，但在界定总量指标所涉及的内容方面可能相当复杂。例如，要统计工资总额，必须先明确哪些工资项目属于工资总额；要统计某地区工业总产值，就必须对"工业企业"进行概念的确定，而且要明确总产值包括的内容。

 【案例 4-1】解析

现在来思考一下 A 市自来水公司客户满意度调查项目，在这个项目中你觉得应使用哪些总量分析方法？

提示：在 A 市自来水公司客户满意度调查项目中，涉及的总量分析比较简单，主要的指标有：该调查活动涉及的客户总数、各个调查项目中持不同意见的客户数等，可采用直接计算法对调查数据直接汇总。

4.2 相对分析

 【案例 4-2】

对 A 市自来水公司的调查数据从不同的角度进行相对分析。

案例解析：总量分析只能让我们对调查对象的总规模和总水平有所认识，但通过对事物的多角度比较对比，可以使我们对事物认识得更充分。在进行总量分析的基础上，我们通常更需要通过相对分析来深化分析内容。

4.2.1 相对指标的概念和作用

1. 相对指标的概念

相对指标又称相对数，是社会经济现象中两个有关指标数值之比。由于现象之间是存在相互联系、相互制约关系的，建立和借助相对指标能够进一步研究现象之间的数量关系及其规律，如结构、比例、强度、发展程度等。

2. 相对指标的作用

在统计分析中，相对指标主要有 3 个方面的作用。

（1）相对指标能够反映现象的相对水平、普遍程度、比例关系、内部结构等，从而更深刻地反映现象的实质。

（2）利用相对指标可以使一些不能直接对比的指标找到共同的比较基础。例如，假定甲企业盈利 1 000 万元，乙企业盈利 100 万元，试问哪家企业盈利能力高呢？从绝对值上看，似乎是甲企业盈利能力高，但事实上两家企业经营所使用的资金量是不同的，甲企业的注册资本是 5 000 万元，而乙企业的注册资本仅仅是 100 万元。显然，不能仅以两家企业的盈利数额来确定盈利能力的高低。但如果我们分别计算两家企业的资本利润率，通过利用资本利润率相对数，就可以找到共同的比较基础，用以比较两个企业的盈利能力的高低。

（3）相对指标是进行计划管理和考核企业经济活动成果的重要指标之一。在宏观经济管理中，广泛运用各种相对指标检查、监督和分析国民经济的速度、比例、效益；在企业生产经营活动中，作为评价、考核企业经营状况的各项技术经济指标也大多是相对指标。

4.2.2 相对指标的表现形式

相对指标的表现形式分为无名数和有名数两种。

1. 无名数

无计量单位的数值称为无名数，具体表现为倍数、系数、成数、百分数或千分数等。

倍数和系数是将对比基数抽象为 1 而计算出来的相对数。两个数字对比，当其子项和母项指标数值相差不大时，常用系数表示。系数可以大于 1，也可以小于 1，如工资等级系数、恩格尔系数等。当分子数值比分母数值大很多时，习惯上用倍数表示相对数，如 2020 年"双 11"购物节淘宝和天猫的交易额达 4 982 亿元，是 2009 年首届"双 11"购物节交易额的 9 964 倍。

成数是将对比基数抽象为 10 而计算出来的相对数，常用在农业生产统计上，如粮食产量比上年增长一成，即粮食产量增长了 1/10。

百分数是将对比基数抽象为 100 而计算出来的相对数，它是相对数中最常见的形式，一般用"%"表示，如某企业计划完成程度为 105%、学生出勤率为 98% 等。在统计工作中，有时把两个以百分数表示的相对指标相减，差距为 1%，则称之为相差 1 个百分点。

例如，原来银行贷款利率为 4.3%，现在上调了 1 个百分点，则现在的银行贷款利率为 5.3%。

当分子比分母小得多时，可以使用千分数（‰）来表示，如 2020 年我国人口的出生率为 8.52‰、人口自然增长率为 1.45‰。

在实际工作中，具体使用哪种无名数，一方面要分析具体情况，另一方面还要约定俗成，以利于数据的前后对比分析。

2. 有名数

有名数是一种有具体名称的数值，多表现为复名数。一般将对比的分子指标数值和分母指标数值的计量单位同时使用而形成双重计量单位或多重计量单位，有名数主要用来表现强度相对指标和平均指标。例如，人均国内生产总值用"元/人"表示、人均粮食产量用"千克/人"表示、人口密度用"人/平方千米"表示等。

4.2.3 相对指标的种类

相对指标按其作用和计算方法的不同，可以分为 6 类，如图 4-1 所示。

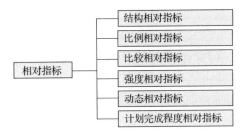

图 4-1 相对指标的种类

1. 结构相对指标

（1）结构相对指标的概念。结构相对指标是利用分组法，将总体内部各组的数值与总体数值相比得到的相对数，又称为结构相对数。其计算公式为

$$结构相对指标=\frac{总体中某一部分数值}{总体全部数值}\times100\%$$

【例 4-1】表 4-1 所示为 A 市自来水公司城市居民的客户满意度调查数据。

表 4-1 A 市自来水公司城市居民的客户满意度调查数据

分类	客户综合评估满意度	比重/%
非常不满意	9	2.3
不满意	16	4.0
一般	135	33.7
满意	196	49.0
非常满意	44	11.0
总计	400	100.0

表 4-1 中持有不同满意度意见的客户占全部客户的比重，即结构相对指标。从表 4-1 中，我们可以清晰地判断出 A 市城市居民对当地自来水公司的满意程度。

结构相对指标一般用百分数或成数表示，其分子和分母可以是总体单位数，也可以

是总体标志值。由于结构相对指标是同一总体的部分数值与全部数值之比，故各部分所占比重之和应等于100%或1。

（2）结构相对指标的作用。结构相对指标在统计分析中应用广泛，它的主要作用可以概括为以下几个方面。

① 结构相对指标可以说明在一定的时间、地点和条件下，总体结构的特征。例如，对人口按文化程度进行分组统计，计算各文化程度的人口比重，可以说明在一定的时间、地点和条件下的人口素质特征。

微课：多元化
市场主体共促
中国工业经济
发展

② 通过不同时期结构相对指标的变化，可以揭示事物内部构成的变化进程及发展趋势。例如，表4-2所示为我国产业结构变动情况，从表中可以看到从2001年、2010年、2020年我国第二产业和第三产业占据着绝大部分比重，第一产业和第二产业比重不断缩小，第三产业发展很快，比重稳步提升。

表4-2 我国产业结构变动情况

项目	2001年		2010年		2020年	
	GDP/亿元	比重/%	GDP/亿元	比重/%	GDP/亿元	比重/%
GDP	110 863.1	100.0	412 119.3	100.0	1 015 986.2	100.0
第一产业	15 502.5	14.0	38 430.8	9.3	77 754.1	7.7
第二产业	49 659.4	44.8	191 626.5	46.5	384 255.3	37.8
第三产业	45 701.2	41.2	182 061.9	44.2	553 976.8	54.5

③ 利用结构相对指标，可以帮助人们分清主次，确定工作重点。例如，在物资管理工作中采用的 ABC 分析法，其基本原理就是根据物资对企业经济活动的影响程度，将各种物资划分为 A、B、C 这3类，实行分类管理，其分类分析中所采用的就是统计学的结构相对指标，某企业仓储物料分类如表4-3所示。

表4-3 某企业仓储物料分类

类别	占资金的比重/%	占品种的比重/%
A	80	5
B	15	15
C	5	80
合计	100	100

④ 通过分析结构相对指标，可以反映所研究社会经济现象的情况。例如入学率、文盲率等比率可以从接受教育的程度上表明人口质量；产品合格率、优质品率等可以说明企业的产品质量；出勤率、设备利用率可以反映人财物的利用效率。

2. 比例相对指标

（1）比例相对指标的概念。比例相对指标是反映总体中各组成部分之间数量联系的程度和比例关系的指标，又称比例相对数。它是同一总体中某一部分数值与另一部分数值之比。其计算公式为

$$比例相对指标 = \frac{总体中某一部分数值}{总体中另一部分数值}$$

【例4-2】根据我国第七次人口普查，2020年年末全国人口中男性人口为 72 334 万

人，女性为 68 844 万人，则我国人口的性别比例为

$$我国人口性别比例 = \frac{72\,334}{68\,844} \approx 1.05 : 1$$

比例相对指标通常用比的形式表示，有时也可用百分数或倍数表示。例如，根据中国疾病预防控制中心发布的 2018 年中国成人烟草调查结果显示，2018 年我国 15 岁及以上人群吸烟率为 26.6%，其中，男性为 50.5%，女性为 2.1%。据此计算，不吸烟人口是吸烟人口的 2.8 倍左右，男性吸烟人口是女性吸烟人口的 25 倍左右。统计分析中，有时还使用连比形式来表示总体中若干个组的比例关系，例如国内生产总值中，第一、第二、第三产业的比例。

（2）比例相对指标与结构相对指标的区别。比例相对指标和结构相对指标的作用相同，都是用来揭示事物内部组成结构的，只是对比的方法不同，侧重点有所差别。结构相对指标的分子、分母间的关系是一种包含关系，分子是分母的一部分，分子、分母不能互换；比例相对指标的分子、分母间的关系是一种并列关系，分子、分母可以互换。例如，在人口分析中，"男性人口所占比重"是结构相对指标，而"男女性别比"是比例相对指标。在实际工作中，比例相对指标和结构相对指标往往结合使用，这样有利于研究总体结构构成是否协调合理。

3. 比较相对指标

（1）比较相对指标的概念。同一类事物由于某种原因所处的空间条件不一样，发展状况不同，要了解它们之间的差异程度，就需要将不同空间条件下的同类事物进行对比。比较相对指标是将不同地区、单位或企业之间的同类指标数值进行静态对比而得出的比值。比较相对指标也叫比较相对数，它能表明同类事物在不同空间条件下的差异程度或相对状态。其计算公式为

$$比较相对指标 = \frac{某一总体某类指标数值}{另一总体同类指标数值}$$

【例 4-3】A 市居民对自来水公司的产品和服务评价为满意和非常满意的占 60%，对该市供电公司的评价为满意和非常满意的占 67%，则：

$$比较相对指标 = \frac{对自来水公司的满意率}{对供电公司的满意率} = \frac{60\%}{67\%} \approx 89.6\%$$

从上述计算分析可知，A 市居民对自来水公司的满意率是对供电公司满意率的 89.6% 左右，说明 A 市居民对自来水公司的满意率低于对供电公司的满意率。

比较相对指标可以通过绝对数对比得到，也可以通过相对数或平均数对比得到；可以用倍数表示，也可以用百分数表示。根据研究目的的不同，比较相对指标的分子、分母可以互换，以从不同的出发点说明问题。

（2）比较相对指标与比例相对指标的区别。比较相对指标与比例相对指标两者都是两个同类指标进行对比，但它们所反映的内容大不相同。比例相对指标是同一总体中两个组成部分之间同类指标的对比结果，反映的是总体内部的结构和对比关系，这些关系有时是有客观标准的，因此比例相对指标通常用来分析判断某一事物内部关系是否协调的问题。而比较相对指标是不同总体之间同类指标的对比结果，它所反映的是不同事物在某类现象上的差异程度，一般不存在比例正常或失调的问题。

4．强度相对指标

（1）强度相对指标的概念。强度相对指标是指同一时期内两个性质不同而又有着一定联系的总量指标数值之比，可用来表明现象的强度、密度和普遍程度。强度相对指标也称为强度相对数。其计算公式为

$$强度相对指标 = \frac{某一总量指标数值}{另一有联系而性质不同的总量指标数值}$$

【例4-4】2021年A市企业客户自来水用水量为2.37万亿吨，A市2021年GDP为217.8亿元，则：

$$每万元 GDP 用水量 = \frac{23\,700}{217.8} \approx 108.8（吨/万元）$$

从以上计算可知A市企业客户的自来水消耗量强度，这一指标通常用于进行自来水用水规划和管理，是节约用水的重要考核指标。

由于强度相对指标是两个性质不同但有联系的总量指标数值之比，所以在多数情况下，是由分子与分母原有单位组成的复合单位表示的，如人口密度用人/平方千米表示、人均国内生产总值用万元/人表示等。但有少数的强度相对指标因其分子与分母的计量单位相同，可以用无名数表示其指标数值。

【例4-5】某企业2021年的销货成本为6 000万元，平均存货为2 000万元，则：

$$存货周转率 = \frac{6\,000}{2\,000} = 3$$

从以上计算可知，该企业2021年的存货周转率为3次或300%，该指标数值越大，说明存货的周转速度越快。

另外，有些强度相对指标在计算时，其分子和分母可以互换，即采用正算法计算正指标，用倒算法计算逆指标。例如：

$$商业网点密度（正指标） = \frac{零售商业机构数（个）}{地区人口数（千人）}$$

$$商业网点密度（逆指标） = \frac{地区人口数（千人）}{零售商业机构数（个）}$$

商业网点密度正指标数值越大，说明零售商业网点的密度越大；而商业网点密度逆指标数值越大，则表示零售商业网点的密度越小。

（2）强度相对指标与结构相对指标的区别。在统计中，反映现象普遍程度的指标很多都具有反映结构的作用，如每万人口医务人员数、每万人口大学生数。前者反映的是一个国家每个医务人员所负担的人口数，表明一个国家的医疗服务水平；后者反映的是一个国家大学生的普遍程度，表明一个国家的人口素质状况。从反映现象的普遍程度角度可以将此类指标定性为强度相对指标。

然而，从另一个角度出发，这两个指标也能反映医务人员和大学生在总人口中占的比例，可以划分为结构相对指标。所以，此类指标被单纯地划分为哪类相对指标不够严谨，应根据研究目的与任务的不同确定其性质。如果研究的是一个国家大学生或医务人员的普遍程度，并且用复名数（单位：人/百万人）表示，则作为强度相对指标；如果侧重研究人口的结构比例，即医务人员或大学生占总人数的百分比，并且用百分数表示，则作为结构相对指标。

（3）强度相对指标与平均指标的区别。从强度相对指标数值的表现形式上看，其带有"平均"的意义，例如，按人口计算的人均国内生产总值指标用"万元/人"表示，人均钢产量用"吨/人"表示。但究其实质，强度相对指标与统计平均数有根本的区别。平均数是同一总体中的标志总量与单位总量之比，是指将总体的某一数量标志的各个变量值加以平均（详见任务五中平均指标的有关内容）。而强度相对指标是两个性质不同而有联系的总量指标数值之比，它表明两个不同总体之间的数量对比关系。

5. 动态相对指标

动态相对指标是将同一现象在不同时期的两个数值进行动态对比而得出的相对数，它可以表明现象在时间上发展变化的程度，也称发展速度，一般用百分数或倍数表示。其计算公式为

$$动态相对指标 = \frac{某一现象报告期数值}{同一现象基期数值} \times 100\%$$

报告期是指统计所要研究和说明的时期，亦称计算期。基期就是用来作为比较基础的时期，根据统计研究的任务和需要说明的问题，可以选择不同的基期，基期可以是前一期、上年同期或具有历史意义的时期。

【例 4-6】2021 年 9 月 A 市自来水用水量为 261 万吨，2020 年 9 月的用水量为 257 万吨，则：

$$动态相对指标 = \frac{261}{257} \times 100\% \approx 101.6\%$$

通过以上计算可知，A 市 2021 年 9 月的自来水用水量比 2020 年同期略有增长。

动态相对指标的分析将在任务六中详细论述。

6. 计划完成程度相对指标

计划完成程度相对指标是将社会经济现象在一定时期内的实际完成数与计划任务数进行对比，用来检查、监督计划执行情况的相对指标，一般用百分数表示。其基本计算公式为

$$计划完成程度相对指标 = \frac{实际完成数}{计划任务数} \times 100\%$$

计划完成程度相对指标的分子是实际完成数，分母是计划任务数，分子指标和分母指标在指标含义、计算方法、计量单位以及时间长度等方面应该完全一致。同时，分子、分母不允许互换。

由于计划所涵盖的时间范围不同、检查监督的内容不同，对计划完成程度检查监督也形成了相应的计算方法，如图 4-2 所示。

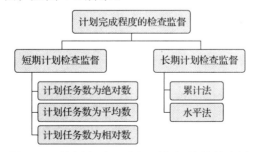

图 4-2　计划完成程度相对指标的计算方法

（1）短期计划检查监督。在实际经济工作中，经常应用计划完成程度相对指标作为监督和检查计划的工具，计划任务数既可以是绝对数，也可以是相对数或平均数，因此计划完成程度相对指标在计算形式上有所不同。

① 计划任务数为绝对数。计划任务数为绝对数时，计算计划完成程度相对指标的公式与基本计算公式相同，一般适用于研究分析社会经济现象的规模或水平的计划完成程度。计算公式为

$$计划完成程度相对指标 = \frac{实际水平}{计划水平} \times 100\%$$

【例 4-7】在 A 市自来水公司的客户满意度调查中，在规定的调查时间内，计划调查居民客户 720 户，实际调查 750 户，则：

$$客户调查计划完成程度 = \frac{750}{720} \times 100\% \approx 104.2\%$$

超额完成计划 = 104.2% - 100% = 4.2%

绝对差值 = 750 - 720 = 30（户）

经过以上计算分析可知，A 市自来水公司客户满意度调查已超额完成对客户的调查任务，超出原计划调查户数 30 户，超出计划 4.2%。

② 计划任务数为平均数。计划任务为平均数时，要计算计划完成程度相对指标，将计划完成程度相对指标的基本计算公式中的分子项和分母项改为实际平均水平和计划平均水平即可。一般适用于考核以平均水平表示的技术经济指标的计划完成程度，如工业生产中的劳动生产率、单位产品成本等计划完成程度。计算公式为

$$计划完成程度相对指标 = \frac{实际平均水平}{计划平均水平} \times 100\%$$

【例 4-8】某企业甲产品平均单位成本计划为 100 元/件，实际为 98 元/件，则：

$$甲产品平均单位成本计划完成程度 = \frac{98}{100} \times 100\% = 98\%$$

成本变化额 = 98 - 100 = -2（元/件）

成本变化率 = 100% - 98% = 2%

经过以上计算分析可知，该企业甲产品平均单位成本实际比计划降低了 2 元/件，比计划降低了 2%，超额完成了平均单位成本计划。

③ 计划任务数为相对数。一般适用于考核各种社会经济现象的降低率、提高率或增长率的计划完成程度，如考核产品成本降低率、劳动生产率和人口自然增长率等计划完成程度。

当按提高率规定计划任务时，其计算公式为

$$计划完成程度 = \frac{1 + 实际提高率}{1 + 计划提高率} \times 100\%$$

当按降低率规定计划任务时，其计算公式为

$$计划完成程度 = \frac{1 - 实际降低率}{1 - 计划降低率} \times 100\%$$

需要说明的是，在计划完成程度相对指标中，100%是判断是否完成计划的数量界限，但要根据指标的性质和要求进行分析评判。对于数值越大越好的指标，如产值、产量、利润、劳动生产率等，计划完成程度要大于 100%才算超额完成计划，超过 100%的部分

为超额完成计划的相对数；对于数值越小越好的指标，如原材料消耗量、单位产品平均成本、亏损额等，计划完成程度要小于 100% 才算超额完成计划，而超过 100% 的部分，则表示未完成计划的相对数。

【例 4-9】 某企业计划某年产品销售额要比上年提高 4%，实际提高 5%，则：

$$计划完成程度相对指标 = \frac{100\% + 5\%}{100\% + 4\%} \times 100\% \approx 100.96\%$$

从以上计算分析可知，该企业产品销售额超额约 0.96% 完成计划。

【例 4-10】 某企业计划产品单位成本比上年降低 5%，实际降低 4%，则：

$$计划完成程度相对指标 = \frac{100\% - 4\%}{100\% - 5\%} \times 100\% \approx 101.05\%$$

从以上计算分析可知，该企业产品单位成本降低率比计划少完成约 1.05%，没有完成计划任务。

（2）长期计划检查监督。长期计划检查监督是指对 5 年或 10 年计划完成程度的考核，主要是 5 年计划完成程度的考核。根据客观现象的性质不同，5 年计划指标数值的规定有两种，一种规定计划期末应达到的水平，另一种规定计划期间内应该完成的累计总数，因而有累计法和水平法两种不同的检查方法。

① 累计法。在长期计划中，规定全期累计应完成或应达到的总量，如投资总额、培训人数等，可采用累计法计算其计划完成程度相对指标。计算公式为

$$计划完成程度相对指标 = \frac{计划期间实际完成累计数}{同期计划规定的累计数} \times 100\%$$

计算提前完成计划时间的方法：在长期计划中，从期初往后连续考察，只要实际累计完成数达到计划规定的累计任务数，即完成该长期计划，所剩余时间为提前完成计划的时间。

【例 4-11】 某矿业公司某矿山项目经营期为 2017 年至 2021 年，公司计划在经营期内产品销售量累计达 2 400 万吨，计划的完成程度如表 4-4 所示。

表 4-4 某公司五年计划完成程度 单位：万吨

指标名称	2017 年	2018 年	2019 年	2020 年	2021 年			
					一季度	二季度	三季度	四季度
销售量	420	448	504	581	161	178	182	182
合计	2 474							
合计	2 656							

$$计划完成程度相对指标 = \frac{2\ 656}{2\ 400} \times 100\% \approx 110.67\%$$

该公司经营期内产品销售量计划完成程度约为 110.67%，提前一个季度完成了销售量计划。

② 水平法。在长期计划中，如果只规定最后一年应达到的水平，如产品生产产能、社会商品零售额、人口数等，可采用水平法检查计划完成程度。其计算公式为

$$计划完成程度相对指标 = \frac{计划期末实际达到的水平}{计划期末规定达到的水平} \times 100\%$$

计算提前完成时间的方法：在长期计划中，从前往后考察，只要有连续一年时间（可以跨年度）实际完成的水平达到了计划规定的末年水平，就算完成了长期计划，所剩余时间即提前完成计划的时间。

【例 4-12】某公司对新任生产主管的业绩考核规定，在 2017 年至 2021 年的任职期满前，某产品的产量达到年产量 630 万吨，计划的完成程度如表 4-5 所示。

表 4-5　某公司计划完成程度　　单位：万吨

指标名称	2017 年	2018 年	2019 年	2020 年				2021 年			
				一季度	二季度	三季度	四季度	一季度	二季度	三季度	四季度
产量	420	448	504	140	140	147	154	161	178	182	182
合计				602							
合计							640				
合计									703		

该公司 2021 年产品产量为 703（161 + 178 + 182 + 182）万吨，所以其计划完成程度为

$$计划完成程度相对指标 = \frac{703}{630} \times 100\% \approx 111.59\%$$

经过计算分析可知，该公司生产主管超额约 11.59% 完成了计划。水平法衡量计划完成的时间以整个计划期内连续一年（够 12 个月，可以跨年度）的实际完成数达到计划规定水平的时间为准，以后的时间即提前完成计划的时间了。在本例中，2020 年第三季度到 2021 年的第二季度这 4 个季度里，产品产量已达 640 万吨，表明到此已超额完成了计划，这就意味着提前两个季度完成了计划。

4.2.4　应用相对指标应遵循的原则

相对指标种类较多，各种相对指标从不同的角度出发，运用不同的对比方法，对指标数值进行比较分析。在计算和应用这些统计指标时，应注意以下原则。

1. 注意对比指标的可比性

相对指标既然是有联系的指标之间的对比，就要求这两个指标在经济内容、计算范围、计算方法和计量单位等方面要保持一致或相互适应。

例如，由于不同时期商品或劳务的价格水平是不同的，我们不能简单地将 2020 年国内生产总值同 2000 年国内生产总值进行对比，为了保证两者的可比性，需按 2020 年价格水平对 2000 年国内生产总值进行调整，或者按 2000 年的价格水平对 2020 年的国内生产总值进行调整，使得两个指标的价格水平保持可比性。

当然，对于可比性要灵活地运用，不能机械地理解。只要两个指标比得合理、比得符合实际、比得符合研究目的，对比的结果能够确切地说明分析对象固有的联系，这样的对比就符合可比性原则。

2. 相对指标和总量指标要结合运用

相对指标虽然可以反映现象之间的差异程度，但把现象的绝对水平抽象化了，说明不了现象之间在绝对数量上的差异。因此，应用相对指标进行统计分析时，必须与其背后的绝对水平以及两个对比指标的绝对额结合起来，以全面、正确地认识客观事物。结合使用的方法有两种：一是计算分子、分母的绝对差额；二是计算每增长 1% 的绝对值（详见任务六）。

3. 多种相对指标综合运用

一种相对指标只能说明一个方面的问题，在分析研究复杂现象时，应该将多种相对指标结合起来运用，这样才能把从不同侧面反映的情况结合起来观察分析，从而能较全面地说明客观事物的情况及其发展规律。

例如，在研究企业的经济效益时，不仅要看销售额、销售收入、利润总额等总量指标，还要结合企业的投入情况，观察销售利润率、资金利润率等相对指标，以客观反映企业的经济效益。同时，还需要将这些指标与企业的计划相比较，检查企业计划的执行情况；利用动态相对指标，将当期指标数值与企业过去的同类指标数值进行纵向对比，可以总结经验和成绩，寻找事物发展变化的规律；通过计算各个相对指标，能够实现与其他同类企业的横向对比，发现自己的差距和不足，及时制订计划和措施。

 视野拓展

随着全球气候的变暖，人类的生存环境面临着越来越严峻的挑战，减少二氧化碳排放已经成为人类社会发展的必然趋势和必要选择。在 2009 年哥本哈根气候大会上，我国承诺到 2020 年单位国内生产总值碳排放比 2005 年下降 40%～45%，并已于 2019 年年底超额完成了该目标；我国又对外宣布将在 2030 年实现碳排放量达峰，力争 2060 年前实现碳中和。请你查阅相关资料，使用相关统计数据，从总量分析和相对分析的角度对碳排放问题发表自己的见解，并说说作为公民，应如何为节能减排做贡献？

微课：什么是碳达峰、碳中和

【案例 4-2】解析

现在来思考一下 A 市自来水公司客户满意度调查项目，在这个项目中你觉得应使用哪些相对分析方法？

提示：在实际统计工作中，相对分析运用得最为普遍，在 A 市自来水公司客户满意度调查项目中，可以运用结构分析法分析各调查项目中持不同意见的客户比重，来评价客户对自来水公司的产品和服务的满意程度，这是在本案例中运用最多的相对分析方法；可以运用比例分析，将各调查项目中持满意意见和不满意意见的客户数进行对比，以更直观的形式说明两类持相反意见的客户对比情况；可以运用比较分析法，将客户对自来水公司的满意度与对供电公司、燃气公司、电信公司等公共服务公司的满意度进行对比，以评价自来水公司在同类企业中的产品和服务水平；可以运用动态分析法，将不同年份所进行的客户满意度调查数据进行对比，来评价自来水公司历年来的客户满意度水平和趋势；可以通过制订客户满意度计划，将调查结果与计划进行对比，来评价自来水公司在客户满意度方面的经营业绩。

 任务实施

现在来思考一下 A 市自来水公司客户满意度调查项目，现在你能回答以下这些问题吗？

- 应该如何概括统计调查数据？
- 应该从哪些方面概括这些数据呢？

 # 应用与拓展

一、判断题

1. (4.1.2) 同一总体时期指标的大小，必然与时期的长短成正比；时点指标的大小，则与时点间的间隔成正比。（　　　）

2. (4.1.2) 工人人数是时期指标，国内生产总值是时点指标。（　　　）

3. (4.1.2) 总体单位总量和总体标志总量并不是固定不变的，而是随着统计研究目的不同而变化的。（　　　）

4. (4.1.2) 某地区某年出生人数是时点指标。（　　　）

5. (4.2.1) 某地区某年人均 GDP 为 90 500 元，这是个相对指标。（　　　）

6. (4.2.3) 假设甲、乙、丙 3 个企业 2021 年产量计划完成程度分别为 95%、100%、105%，则这 3 个企业产量平均计划完成程度为 100%。（　　　）

7. (4.2.3) 结构相对指标常用来揭示总体各组成部分的构成及其变动，以认识不同部分的性质和地位的变化。（　　　）

8. (4.2.3) 比较相对指标是将不同空间条件下同类指标数值进行对比的结果。（　　　）

9. (4.2.3) 某厂计划在去年的基础上将劳动生产率提高 8%，计划执行结果仅提高了 4%，则劳动生产率计划仅完成了一半。（　　　）

10. (4.2.3) 用总体部分数值与总体全部数值对比求得的相对指标，能说明总体内部的结构，这个相对指标是比例相对指标。（　　　）

二、单项选择题

1. (4.1.2) 某企业某月产品销售额为 20 万元，月末库存商品总额为 30 万元，这两个总量指标是（　　　）。
   A．时期指标　　　　　　　　　　　B．时点指标
   C．前者为时期指标，后者为时点指标　D．前者为时点指标，后者为时期指标

2. (4.1.3) 牲畜以头为计量单位，这种计量单位属于（　　　）。
   A．自然单位　　　B．度量衡单位　　　C．劳动单位　　　D．货币单位

3. (4.1.3) 下列属于总量指标的是（　　　）。
   A．出勤率　　　　B．合格率　　　　C．人均产粮　　　D．工人人数

4. (4.2.2) 把基数抽象为 1 000 计算出来的相对数叫作（　　　）。
   A．百分数　　　　B．倍数　　　　C．成数　　　　D．千分数

5. (4.2.3) 下列指标属于比例相对指标的是（　　　）。
   A．工人出勤率　　　　　　　　　　B．净产值占总产值的比重

C. 农业、制造业、服务业的比例关系　　D. 产品合格率

6.（4.2.3）结构相对指标计算公式中的分子和分母（　　）。
A. 只能同是总体单位数
B. 只能同是总体标志数值
C. 可以同是总体单位数，也可以同是总体标志数值
D. 可以一个是总体单位数，另一个是总体标志数值

7.（4.2.3）某公司 2021 年主营业务收入为 200 万元，2021 年计划增长 10%，实际完成 231 万元，则超额完成计划（　　）。
A. 15.5%　　　　B. 5.5%　　　　C. 115.5%　　　　D. 5%

8.（4.2.3）某企业计划产品产量比上年提高 10%，实际提高了 15%，则计划完成程度相对指标为（　　）。
A. 150%　　　　B. 5%　　　　C. 4.56%　　　　D. 104.55%

9.（4.2.3）计算计划完成程度时，分子和分母的数值（　　）。
A. 只能是平均数
B. 只能是相对数
C. 只能是绝对数
D. 既可以是绝对数，也可以是相对数或平均数

10.（4.2.3）用累计法检查 5 年计划的执行情况适用于（　　）。
A. 规定计划期初应达到的水平
B. 规定计划期内某一时期应达到的水平
C. 规定计划期末应达到的水平
D. 规定 5 年累计应达到的水平

三、多项选择题

1.（4.1.1）下列统计指标为总量指标的有（　　）。
A. 人口密度　　　　　　　　　　B. 工资总额
C. 物资库存量　　　　　　　　　D. 人均国民生产总值
E. 货物周转量

2.（4.1.2）对某地区居民的粮食消费情况进行研究时，（　　）。
A. 居民的粮食消费总量是单位总量指标、时期指标
B. 居民的人口数和粮食消费总量都是时期指标
C. 居民的粮食消费总量是总体标志总量、时期指标
D. 该地区居民人口数是总体标志总量、时期指标
E. 该地区居民人口数是总体单位总量、时点指标

3.（4.1.2）下列统计指标属于时期指标的有（　　）。
A. 职工人数　　B. 工业总产值　　C. 人口死亡数
D. 粮食总产值　　E. 铁路货物周转量

4.（4.1.2）一个地区一定时期的商品零售额属于（　　）。
A. 时点指标　　　B. 时期指标　　　C. 总量指标
D. 质量指标　　　E. 数量指标

5. (4.2.2) 相对指标的数值表现形式是（　　　）。

    A. 绝对数　　　　　　B. 无名数　　　　　C. 有名数

    D. 平均数　　　　　　E. 上述情况都存在

6. (4.2.3) 分子、分母可以互换的相对指标有（　　　）。

    A. 强度相对指标　　　　　　　　　　　B. 计划完成程度相对指标

    C. 比较相对指标　　　　　　　　　　　D. 结构相对指标

    E. 比例相对指标

7. (4.2.3) 比较相对指标可用于（　　　）。

    A. 不同时期的比较　　　　　　　　　　B. 不同国家、地区、单位间的比较

    C. 实际水平与计划水平的比较　　　　　D. 落后水平和先进水平的比较

    E. 实际水平与行业标准水平的比较

8. (4.2.3) 在相对指标中，属于不同总体数值对比的指标有（　　　）。

    A. 比较相对指标　　　B. 强度相对指标　　　C. 动态相对指标

    D. 结构相对指标　　　E. 比例相对指标

9. (4.2.3) 下列指标中的强度相对指标有（　　　）。

    A. 工人劳动生产率　　B. 人口死亡率　　　　C. 人均国民生产总值

    D. 人均粮食消费量　　E. 人均粮食占有量

10. (4.2.3) 下列指标中属于结构相对指标的是（　　　）。

    A. 某年全地区人均粮食产量 386 千克

    B. 某年某地区农业生产总值比上年增加 4%

    C. 某年某地区国有企业职工占职工总人数的 73%

    D. 某年某地区第三产业 GDP 占当年该地区 GDP 的 50%

    E. 某年某地区固定资产投资总额为上年的 2 倍

四、计算题

1. (4.2.3) 某市 3 类产业就业人数统计如表 4-6 所示。

表 4-6　某市 3 类产业就业人数统计　　　　　　　　单位：万人

年份	总计	第一产业	第二产业	第三产业
本年	333.98	95.52	123.96	114.50
上年	333.74	96.50	120.50	116.74

要求：试计算并说明 3 类产业就业人数的构成变化。

2. (4.2.3) 某市零售商业网点 10 年前有 5 865 个，本年有 8 973 个；10 年前平均人口有 260 万人，本年为 285 万人。试分别计算零售商业网点密度的正指标和逆指标。

3. (4.2.3) 某企业本年计划规定某产品的销售收入提高 10%，实际提高 15%，求其计划完成程度相对指标。

4. (4.2.3) 某企业产品单位成本应在上期 699 元水平上降低 12 元，实际上本期单位成本为 672 元，试确定降低单位成本的计划完成程度相对指标。

5. (4.2.3) 某企业计划规定 5 年累计产量为 245 万吨，5 年计划最后一年的年产量要达到 60 万吨，实际完成情况如表 4-7 所示。

表 4-7 某企业 5 年计划产量实际完成情况统计　　　　单位：万吨

第一年	第二年	第三年		第四年				第五年			
		上半年	下半年	一季度	二季度	三季度	四季度	一季度	二季度	三季度	四季度
47	49	24	26	12	11	14	15	15	16	16	17

要求：根据上述资料，采用水平法和累计法分别计算计划完成程度相对指标和提前完成计划的时间。

五、实践实训

请运用总量分析和相对分析的方法，对你获得的调查资料进行分析。

小结

在任务四的学习中，你了解了统计的总量分析与相对分析的研究方法。其主要的概念有：总量指标的概念、种类和计算方法；结构相对指标、比例相对指标、比较相对指标、强度相对指标、动态相对指标、计划完成程度相对指标等相对指标的概念和计算方法。这些指标概念和计算方法能够帮助你从总体的各个不同的角度概括和分析研究对象的本质特征、内在联系和发展趋势。这些分析方法是统计分析的基础，也是实际工作中最常用的分析手段。任务四的主要知识点及其内在关系如图 4-3 所示。

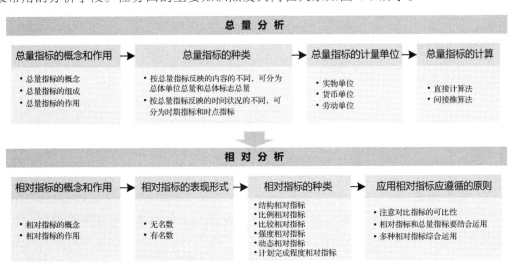

图 4-3 任务四的主要知识点及其内在关系

总体分布分析

知识目标

- 了解平均指标的概念和作用
- 掌握平均指标的各种计算方法和应用条件
- 了解标志变异指标的概念和作用
- 掌握各种标志变异指标的计算方法和应用条件
- 掌握运用 Excel 软件对统计资料进行总体分布分析的方法

能力目标

- 能够根据实际资料选择恰当的平均指标计算总体的一般水平
- 能够对平均指标的代表性大小进行正确的判断
- 能够利用 Excel 软件对统计资料进行总体分布分析

任务描述与分析

1. 任务描述

通过前期的总量分析和相对分析，我们对 A 市自来水公司客户的满意度情况有了一些了解，尤其是通过结构指标、比例指标、比较指标、动态指标等相对指标，我们对 A 市自来水公司的客户满意度从各个角度获得了更深入的认识。这些指标虽然有利于我们认识客户对自来水公司的评价状况，但目前还没有一个指标能够从总体上概括所有客户的满意程度。我们知道有些客户对自来水公司很满意，有些客户不满意，如何消除这些个体之间存在的明显差异，从中反映出 A 市自来水公司客户满意度的一般水平呢？现在你的统计工作开始进入总体分布统计分析阶段。这一阶段你的任务是要从总体上用综合数据来概括所有客户的满意度，这个分析过程必须抽象化个体差异，反映出总体的集中趋势（一般水平），并且要评价这个数据的代表性，从而帮助我们认清总体的分布特征。

2．任务分析

总体分布分析是一项计算复杂、精确度要求较高的任务，要完成这项任务，你需要思考以下几个问题。

（1）有哪些指标可以反映总体某一数量特征的一般水平？

（2）这些指标的计算方法是什么？

（3）计算出来的一般水平代表性有多大？

（4）哪些指标可以反映这些代表性，如何计算？

 相关知识

5.1　总体分布集中趋势分析

【案例 5-1】

在对 A 市自来水客户的调查中，你发现不同的客户，对满意度评价的数量表现不尽相同，满意度的标志值大小各异。同样是城镇居民，有的客户非常满意，有的客户却非常不满意；在对农村居民和企业客户进行调查时，也出现了这样的问题。那么城镇客户从总体上看到底满意还是不满意，满意程度是多少，如何定论？A 市自来水公司的所有客户的满意程度又该如何定论？很多问题摆在了你的眼前。

案例解析：当我们对一个总体内各单位的某一数量标志（如客户满意度、学生的学习成绩等）进行综合反映时，面临的基本问题是如何选取一个代表值，来代表各单位某一数量标志的一般水平。如我们常用的平均成绩，就是一个用来概括所有学生成绩的一般水平的数值。认识平均指标是我们认识总体分布的第一步，平均指标也是基本的总体分布特征，它是一组数据的中心值或代表值，是将数据的差异抽象化后的结果，能够反映总体分布的集中趋势。

5.1.1　平均指标的概念、作用和种类

1．平均指标的概念

平均指标是指在现象的同质总体中，把某一数量标志在总体各单位间的差异抽象化，以表明总体一般水平的综合指标。平均指标有两个基本特点：第一，平均指标把总体各单位间的差异抽象化；第二，平均指标是一个代表性指标，代表总体各单位某一数量标志的一般水平。如以学生各课程的平均成绩代表学生成绩的一般水平、以产品单位成本代表生产消耗的一般水平等。平均指标用于反映总体的集中趋势。集中趋势是一组数据向其中心值靠拢的程度，它能反映一组数据中心点所在的位置。集中趋势测度值就是数据的中心值或一般水平的代表值。

2．平均指标的作用

（1）平均指标可以作为判断事物的一种标准或参考。例如，一个工作组有 10 名工人生产某种零件，平均日产量为 20 件/天，某一名工人日产量为 15 件/天。如果以平均日产量为判断标准，则该名工人与标准相比存在明显差距。

（2）通过对比某一现象在不同时间或空间的平均指标，可以揭示现象发展变化的趋势和规律。例如，某企业职工从 2016 年到 2020 年平均月工资分别为 4 300 元、5 500 元、5 800 元、6 500 元、7 200 元。从这一系列平均工资的数值可以看出该企业职工平均月工资呈增加的趋势。

（3）可以通过平均指标来分析现象间的依存关系。例如，在对企业按车间或班组进行分组的基础上，可以通过计算各组的平均工资水平和各组的平均劳动生产率，来反映平均劳动生产率与平均工资水平之间的依存关系。

（4）利用平均指标可以进行推算和估计。在统计抽样中，经常通过计算样本平均数来推断或估计总体平均数。

3．平均指标的种类

用于反映总体分布的集中趋势的平均指标有很多，如图 5-1 所示。

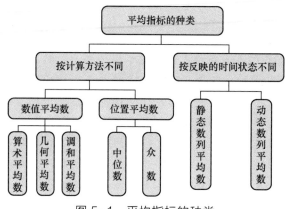

图 5-1　平均指标的种类

（1）按计算的方法不同，平均指标分为数值平均数和位置平均数。数值平均数是根据总体各单位标志值来计算的平均数，主要有算术平均数、几何平均数和调和平均数；位置平均数是根据标志值在变量分配数列中所处的特殊位置来确定的平均数，主要有中位数和众数。

（2）按反映的时间状态不同，平均指标分为静态数列平均数和动态数列平均数。静态数列平均数是反映总体各单位在同一时间某数量标志的一般水平的平均数；动态数列平均数是反映同类社会经济现象在不同时期的一般水平的平均数。

5.1.2　算术平均数

算术平均数是总体各单位标志值之和与总体单位数之比，是最常用的一种平均指标。其基本计算公式为

$$算术平均数 = \frac{总体标志总量}{总体单位总量}$$

在实际工作中，有一些平均指标可以直接根据统计部门提供的总体标志总量和总体单位总量相除而求得。但是，大量的平均指标在计算时不具有现成的总体标志总量和总体单位总量，这就需要根据掌握的资料进行计算。

1. 简单算术平均数

根据未分组的资料，把总体各单位的标志值相加，得到总体标志总量，再除以总体单位数，所得的平均数就是简单算术平均数。其计算公式为

$$\bar{x} = \frac{x_1 + x_2 + x_3 + \cdots + x_n}{n} = \frac{\sum x}{n}$$

式中，$\bar{x}$ 代表算术平均数；

x_i（$i=1,2,3,\cdots,n$）代表各单位标志值；

n 是总体单位总量；

$\sum$ 是总和符号。

【例 5-1】某班组有 10 名工人，生产某种零件，日产量（单位：件）分别为 17、18、18、19、19、19、19、20、20、20，则该班组的人均日产量为

$$人均日产量 = \bar{x} = \frac{\sum x}{n} = \frac{17+18+18+19+19+19+19+20+20+20}{10} = \frac{189}{10} = 18.9 （件/人）$$

简单算术平均数计算简便，但其应用的前提条件是：总体内没有进行分组或分组中各个标志值出现的次数相同。

2. 加权算术平均数

当总体已经分组且各个标志值出现的次数不同时，就必须使用加权算术平均数。根据已分组的资料，用各组标志值或各组组中值乘各组次数，相加得出总体标志总量，然后除以各组单位数之和，所得的平均数就是加权算术平均数。其计算公式为

$$\bar{x} = \frac{x_1 f_1 + x_2 f_2 + \cdots + x_n f_n}{f_1 + f_2 + \cdots + f_n} = \frac{\sum xf}{\sum f}$$

式中，$\bar{x}$ 代表算术平均数；

x_i（$i=1,2,3,\cdots,n$）代表各组变量值的一般水平；

f_i（$i=1,2,3,\cdots,n$）代表各组变量值出现的次数，又称权数；

$\sum$ 是总和符号。

从公式中可以看出，加权算术平均数受两个因素的影响，一个因素是各组的标志值或各组的组中值，另一个因素是各组的次数。在各组标志值或各组组中值保持不变的情况下，各组次数越大，则该组标志值或组中值对平均数的影响越大；反之，影响就越小。在这里各组次数具有权衡轻重的作用，所以又将其称为权数。

（1）根据单项数列资料计算加权算术平均数。单项数列的各组标志值和次数很明确，可以直接代入加权算术平均数计算公式。

【例 5-2】某生产班组工人日产量分组如表 5-1 所示，计算该生产班组的平均日产量。

表 5-1 某生产班组工人日产量分组

按日产量分组 x/件	工人数 f/人	各组总产量 xf/件
17	1	17
18	2	36
19	4	76
20	3	60
合计	10	189

根据上述资料，计算该生产班组平均日产量为

$$\bar{x} = \frac{\sum xf}{\sum f} = \frac{17 \times 1 + 18 \times 2 + 19 \times 4 + 20 \times 3}{1 + 2 + 4 + 3} = \frac{189}{10} = 18.9 \quad （件/人）$$

上述公式是在已知各组标志值或各组组中值以及各组次数的基础上应用的。如果已知各组标志值或各组组中值和各组比重，而不知各组次数，则上述公式可变形为

$$\bar{x} = \frac{x_1 f_1 + x_2 f_2 + \cdots + x_n f_n}{f_1 + f_2 + \cdots + f_n}$$

$$= \frac{x_1 f_1 + x_2 f_2 + \cdots + x_n f_n}{\sum f}$$

$$= x_1 \frac{f_1}{\sum f} + x_2 \frac{f_2}{\sum f} + \cdots + x_n \frac{f_n}{\sum f}$$

$$= \sum \left(x \frac{f}{\sum f} \right)$$

式中，$\dfrac{f}{\sum f}$ 代表各组单位数占总体单位数的比重。

【例 5-3】仍以表 5-1 中的资料为例，运用以上公式计算加权算术平均数，如表 5-2 所示。

表 5-2　某生产班组工人日产量分组

按日产量分组 x/件	工人数 f/人	各组比重 $\frac{f}{\sum f}$/%	$x \frac{f}{\sum f}$
17	1	10	1.7
18	2	20	3.6
19	4	40	7.6
20	3	30	6.0
合计	10	100	18.9

该组工人平均日产量为

$$\bar{x} = x_1 \frac{f_1}{\sum f} + x_2 \frac{f_2}{\sum f} + \cdots + x_n \frac{f_n}{\sum f}$$

$$= 17 \times 10\% + 18 \times 20\% + 19 \times 40\% + 20 \times 30\%$$

$$= 1.7 + 3.6 + 7.6 + 6.0 = 18.9 \quad （件/人）$$

从上式中可以看出，加权算术平均数真正受两个因素的影响，其中一个因素是各组的标志值或各组的组中值，另一个因素是各组比重。实际上各组次数对加权算术平均数的影响是体现在各组比重上的，所以各组比重也称作权重。

（2）根据组距数列资料计算加权算术平均数。如果所给的资料是组距数列，各组的标志值是以数值区间的形式表现的，则应以各组的平均数和各组的次数或比重为依据进行计算。但实际工作中，一般不计算各组平均数，而是假设各组标志值变化均匀，以各组组中值代替各组平均数。组中值的计算公式为

$$组中值 = \frac{上限值 + 下限值}{2}$$

【例 5-4】某车间工人日产量分组如表 5-3 所示，计算该车间工人的平均日产量。

表 5-3　某车间工人日产量分组

按日产量分组/件	工人数/人
4～8	8
8～12	10
12～16	30
16～20	24
20～24	8
合计	80

根据组中值计算公式，计算出

第一组组中值 $=\dfrac{上限值+下限值}{2}=\dfrac{4+8}{2}=6$（件）

第二组组中值 $=\dfrac{上限值+下限值}{2}=\dfrac{8+12}{2}=10$（件）

其余各组组中值的计算类似，得到表 5-4。

表 5-4　某车间工人日产量分组计算

按日产量分组/件	组中值 x/(件/人)	工人数 f/人	各组总产量 xf/件
4～8	6	8	48
8～12	10	10	100
12～16	14	30	420
16～20	18	24	432
20～24	22	8	176
合计	—	80	1 176

该车间工人平均日产量为

$$\overline{x}=\frac{x_1f_1+x_2f_2+\cdots+x_nf_n}{f_1+f_2+\cdots+f_n}=\frac{\sum xf}{\sum f}=\frac{48+100+420+432+176}{8+10+30+24+8}=\frac{1\,176}{80}=14.7（件/人）$$

由此可见，用组距数列计算加权算术平均数时，是用各组的组中值来代替各组标志值的实际水平的。但是应用这种计算方法需要一个假定条件，即假定各单位标志值在各组内是均匀分布或对称分布的。实际上，各单位标志值在组内呈均匀分布或对称分布是不多见的，组中值同该组各单位标志值的平均值之间总会存在一定的误差，导致用组中值计算的加权算术平均数也会存在一定的误差。

（3）计算加权算术平均数时的注意事项。

① 权数的引入。加权算术平均数的大小，同时受两个因素的影响：一是标志值本身，二是各个标志值出现的次数。而简单算术平均数的大小只受标志值本身的影响。

② 权数的性质。标志值出现的次数起着权衡轻重的作用，平均数往往靠近出现次数最多的那个标志值。但实质上，权数对算术平均数的影响不是取决于权数本身数值的大小，而是取决于权数比重的大小。权数比重大的组，其标志值对平均数的影响就大，反之影响就小。

③ 在计算加权算术平均数时，必须慎重考虑权数的选择。选择权数的原则是：各组的标志值与其出现次数的乘积等于各组的标志总量，并具有实际经济意义。一般来说，在变量分配数列中，标志值出现的次数就是权数。但也有例外的情况，特别是用相对数

或平均数计算加权算术平均数时，要特别注意。

3．算术平均数的局限性

算术平均数计算简便，易理解和掌握，实际应用也很广泛。但在应用时存在一定局限性。

（1）算术平均数容易受极端数值的影响。

【例5-5】某超市5名员工8月工资分别为4 000元、4 000元、4 200元、4 400元、4 400元，则平均工资为

$$\bar{x} = \frac{x_1 + x_2 + \cdots + x_n}{n} = \frac{\sum x}{n} = \frac{4\,000 + 4\,000 + 4\,200 + 4\,400 + 4\,400}{5} = 4\,200（元）$$

如果这5名员工8月工资分别为4 000元、4 000元、4 200元、4 400元、6 000元，则平均工资为

$$\bar{x} = \frac{x_1 + x_2 + \cdots + x_n}{n} = \frac{\sum x}{n} = \frac{4\,000 + 4\,000 + 4\,200 + 4\,400 + 6\,000}{5} = 4\,520（元）$$

从上述两个平均数计算的过程可以看出，两个平均数差异较大，主要原因在于受到极端值的影响。前者由于各个标志值差异相对较小，没有极端值的影响，计算出来的平均数代表性大；后者由于受极端值的影响，计算出来的平均数代表性小。

（2）当组距数列存在开口组时，组中值根据邻组组距来计算，假定性很大，平均数的代表性也会受到比较大的影响。

5.1.3 几何平均数

几何平均数是另一种形式的平均数，它是几个变量值连乘积的 n 次方根，主要用于计算平均比率和平均速度。当几个变量值的连乘积等于总比率或总速度时，必须用几何平均数的形式来计算平均比率或平均速度。根据所掌握资料的不同，几何平均数分为简单几何平均数和加权几何平均数两种。

1．简单几何平均数

简单几何平均数的计算适用于各个变量值只出现一次的情况，其计算公式为

$$G = \sqrt[n]{x_1 \times x_2 \times x_3 \times \cdots \times x_n} = \sqrt[n]{\prod x}$$

式中，G 代表几何平均数；

x_i（$i=1,2,3,\cdots,n$）代表变量值；

n 代表变量值的个数；

$\prod$ 是连乘符号。

【例5-6】某机械厂生产机器，设有毛坯、粗加工、精加工、装配4个连续作业的车间，各车间某批产品的合格率分别为 98%、95%、92%、90%，求各车间制品平均合格率。

分析：全厂产品的合格率并不等于各车间制品的合格率总和，后续车间的合格率是在前一车间制品全部合格的基础上计算的。全厂产品的总合格率应等于各车间制品合格率的连乘积，所以不能采用算术平均法计算平均合格率，而应使用几何平均数，其计算方法为

$$G = \sqrt[n]{\prod x} = \sqrt[4]{98\% \times 95\% \times 92\% \times 90\%} \approx 93.7\%$$

2. 加权几何平均数

加权几何平均数适用于变量值较多且出现的次数又不同的情况。其计算公式为

$$G = \sqrt[f_1+f_2+f_3+\cdots+f_n]{x_1^{f_1} \times x_2^{f_2} \times x_3^{f_3} \times \cdots \times x_n^{f_n}} = \sqrt[\sum f]{\prod x^f}$$

式中，x_i（$i=1,2,3,\cdots,n$）代表变量值；

f_j（$j=1,2,3,\cdots,n$）代表各变量值的次数；

$\sum f$ 为次数的总和。

【例 5-7】将一笔钱存入银行，存款期为 15 年，按复利计算利息，其 15 年利率的分布情况是：有 2 年为 5%，有 3 年为 8%，有 4 年为 10%，有 5 年为 12%，有 1 年为 15%。现要求计算各年的平均年利率。

由于各年的利率按复利计算，且利率水平和持续时间不同，宜采用加权几何平均法计算平均年利率，如表 5-5 所示。

表 5-5　平均年利率计算

年利率/%	年数 f/年	年本利率 x/%	年本利率加权 x^f
5	2	105	1.10
8	3	108	1.26
10	4	110	1.46
12	5	112	1.76
15	1	115	1.15
合计	15	—	—

平均年利率为

$$G = \sqrt[\sum f]{\prod x^f} - 1 = \sqrt[15]{1.05^2 \times 1.08^3 \times 1.10^4 \times 1.12^5 \times 1.15^1} - 1 \approx 109.8\% - 1 = 9.8\%$$

3. 几何平均数的局限性

（1）几何平均数易受极端值的影响。如果被平均的变量值中某一变量值为 0 就不能计算几何平均数。

（2）几何平均数应用范围较小。其主要用以反映有几何级数特点的变量的集中趋势，常用来计算平均比率或平均速度。

5.1.4　调和平均数

调和平均数是各个标志值倒数的算术平均数的倒数。由于调和平均数是按标志值的倒数计算的，所以又称为倒数平均数。在社会经济统计中调和平均数应用较少，在统计的实践中，主要把它作为算术平均数的变形来使用。调和平均数也分为简单调和平均数和加权调和平均数两种。

1. 简单调和平均数

当各标志值相对应的标志总量均为一个单位时，可采用简单调和平均数，其计算公式为

$$H = \frac{1+1+\cdots+1}{\dfrac{1}{x_1}+\dfrac{1}{x_2}+\cdots+\dfrac{1}{x_n}} = \frac{n}{\sum \dfrac{1}{x}}$$

式中，H 代表调和平均数；

x_i（i=1,2,3,$\cdots$,n）代表标志值；

n 为标志值的个数。

【例 5-8】某商品在 3 个市场的价格分别是 0.5 元/50 克、0.4 元/50 克、0.2 元/50 克，假设分别在 3 个市场各买 1 个，求该商品的平均价格。

$$H = \frac{n}{\sum \frac{1}{x}} = \frac{1+1+1}{\frac{1}{0.5}+\frac{1}{0.4}+\frac{1}{0.2}} = \frac{3}{9.5} \approx 0.32 \text{（元/50 克）}$$

2．加权调和平均数

当各标志值对应的标志总量不等时，使用加权平均法计算调和平均数，其计算公式为

$$H = \frac{m_1+m_2+\cdots+m_n}{\frac{m_1}{x_1}+\frac{m_2}{x_2}+\cdots+\frac{m_n}{x_n}} = \frac{\sum m}{\sum \frac{m}{x}}$$

式中，H 代表调和平均数；

x_i（i=1,2,3,$\cdots$,n）代表标志值；

m_j（j=1,2,3,$\cdots$,n）代表各标志值的次数，即权数。

【例 5-9】某商品在 3 个超市的单价和销售额资料如表 5-6 所示。计算该商品的平均价格。

表 5-6　某商品在 3 个超市的单价和销售额资料

超市	价格 x/(元/件)	销售额 m/元	销售量 f/件
A	1.00	2 500	2 500
B	0.90	2 700	3 000
C	0.80	4 000	5 000
合计	—	9 200	10 500

该商品的平均价格为

$$H = \frac{m_1+m_2+\cdots+m_n}{\frac{m_1}{x_1}+\frac{m_2}{x_2}+\cdots+\frac{m_n}{x_n}} = \frac{\sum m}{\sum \frac{m}{x}} = \frac{2\,500+2\,700+4\,000}{\frac{2\,500}{1.00}+\frac{2\,700}{0.90}+\frac{4\,000}{0.80}} = \frac{9\,200}{10\,500} \approx 0.88 \text{（元/件）}$$

由计算可以看出，研究同一个问题时，加权调和平均数同加权算术平均数的实际意义是相同的，只是由于所掌握的资料不同，采用的计算过程和计算方法不同而已。

【例 5-10】某汽车先以每小时 75 千米的速度行驶 225 千米，余下 160 千米以 80 千米的时速驶完，如表 5-7 所示。试计算该汽车驶完全程的平均速度。

表 5-7　某汽车行驶速度资料

行驶速度 x/(千米/小时)	行驶里程 m/千米	行驶时间 $\frac{m}{x}$/小时
75	225	3
80	160	2
合计	385	5

该汽车行驶完全程的平均速度为

$$H = \frac{\sum m}{\sum \frac{m}{x}} = \frac{385}{5} = 77 \text{（千米/小时）}$$

如果按算术平均数计算，就要把"行驶里程"作为单位数 f，但它与速度相乘并不能构成标志总量，所得结果既无物理意义，又无经济意义。所以这里所缺的是单位数，即行驶时间，故应按加权调和平均数来计算。

3. 调和平均数的局限性

（1）调和平均数也受极端值的影响，如果数列中有一标志值为 0，则无法计算调和平均数。

（2）当组距数列存在开口组时，也涉及用相邻组组距来计算组中值的问题，其假定性很大，平均数的代表性也会受到较大的影响。

5.1.5 中位数

中位数是将总体各单位的标志值按大小顺序排列，处于中间位置的那个标志值。中位数居于中间位置，其数值既不太大也不太小，所以可用它来代表现象的一般水平。中位数是一个位置平均数，一般用 M_e 表示。根据所掌握的资料不同，应采用不同的方法计算中位数。

1. 根据未分组资料计算中位数

根据未分组的资料计算中位数较为直观简单，计算步骤如下：

首先，将标志值按从小到大的顺序排列；

其次，按 $\dfrac{n+1}{2}$ （ n 为标志值个数）公式确定中位数的位次；

最后，根据总体单位项数的奇偶性来确定中位数的值。

如果总体单位项数为奇数，则居于中间位置点的标志值就是中位数。

【例 5-11】现有某任务组 7 名工人生产某产品，其日产量（单位：件）分别为 10、6、10、7、8、5、11，求中位数。

（1）将标志值按从小到大的顺序排列为：5、6、7、8、10、10、11。

（2）按 $\dfrac{n+1}{2}$ 公式确定中位数的位次： $\dfrac{n+1}{2} = \dfrac{7+1}{2} = 4$ 。

（3）得出居于第 4 位的标志值 8 就是中位数。

如果总体单位数为偶数，那么居于中间位置的两个标志值的简单算术平均数为中位数。

【例 5-12】如果有 8 名工人生产某产品，其日产量（单位：件）分别为 10、6、10、7、8、5、11、12，求中位数。

（1）将标志值按从小到大的顺序排列为：5、6、7、8、10、10、11、12。

（2）按 $\dfrac{n+1}{2}$ 公式确定中位数的位次： $\dfrac{n+1}{2} = \dfrac{8+1}{2} = 4.5$ 。可知，中位数位次在第 4 位与第 5 位之间，第 4 位标志值为 8，第 5 位标志值为 10。

（3）确定中位数： $M_e = \dfrac{8+10}{2} = 9$ （件）。

2. 根据分组资料计算中位数

（1）根据单项数列计算中位数。根据单项数列计算中位数时，资料已经进行了整理，可跳过对资料排序的步骤，计算步骤如下。

① 按 $\dfrac{\sum f}{2}$ 确定中位数的位次。

② 根据位次确定相应的标志值为中位数。

【例5-13】某企业有125名工人，其日产量资料如表5-8所示，要求计算中位数。

表5-8　某企业工人日产量资料

日产量 x/件	工人数 f/个	人数累计 $\sum f$	
		向上累计/人	向下累计/人
4	8	8	125
5	17	25	117
6	42	67	100
7	38	105	58
8	17	122	20
9	3	125	3
合计	125	—	—

第一步，按 $\dfrac{\sum f}{2}$ 确定中位数的位次，$\dfrac{\sum f}{2}=\dfrac{125}{2}=62.5$。

第二步，根据位次确定相应的标志值为中位数。按人数从下向上累计，中位数在第三组，中位数为6；按人数从上向下累计，中位数也在第三组，中位数为6。

（2）根据组距数列计算中位数。根据组距数列计算中位数时，由于各组标志值不是单个数值，而是数值区域，必须通过公式计算中位数。其计算步骤如下。

① 按 $\dfrac{\sum f}{2}$ 确定中位数的位次。

② 根据位次确定中位数所在组。

③ 按下限公式或上限公式确定中位数的值。

下限公式为

$$M_e = L + \frac{\dfrac{\sum f}{2}-S_{m-1}}{f_m}\times i$$

上限公式为

$$M_e = U - \frac{\dfrac{\sum f}{2}-S_{m+1}}{f_m}\times i$$

式中，M_e代表中位数；

　　　L代表中位数组的下限；

　　　U代表中位数组的上限；

　　　S_{m-1}代表中位数组前一组的向上累计次数；

　　　f_m代表中位数组的次数；

　　　S_{m+1}代表中位数组后一组的向下累计次数；

　　　i代表中位数组的组距；

　　　$\sum f$代表总次数。

【例5-14】某企业职工某月销售量资料如表5-9所示，求中位数。

表 5-9　某企业职工某月销售量资料

销售量 x/件	工人数 f/人	人数累计 $\sum f$	
		向上累计/人	向下累计/人
700～800	20	20	200
800～900	70	90	180
900～1 000	37	127	110
1 000～1 100	43	170	73
1 100～1 200	30	200	30
合计	200	—	—

计算步骤如下。

（1）按 $\dfrac{\sum f}{2}$ 确定中位数的位次 $\dfrac{\sum f}{2}=\dfrac{200}{2}=100$。

（2）根据位次确定中位数所在的组，中位数在 900～1 000 件这一组内。

（3）按下限公式或上限公式计算中位数。

$$M_e = L + \frac{\frac{\sum f}{2}-S_{m-1}}{f_m}\times i = 900 + \frac{\frac{200}{2}-90}{37}\times 100 \approx 927.03 \text{（件）}$$

$$M_e = U - \frac{\frac{\sum f}{2}-S_{m+1}}{f_m}\times i = 1\,000 - \frac{\frac{200}{2}-73}{37}\times 100 \approx 927.03 \text{（件）}$$

可见，两种计算中位数的方法的计算结果是完全一致的。中位数不受极端值的影响。

5.1.6　众数

众数是指总体中最常见的数，也就是出现次数最多的那个标志值。众数也是一种位置平均数，可以近似地表明现象的一般水平。例如，说明企业职工最普遍的工资水平，了解消费者需要最多的上衣、鞋袜、帽子等的尺码，表明某种商品成交量最多的价格水平等。众数通常用 M_0 表示，计算众数时，根据所掌握数据资料不同，采用的方法也不一样。

1. 根据单项数列确定众数

根据单项数列确定众数较为直观，步骤如下。

（1）在数列中找出次数最大的组，即众数组。

（2）确定众数，众数组中的标志值就是众数。

【例 5-15】调查 200 名顾客购买某品牌皮鞋的有关资料如表 5-10 所示。

表 5-10　200 名顾客购鞋资料

皮鞋尺寸/厘米	人数/人
23	20
24	40
25	78
26	50
27	12
合计	200

从表中可以看出第三组顾客最多，有 78 人，该组为众数组，则尺寸 25 厘米就是众数。

2. 根据组距数列确定众数

根据组距数列确定众数，与根据组距数列计算中位数类似，必须通过公式计算确定众数。其计算步骤如下。

（1）找出出现次数最多的组，这个组就是众数组。

（2）根据下限公式或上限公式确定众数的值。

下限公式为

$$M_0 = L + \frac{\Delta_1}{\Delta_1 + \Delta_2} \times i$$

上限公式为

$$M_0 = U - \frac{\Delta_2}{\Delta_1 + \Delta_2} \times i$$

式中，M_0 代表众数；

   　L 代表中位数组的下限；

   　U 代表中位数组的上限；

   　Δ_1 代表众数组次数与前一组次数之差；

   　Δ_2 代表众数组次数与后一组次数之差；

   　i 代表组距。

【例 5-16】利用表 5-9 所示资料，计算其众数。

（1）确定众数组，众数所在组为 70 人对应的第二组，即 800～900 件组。

（2）根据下限公式或上限公式计算众数的近似值。

已知 $L = 800$ 件，$U = 900$ 件，$\Delta_1 = 70 - 20 = 50$ 件，$\Delta_2 = 70 - 37 = 33$ 件，$i = 100$ 件

则：

$$M_0 = L + \frac{\Delta_1}{\Delta_1 + \Delta_2} \times i = 800 + \frac{50}{50 + 33} \times 100 \approx 860.24 \ （件）$$

$$M_0 = U - \frac{\Delta_2}{\Delta_1 + \Delta_2} \times i = 900 - \frac{33}{50 + 33} \times 100 \approx 860.24 \ （件）$$

显然，两种方法计算的结果是完全一致的。

众数的计算有一定的条件，如果所有标志值的次数都相同，则不存在众数；在单位数不多或无明显集中趋势的资料中，众数的测定是没有意义的；在某些场合如果有多个标志值有最多的次数，那么有多个众数。

5.1.7　应用平均指标应注意的问题

1. 平均指标必须应用于同质总体

在计算和应用平均指标时，必须注意现象总体的同质性。如果各单位在类型上存在根本差别，则以此计算的平均指标不仅不能反映事物的本质和内在规律，还会歪曲真相。只有在同质总体的基础上计算和应用平均指标，才有真实的社会经济意义。

2. 平均指标应与分配数列相结合

平均指标的重要特征是把总体各单位的数量差异抽象化，掩盖各单位

微课：2020 年
规模以上企业
就业人员分岗
年平均工资情况

的数量差异及其分布情况。所以，在应用平均指标了解现象时，不能只看平均指标，还要看分配数列的次数分布情况，补充说明总平均指标，以便多视角地观察问题。

3. 平均指标要与统计分组相结合

平均指标能反映总体各单位某一数量标志值的一般水平，但会掩盖各组之间的差异，总体各组之间及各组内的差异往往会影响总体的特征和分布规律，各组结构变动也会对总体产生影响。为了全面认识总体的特征和分布规律，需要将平均指标与统计分组结合起来，用组平均指标补充说明总平均指标，提高分析问题的准确性。

4. 注意极端数值的影响

计算和运用平均指标时，要注意极端数值的影响，因为某些平均指标受极端数值的影响很明显。为了正确反映总体的一般水平，当总体存在过大或过小的极端数值时，应予以剔除，然后对其余数值计算平均数。

 【案例 5-1】解析之一

现在来思考一下 A 市自来水公司客户满意度调查项目，在这个项目中你该如何判断自来水客户的满意度水平？

提示：由于在 A 市自来水公司客户满意度调查项目中已进行了事前分组，并且对收集到的资料进行了统计整理，现在你只需要对统计整理好的资料进行分析，也就是算出数据的集中分布趋势来说明客户满意度的水平。数据的集中分布趋势是由平均指标来说明的，所以，你要计算出这些客户的平均满意度，来说明客户的满意度水平。下面以城镇居民和农村居民对自来水产品的满意度为例，来说明如何分析数据分布集中趋势，计算平均指标。

操作方法：我们已经拿到了初步整理好的调查客户对自来水产品满意度的资料，如表 5-11 所示。现在我们需要对这张表中的数据进行分析，分别计算出城镇居民和农村居民对自来水产品的平均满意度。

表 5-11　A 市自来水公司客户对自来水产品的满意度资料

按客户对自来水产品满意度分组	城镇居民			农村居民		
	客户数/人	人数累计		客户数/人	人数累计	
		向上/人	向下/人		向上/人	向下/人
非常不满意	8	8	400	2	2	200
不满意	27	35	392	11	13	198
一般	116	151	365	82	95	187
满意	183	334	249	92	187	105
非常满意	66	400	66	13	200	13
合计	400	—	—	200	—	—

第一步，由于按品质标志分组不利于数学运算，因此我们需要对其进行转化。非常不满意表示为"1"，不满意表示为"2"，一般表示为"3"，满意表示为"4"，非常满意表示为"5"，将表 5-11 转化为按数量标志分组的表 5-12。

表 5-12　客户对自来水产品的满意度资料

按客户对自来水产品满意度分组 x	城镇居民			农村居民		
	客户数 $f_城$/人	人数累计		客户数 $f_农$/人	人数累计	
		向上/人	向下/人		向上/人	向下/人
1	8	8	400	2	2	200
2	27	35	392	11	13	198
3	116	151	365	82	95	187
4	183	334	249	92	187	105
5	66	400	66	13	200	13
合计	400	—	—	200	—	—

【案例 5-1】解析之二

第二步，计算平均满意度，根据已知资料我们可用加权算术平均数来表示居民对自来水产品满意度的一般水平。

$$\overline{x}_城=\frac{\sum xf_城}{\sum f_城}=\frac{1\times8+2\times27+3\times116+4\times183+5\times66}{400}=3.68$$

$$\overline{x}_农=\frac{\sum xf_农}{\sum f_农}=\frac{1\times2+2\times11+3\times82+4\times92+5\times13}{200}\approx3.52$$

从计算结果我们可以看出：城镇居民和农村居民对自来水产品的满意度平均值介于 3 和 4 之间，即介于一般和满意之间；由于 $\overline{x}_城>\overline{x}_农$，我们可以推断城镇居民对自来水产品的满意度要稍高于农村居民。

5.2　总体分布离散趋势分析

【案例 5-2】

现在你已经知道可以用一个平均指标来代表 A 市所有自来水客户的满意度，并能够将这个平均指标计算出来。但是，我们知道每一个客户的满意度存在着一定的差异，你只是对这些差异进行了抽象处理，如果这些差异过大，你的抽象处理就不具备科学性。那你计算的平均指标值又进行了怎样的抽象差异处理，在多大程度上能够代表所有客户的满意度？你必须在计算平均指标后对平均指标的代表性做进一步的分析。

案例解析： 你所计算的平均指标是用来说明总体的集中趋势，也就是一般水平的，总体的分布除了具有集中趋势的特征，还具有离散趋势特征，也就是在总体上评价总体中各个总体单位在某一标志上的差异程度，它对于我们把握总体分布规律同样重要。

5.2.1　标志变异指标的概念和作用

1. 标志变异指标的概念

标志变异指标是反映总体各单位标志值差异程度的综合指标，它能表明总体各单位标志值的离散程度和离中趋势，又称为标志变动度或离散指标。

标志变异指标和平均指标是一对相互联系的对应指标，它们从两个不同的侧面反映同质总体的共同特征。平均指标表明总体各单位标志值的一般水平，说明变量分配数列中变量值的集中趋势；标志变异指标则表明总体各单位标志值的差异程度大小，说明变量值的离中趋势。在统计分析中，计算总体标志值的平均水平的同时，进一步测定变异指标，这对于全面认识总体的特征、探讨其变动的规律、进行科学管理与预测等都有重要意义。测定标志变异指标是应用平均指标进行统计分析的重要方法之一。

2．标志变异指标的作用

（1）标志变异指标是衡量平均指标代表性的尺度。平均指标是代表值，其代表性取决于总体各单位标志值的差异程度。总体各单位标志值间差异程度越大，计算出的标志变异指标值就越大，平均指标的代表性就越小；总体各单位标志值间的差异越小，计算出的标志变异指标值就越小，平均指标的代表性就越大。

【例5-17】有两个生产小组的工人日产零件数如下。

甲组：5、6、7、8、9件，$\bar{x}=7$件。

乙组：2、3、7、10、13件，$\bar{x}=7$件。

甲、乙两组的平均日产零件数都是7件，但平均日产量的代表性不同。甲组工人日产量变动较小，其平均指标的代表性大，而乙组工人的平均日产量的代表性较小。

（2）标志变异指标可以用来研究现象发展变化的均衡性、协调性。标志变异指标值越小，现象发展变化越均衡、越协调；标志变异指标越大，现象发展变化越不均衡、越不协调。

按计算方法不同，标志变异指标可分为全距、平均差、标准差、变异系数等，如图5-2所示。

图5-2　标志变异指标的种类

5.2.2　全距

全距也称极差，是数列中最大值与最小值之差，用来反映现象的实际变动范围。

（1）根据未分组资料或单项数列计算全距。

$$全距（R）= 最大标志值 - 最小标志值$$

（2）根据分组资料计算全距。

$$R = 最高组的上限 - 最低组的下限$$

全距越大，平均指标的代表性就越小；全距越小，平均指标的代表性就越大。

【例5-18】以【例5-17】中的资料为例，甲、乙两组平均日产量相同，均为7件，但两个平均日产量的代表性不同，通过全距的对比就可以明显地看出来。

$R_{甲} = 9 - 5 = 4（件）$

$R_{乙} = 13 - 2 = 11（件）$

显然 $R_{甲} < R_{乙}$，因此甲组平均日产量代表性比乙组平均日产量的代表性大。

全距是测定标志变异程度最简单的指标，其计算简便，容易理解，因此，经常用来粗略说明某些现象的标志变动程度。如在实际工作中，全距可用于工业产品质量的检查和控制。但全距说明的只是极端标志值之间的差异，它不受中间标志值的影响，更与变量分配数列的次数分布状况无关，因而它不能全面反映各单位标志值的差异程度，因此，在应用方面有一定的局限性。

5.2.3 平均差

平均差是总体各单位标志值同其算术平均数的绝对离差的算术平均数，它能综合反映总体各单位标志值的变动程度。平均差用 $A \cdot D$ 表示。

平均差的计算过程是：先用各个标志值减去其平均数，得出离差，即 $x - \bar{x}$。离差有正有负，根据前面讲的算术平均数的数学性质，离差之和等于零，即 $\sum(x - \bar{x}) = 0$。为了避免正负离差相互抵消，取离差的绝对值 $|x - \bar{x}|$。最后用离差的绝对值之和 $\sum|x - \bar{x}|$ 除以离差的个数，即得平均差。所以，平均差是各标志值与平均数的平均距离，平均差越大，表示标志值变动程度越大，平均指标的代表性越低；平均差越小，表示标志值变动程度越小，平均指标的代表性越大。

根据所拥有的资料不同，平均差分为简单平均差和加权平均差两种。

1. 简单平均差

当拥有的资料未分组时，可采用简单平均差。

（1）求各单位标志值与其算术平均数离差的绝对值 $|x - \bar{x}|$。

（2）将离差的绝对值之和除以项数。

其计算公式为

$$A \cdot D = \frac{\sum|x - \bar{x}|}{n}$$

【例 5-19】根据【例 5-17】中的资料计算两个生产小组产量的平均差，并用平均差判定平均指标的代表性。

$\bar{x}_甲 = 7$（件）

$$A \cdot D_甲 = \frac{\sum|x_甲 - \bar{x}_甲|}{n} = \frac{|5-7|+|6-7|+|7-7|+|8-7|+|9-7|}{5} = 1.2（件）$$

$\bar{x}_乙 = 7$（件）

$$A \cdot D_乙 = \frac{\sum|x_乙 - \bar{x}_乙|}{n} = \frac{|2-7|+|3-7|+|7-7|+|10-7|+|13-7|}{5} = 3.6（件）$$

因为 $A \cdot D_甲 < A \cdot D_乙$，所以甲组的平均日产量代表性比乙组大。

2. 加权平均差

当所拥有的资料是已分组的资料时，采用加权平均差。其计算公式为

$$A \cdot D = \frac{\sum|x - \bar{x}|f}{\sum f}$$

【例 5-20】A 班 40 名学生平均身高为 171 厘米，平均差为 8.5 厘米；B 班学生身高资料如表 5-13 所示，比较两个班学生平均身高的代表性。

表 5-13　B 班学生身高资料

身高/厘米	组中值 x/厘米	人数 f/人	$x - \bar{x}$/厘米	$\|x - \bar{x}\|f$/(厘米·人)
150～160	155	5	-16	80
160～170	165	11	-6	66
170～180	175	19	4	76
180～190	185	5	14	70
合计	—	40	—	292

$$\bar{x}_B = \frac{\sum xf}{\sum f} = \frac{155\times5+165\times11+175\times19+185\times5}{40} = 171 \text{（厘米）}$$

$$A \cdot D_B = \frac{\sum|x_B - \bar{x}_B| f}{\sum f} = \frac{292}{40} = 7.3 \text{（厘米）}$$

A、B 班学生的平均身高相同，均为 171 厘米，但 $A \cdot D_A > A \cdot D_B$，所以 B 班平均身高 $\bar{x}_B$ 的代表性更大。

与全距相比，平均差计算也很简便，意义更明确，而且平均差是根据总体内全部标志值计算的，考虑到了各个标志值的差异，具有充分的代表性。平均差较适用于某些质量检查工作，如纺织厂对棉纤维的长度检查。但是，由于平均差通过取绝对值的办法来消除离差的正负号，这不合乎统计上的数字处理原则，有碍于用它来做进一步的统计分析，所以它在实际应用中受到了很大的限制。

5.2.4 标准差

标准差是总体各单位标志值与其算术平均数离差平方和的算术平均数的平方根。标准差用 σ 表示。在统计学中，离差平方和的算术平均数称为方差（σ^2），方差的平方根就是标准差，又称为均方差。标准差是最常用的一种标志变异指标，它能表明总体各单位标志值的离散程度和离中趋势，从而说明平均指标的代表性。标准差越大，总体各单位标志值间的差异就越大，平均指标的代表性就越小。

标准差的计算可以分为 4 个基本步骤。

（1）计算各单位标志值与其算术平均数的离差 $x-\bar{x}$。

（2）将各离差进行平方 $(x-\bar{x})^2$。

（3）将离差平方和除以离差项数，计算出方差 σ^2。

（4）计算方差的平方根，即标准差 σ。

根据所拥有的资料不同，标准差分为简单标准差和加权标准差两种。

1. 简单标准差

当拥有的资料未分组时，采用简单标准差。其计算公式为

$$\sigma = \sqrt{\frac{\sum(x-\bar{x})^2}{n}}$$

【例 5-21】根据【例 5-17】中的资料求标准差，并用标准差判断平均指标的代表性，如表 5-14 所示。

表 5-14 甲、乙两组工人日产零件数对照

甲组			乙组		
日产零件数 $x_甲$/件	离差 $x-\bar{x}_甲$/件	离差平方 $(x-\bar{x}_甲)^2$/件²	日产零件数 $x_乙$/件	离差 $x-\bar{x}_乙$/件	离差平方 $(x-\bar{x}_乙)^2$/件²
5	−2	4	2	−5	25
6	−1	1	3	−4	16
7	0	0	7	0	0
8	1	1	10	3	9
9	2	4	13	6	36
合计	—	10	—	—	86

$$\bar{x}_{甲} = \bar{x}_{乙} = 7 \text{（件）}$$

$$\sigma_{甲} = \sqrt{\frac{\sum\left(x_{甲} - \bar{x}_{甲}\right)^2}{n}} = \sqrt{\frac{4+1+0+1+4}{5}} \approx 1.41 \text{（件）}$$

$$\sigma_{乙} = \sqrt{\frac{\sum\left(x_{乙} - \bar{x}_{乙}\right)^2}{n}} = \sqrt{\frac{25+16+0+9+36}{5}} \approx 4.15 \text{（件）}$$

甲、乙两组的平均日产量相同，均为 7 件，但 $\sigma_{甲} < \sigma_{乙}$，所以甲组平均日产量的代表性更大。

2. 加权标准差

当所拥有的资料是已分组的资料时，采用加权标准差。其计算公式为

$$\sigma = \sqrt{\frac{\sum\left(x - \bar{x}\right)^2 f}{\sum f}}$$

式中，σ 代表标准差；

$\quad\quad x$ 代表各组标志值或组中值；

$\quad\quad f$ 代表各组次数。

【例 5-22】由【例 5-20】可知，A 班 40 名学生平均身高为 171 厘米，标准差为 10 厘米；B 班学生身高资料如表 5-15 所示，比较两个班学生平均身高的代表性。

表 5-15　B 班学生身高资料

身高/厘米	组中值/厘米	人数 f/人	$x - \bar{x}$/厘米	$(x-\bar{x})^2$/厘米^2	$(x-\bar{x})^2 f$/(厘米$^2 \cdot$人)
150～160	155	5	−16	256	1 280
160～170	165	11	−6	36	396
170～180	175	19	4	16	304
180～190	185	5	14	196	980
合计	—	40	—	—	2 960

$$\bar{x}_{B} = 171 \text{（厘米）}$$

$$\sigma_{B} = \sqrt{\frac{\sum\left(x - \bar{x}\right)^2 f}{\sum f}} = \sqrt{\frac{2\,960}{40}} \approx 8.60 \text{（厘米）}$$

A、B 班学生的平均身高相同，均为 171 厘米，但 $\sigma_{A} > \sigma_{B}$，所以 B 班平均身高的代表性更大。

标准差一方面具有平均差的优点，即它将总体中各单位标志值的差异全部包括在内，可以准确地反映总体的离散程度；另一方面还能避免求平均差时存在的取绝对值的问题，适用于代数运算等数学处理。由于标准差的这些优点，在实际工作中一般都用它来测定总体的离散程度，其应用十分广泛。

3. 是非标志的标准差

是非标志是指在统计中，统计对象的某种标志表现仅分为"有"或"无"、"是"或"非"等两种属性，如产品质量分为合格与不合格、人口性别分为男性与女性等。是非标志是品质标志，为了计算平均指标和标准差，一般用"1"表示总体中具有某种性质的单位标志值，用"0"表示总体中不具有某种性质的单位标志值，从而使品质标志得以量化

并能参与运算。

设全部总体单位数为 N，具有某一属性的单位数为 N_1，它在全部总体单位数中所占比重用 p 表示；不具有这一属性的总体单位数用 N_0 表示，其在全部总体单位数中所占比重用 q 表示，则：

$$p = \frac{N_1}{N} \qquad q = \frac{N_0}{N}，且 \; p + q = 1$$

由平均指标计算公式可得，$\overline{X} = \frac{\sum xf}{\sum f} = \sum x \cdot \frac{f}{\sum f} = 1 \times p + 0 \times q = p$，可知是非标志的平均指标就是具有某种属性的、其标志值为 1 的单位数在总体中的比重，即成数。

由标准差计算公式可得，是非标志的标准差为

$$\sigma = \sqrt{\frac{\sum(X - \overline{X})^2 f}{\sum f}} = \sqrt{\sum(X - \overline{X})^2 \cdot \frac{f}{\sum f}} = \sqrt{(1-p)^2 \times p + (0-p)^2 \times q}$$

$$= \sqrt{q^2 p + p^2 q} = \sqrt{pq(p+q)} = \sqrt{pq} = \sqrt{p(1-p)}$$

5.2.5　变异系数

全距、平均差和标准差都有与平均指标相同的计量单位，即与各单位标志值的计量单位相同。当比较两个总体的标志差异程度、衡量其平均指标的代表性时，如果两个总体的性质不同、计算单位不同或平均水平不同，就不能用它们来判断平均指标的代表性。要进行对比，只有消除平均数的影响，计算分析标志变异指标的相对数，即变异系数。

变异系数又称为离散系数，是标志变异指标与其算术平均数之比。将全距、平均差、标准差与其算术平均数的比值，分别称为极差系数、平均差系数和标准差系数，在实际工作中常用平均差系数和标准差系数。

1. 平均差系数

平均差系数是平均差与平均数的比值，计算公式为

$$v_{A \cdot D} = \frac{A \cdot D}{\overline{x}} \times 100\%$$

将平均差与平均数相除，目的是消除或降低平均数的影响，从而使不同总体之间能够对比。平均差系数越大，平均指标的代表性越小；平均差系数越小，平均指标的代表性就越大。

2. 标准差系数

标准差系数是标准差与平均数的比值，计算公式为

$$v_{\sigma} = \frac{\sigma}{\overline{x}} \times 100\%$$

将标准差与平均数相除，目的是消除或降低平均数的影响，从而使不同总体之间能够对比。标准差系数越大，平均指标的代表性越小；标准差系数越小，平均指标的代表性就越大。

【例 5-23】甲、乙公司职工的平均工资分别为 7 000 元和 5 000 元，标准差分别为 300 元和 250 元。从资料上看，甲公司标准差大于乙公司，似乎可以判断乙公司平均工

资的代表性好于甲公司。是否如此？我们可以通过计算标准差系数来进行判断。

$$v_{\sigma甲} = \frac{300}{7\,000} \approx 4.3\%$$

$$v_{\sigma乙} = \frac{250}{5\,000} = 5.0\%$$

计算结果表明，$v_{\sigma甲} < v_{\sigma乙}$，这说明甲公司的平均工资不仅高，而且每个职工的工资差距比乙公司小，甲公司平均工资的代表性好于乙公司，这与我们的直观感觉恰恰相反。

在统计实践中，经常需要比较不同标志之间的变异程度，而离散系数提供了广泛比较的可能性。例如，工龄与技能、工龄与工资级别、农田施肥量与收获率等标志变异程度的比较均可用变异系数来实现。

视野拓展

2021年，习近平总书记在全国脱贫攻坚总结表彰大会上庄严宣告，经过全党全国各族人民共同努力，在迎来中国共产党成立一百周年的重要时刻，我国脱贫攻坚战取得了全面胜利，现行标准下9899万农村贫困人口全部脱贫，832个贫困县全部摘帽，12.8万个贫困村全部出列，区域性整体贫困得到解决，完成了消除绝对贫困的艰巨任务，创造了又一个彪炳史册的人间奇迹！

微课：数说脱贫攻坚

请你从统计学总体分布分析的角度，思考脱贫攻坚对实现共同富裕的意义，以及对我国经济持续健康发展的影响。

【案例5-2】解析之一

现在来继续思考一下A市自来水公司客户满意度调查项目，在这个项目中你已经计算出客户平均的满意度水平，现在你能判断这个客户平均的满意度水平是否具有代表性吗？

提示： 在A市自来水公司客户满意度调查项目中你已经计算出了城镇居民和农村居民的平均满意度来代表他们总体的满意度，但是，你还要知道所有客户的满意度如何分布在这个平均满意度的周围，是满意度差异较大还是比较一致，这能说明你计算出的平均满意度是不是能很好地代表总体的满意度。所以，你要计算出满意度的标志变异指标，来判断总体分布的离散趋势。

操作方法： 这里仍以城镇居民和农村居民对自来水产品的满意度为例，说明如何计算标志变异指标，分析数据分布的离散趋势。我们已经拿到了初步整理好的调查客户对自来水产品满意度的资料（见表5-11）。现在我们需要对这张表中的数据进行分析，分别计算出城镇居民和农村居民对自来水产品的满意度的标志变异指标。

第一步，根据所给资料选择标志变异指标来表示城镇居民和农村居民满意度的离散程度。我们知道标准差是最常用的标志变异指标，这里可以用它来表示城镇居民和农村居民满意度的离散程度，如表5-16所示。

表 5-16 客户对自来水产品的满意度资料

按客户对自来水产品满意度分组 x	城镇居民			农村居民		
	客户数 $f_城$/人	离差 $x-\bar{x}_城$	离差平方 $(x-\bar{x}_城)^2$	客户数 $f_农$/人	离差 $x-\bar{x}_农$	离差平方 $(x-\bar{x}_农)^2$
1	8	−2.68	7.18	2	−2.515	6.33
2	27	−1.68	2.82	11	−1.515	2.30
3	116	−0.68	0.46	82	−0.515	0.27
4	183	0.32	0.10	92	0.485	0.24
5	66	1.32	1.74	13	1.485	2.21
合计	400	—	—	200	—	—

 【案例 5-2】解析之二

$$\sigma_城=\sqrt{\frac{\sum\left(x-\bar{x}_城\right)^2 f_城}{\sum f_城}}=\sqrt{\frac{7.18\times8+2.82\times27+0.46\times116+0.10\times183+1.74\times66}{400}}\approx0.89$$

$$\sigma_农=\sqrt{\frac{\sum\left(x-\bar{x}_农\right)^2 f_农}{\sum f_农}}=\sqrt{\frac{6.33\times2+2.30\times11+0.27\times82+0.24\times92+2.21\times13}{200}}\approx0.74$$

第二步，由于 $\bar{x}_城\neq\bar{x}_农$，因此我们若想知道哪个平均满意度代表性更大，还要计算变异系数。

$$v_城=\frac{\sigma_城}{\bar{x}_城}\times100\%=\frac{0.89}{3.68}\times100\%\approx24.18\%$$

$$v_农=\frac{\sigma_农}{\bar{x}_农}\times100\%=\frac{0.74}{3.52}\times100\%\approx21.02\%$$

从计算结果可以看出 $v_城>v_农$，所以城镇居民对自来水产品的平均满意度代表性比农村居民小，即从总体上看，城镇居民对自来水产品的满意度比农村居民稍高，但城镇居民对自来水产品满意度的差异比农村居民大。

5.3 Excel 在总体分布分析中的应用

在 Excel 中配备了许多统计函数，前面我们用的 SUM 函数就是统计函数之一。应用 Excel 进行总体分布分析时，主要使用 Excel 的函数工具。对一些不能使用函数工具的总体分布分析，可以输入公式结合填充柄功能进行操作。

5.3.1 计算算术平均数

1. 根据未分组资料计算算术平均数

如果资料未分组，可采用 AVERAGE 函数直接计算算术平均数。下面以 PC 端 Excel 为例说明其操作方法，在移动终端 Excel 中插入函数的方法与 PC 端 Excel 类似，也可参考任务三中有关插入函数内容的介绍。

【例 5-24】某企业 10 个工作日用水量（单位：吨）分别是 17、18、18、19、19、19、19、20、20、20，求该企业的平均日用水量。

操作步骤如下。

（1）将原始数据输入 Excel 表的 A1 至 A10 中。

（2）选择用于放置平均数的单元格，此处用 A11 单元格，在【开始】选项卡中单击 Σ 下拉按钮，在弹出的下拉列表中选择【平均值(A)】，如图 5-3 所示。在 Excel 窗口指定的单元格中将插入 AVERAGE 函数，并自动进行单元格区域选择，拖动鼠标可重新选择计算平均值的单元格区域。设置完毕，按 Enter 键，将显示出平均数。

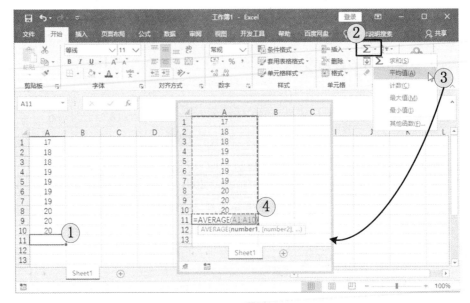

图 5-3　利用 AVERAGE 函数计算未分组资料平均数

2. 根据分组资料计算加权算术平均数

根据分组资料计算加权算术平均数需采用公式输入法和填充柄功能。现利用【例 5-2】的资料说明在 PC 端 Excel 中计算加权算术平均数的操作方法。在移动终端 Excel 中进行公式设置和填充柄使用的方法请参考任务三的有关内容。

操作步骤如下。

（1）在 Excel 表中输入表 5-1 中的数据，如图 5-4 所示。

（2）在 C2 单元格中输入公式 "=A2*B2"，按 Enter 键，在该单元格中将显示出公式的计算结果。

（3）将鼠标指针定位于 C2 单元格的右下角，当鼠标指针变为小十字（即填充柄）时双击，或按住鼠标左键并拖动，将公式复制到 C3 至 C5 单元格。

（4）在 C6 单元格中输入公式 "=SUM(C2:C5)"，或在【开始】选项卡下通过单击 Σ 设置函数，按 Enter 键即可求得 C2 到 C5 的合计值。

（5）以同样方式计算 B6 单元格的值。

（6）在 B7 单元格中输入公式 "=C6/B6"，按 Enter 键，即可求得加权算术平均数。

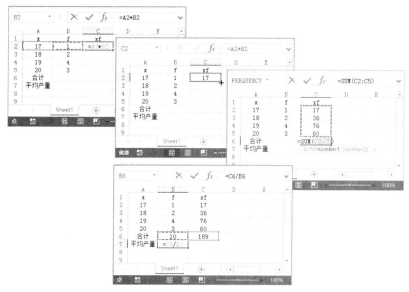

图 5-4　根据分组资料计算加权算术平均数

5.3.2　计算几何平均数

在 Excel 中，计算几何平均数可使用 GEOMEAN 函数实现。现以【例 5-6】的资料为例，说明在 PC 端 Excel 中计算几何平均数的操作方法。移动终端 Excel 的操作方法与之类似，不赘述。

操作步骤如下。

（1）将原始数据输入 Excel 表中。

（2）单击任意空白单元格（用于放置计算好的几何平均数），在窗口编辑栏中单击 fx 按钮，打开【插入函数】对话框。

（3）在"统计"函数类别下，在【选择函数】列表中选择【GEOMEAN】，打开【函数参数】对话框。

（4）在【函数参数】对话框的【Number1】文本框中，输入原始数据所在区域"A1:A4"，如图 5-5 所示。如果原始数据较少，可直接在文本框中输入数据（注意数据之间用半角逗号隔开），如图 5-6 所示。在窗口下方将显示出计算结果。

图 5-5　计算几何平均数（1）

图 5-6　计算几何平均数（2）

（5）单击 ▭确定 按钮，在 Excel 窗口的指定单元格中，将显示出几何平均数。

5.3.3　计算调和平均数

在 Excel 中，计算调和平均数可使用 HARMEAN 函数实现。其操作方法与前述计算几何平均数基本一致，或参照"根据未分组资料计算算术平均数"的操作方法，这里不赘述。

5.3.4　计算众数

1. 根据未分组资料计算众数

如果统计资料未分组，可使用 MODE 函数计算众数。其操作方法可参照"根据未分组资料计算算术平均数"。

2. 根据分组资料计算众数

如果统计资料是分组的组距数列，需采用公式输入法计算众数。现以【例 5-14】中的资料为例说明其操作方法。

操作步骤如下。

（1）确定众数组为 800～900 这一组，该组下限为 800，与前一组次数之差为 50，与后一组次数之差为 33，组距为 100。

（2）单击任一空白单元格，输入下限公式"=800+50/(50+33)*100"，按 Enter 键，即可得众数"860.24"。

5.3.5　计算中位数

1. 根据未分组资料计算中位数

对未分组资料计算中位数应用的函数为"统计"类别中的 MEDIAN 函数，其操作方法可参照"根据未分组资料计算算术平均数"。

2. 根据分组资料计算中位数

如果统计资料是分组的组距数列，需采用公式输入法计算中位数。现以【例 5-14】中的资料为例，说明其操作方法。

操作步骤如下。

（1）确定中位数组为 900～1 000 这一组，该组下限为 900 元，次数为 37，总次数为 200，前一组的向上累计次数为 90，中位数组组距为 100。

（2）单击任一空白单元格，输入下限公式"=900+(200/2-90)/37*100"。按 Enter 键，即可得中位数"927.03"。

5.3.6　计算方差和标准差

1. 根据未分组资料计算方差和标准差

根据未分组资料计算方差应用的函数为"统计"类别中的 VARP 函数，计算标准差应用的函数为"统计"类别中的 STDEVP 函数，它们的操作方法可参照"根据未分组资料计算算术平均数"。

2. 根据分组资料计算方差和标准差

根据分组资料计算方差和标准差需使用公式输入法和填充柄功能，现以【例 5-22】中的资料为例，说明计算方差和标准差的操作方法。

操作步骤如下。

（1）将有关数据输入 Excel 表中，如图 5-7 所示。

（2）在 C2 单元格中输入公式"=A2*B2"，按 Enter 键，然后将鼠标指针定位在 C2 单元右下角，使用填充柄并拖动鼠标将公式复制到 C3:C5 单元格区域。

（3）在 C6 单元格中输入公式"=SUM(C2:C5)"，按 Enter 键，计算 C2:C5 单元格区域的和。

（4）在 B7 单元格中输入公式"=C6/B6"，按 Enter 键，计算出算术平均数"171"。

（5）在 D2 单元格中输入公式"=A2-171"，按 Enter 键，计算离差值。然后使用填充柄将公式复制到 D3:D5 单元格区域。

（6）在 E2 单元格中输入公式"=D2*D2*B2"，按 Enter 键，然后使用填充柄将公式复制到 E3:E5 单元格区域。

（7）在 E6 单元格中输入公式"SUM(E2:E5)"，按 Enter 键，计算 E2:E5 单元格区域的和。

（8）在 B8 单元格中输入公式"=E6/B6"，计算得方差为"74"。

（9）在 B9 单元格中输入公式"=SQRT(B8)"，即可求得标准差为"8.602325"。

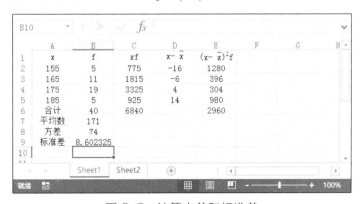

图 5-7　计算方差和标准差

任务实施

现在来思考一下 A 市自来水公司客户满意度调查项目，请你根据本书提供的数据资料，利用 Excel 进行数据总体分布的分析。要求根据调查资料计算相应的平均指标以及标志变异指标。

应用与拓展

一、判断题

1. (5.1.2) 权数的作用归根到底体现在各组的次数比重上。 （   ）

2. (5.1.2) 简单算术平均数是加权算术平均数在权数相等条件下的一种特例。 （   ）

3. (5.1.4) 调和平均数与算术平均数是完全不同的两种平均指标。 （   ）

4. (5.1.5~5.1.6) 中位数和众数都属于平均指标，因此它们数值的大小受到总体内各单位标志值大小的影响。 （   ）

5. (5.1.6) 各组变量的次数相等时，众数不存在。 （   ）

6. (5.1.6) 众数是总体中出现次数最多的次数。 （   ）

7. (5.2.4) 任何两个总体比较其平均指标的代表性时，都可以采用标准差。 （   ）

8. (5.2.4) 标准差的实质与平均差基本相同，也是各个标志值与其算术平均数的平均距离。 （   ）

9. (5.2.4) 是非标志的平均指标是 $p+q$。 （   ）

10. (5.2.5) 标准差系数越大，说明平均指标代表性越好。 （   ）

11. (5.2) 标志变异指标中易受极端值影响的是全距。 （   ）

12. (5.2) 标准差和平均差就实质而言属于相对指标。 （   ）

二、单项选择题

1. (5.1.2) 算术平均数的基本形式是（   ）。

   A. 同一总体的不同部分之比

   B. 总体的部分数值与总体单位数之比

   C. 总体单位的变量值之和与总体单位数之比

   D. 不同总体的两个指标数值之比

2. (5.1.2) 加权算术平均数的大小受各组（   ）。

   A. 次数的影响最大   B. 标志值的影响最大

   C. 权数的影响最大   D. 标志值和次数的共同影响

3. (5.1.2) 在变量分配数列中，若标志值较小组的权数较大时，计算出的平均数（   ）。

   A. 接近于标志值小的一方   B. 接近于标志值大的一方

   C. 接近于平均水平的标志值   D. 不受权数的影响

4. (5.1.2) 某企业上年技术工占 50%，今年新招收了一批学徒工，使学徒工的比重增加了 10%。假定全厂各级工资水平平均无变化，则今年职工总平均工资将（   ）。

   A. 提高   B. 下降

   C. 不变   D. 条件不够，无法判断

5. (5.1.4) 某公司下属 3 个部门实际销售额分别为 10 万元、20 万元、17 万元，其超额完成计划的程度分别为 2%、1%、5%，则该公司平均完成销售额计划的（   ）。

    A. 102.67%   B. 104.17%   C. 103.33%   D. 102.63%

6. (5.1.5) 有 8 名工人生产同种产品，他们某日的产量（单位：台）排序是 4、6、6、8、9、12、14、15，则日产量的中位数是（   ）。

    A. 6 台   B. 8 台   C. 8.5 台   D. 9 台

7. (5.1.6) 众数就是研究的变量分配数列中（   ）。

    A. 具有最多次数的变量值   B. 具有最少次数的变量值

    C. 居于中间位置的变量值   D. 数值最大的变量值

8. (5.2.1) 离散程度大小与平均指标代表性之间存在（   ）。

    A. 正比关系   B. 反比关系   C. 恒等关系   D. 依存关系

9. (5.2.3) 平均差的主要缺点是（   ）。

    A. 与标准差相比计算复杂   B. 易受极端变量值的影响

    C. 不符合代数方法的演算   D. 计算结果比标准差数值大

10. (5.2.5) 已知两个总体平均指标不等，但标准差相等，则（   ）。

    A. 平均指标越大，代表性越大   B. 平均指标越小，代表性越大

    C. 平均指标越大，代表性越小   D. 以上都不对

11. (5.2) 最能反映离散程度的指标是（   ）。

    A. 全距   B. 标准差   C. 平均差   D. 标准差系数

12. (5.2) 在对一般水平不同的总体进行分布离散程度的比较时，应使用（   ）。

    A. 极差   B. 平均差   C. 标准差   D. 变异系数

三、多项选择题

1. (5.1.1) 平均指标的显著特点有（   ）。

    A. 某一数量指标在总体单位之间的数量差异抽象化

    B. 总体各单位某一数量标志的代表值

    C. 总体内各单位的品质标志差异抽象化

    D. 总体指标值的数量差异抽象化

    E. 异质总体的各单位标志值的差异抽象化

2. (5.1.1) 下列属于平均指标的有（   ）。

    A. 某市人均住房面积 20 平方米   B. 某厂人均工资 4 268 元

    C. 某地区人均国民收入 8 000 元   D. 某县人均寿命 74.8 岁

    E. 某厂产品单位成本 86.4 元   F. 某商品单位售价 45.9 元

3. (5.1.3) 几何平均数主要适用于（   ）。

    A. 变量值的代数和等于标志值总量的情况

    B. 变量值的连乘积等于总比率的情况

    C. 变量值的连乘积等于总速度的情况

    D. 具有等比关系的变量分配数列

4. (5.1.2~5.1.4) 某公司下属 5 个企业，共有 2 000 名职工，已知每个企业某月的产值计划完成百分比及其实际产值，要计算公司月平均产值计划完成程度，则（   ）。

    A. 应采用算术平均数   B. 应采用调和平均数

C. 实际产值是权数　　　　　　　　D. 工人数是权数

E. 企业数是权数

5. (5.2.1) 标志变异指标的作用主要有（　　　）。

A. 衡量平均指标代表性的大小

B. 反映社会经济活动过程的节奏性和均衡性

C. 反映总体单位分布的均匀性和稳定性

D. 分析社会经济现象某总体的变动趋势

6. (5.2.3~5.2.4) 标准差与平均差相同之处有（　　　）。

A. 不受极端变量值的影响

B. 计算方法在数学处理上都是合理的

C. 都不能直接用来对比两个总体的两个不等的平均指标代表性的大小

D. 反映现象的经济内容相同

E. 反映现象的经济内容不同

7. (5.2.5) 不同总体间的标准差不能简单地进行比较，是因为（　　　）。

A. 计量单位不同　　　　　　　　　B. 离差平方之和不同

C. 总体单位数不同　　　　　　　　D. 平均数不同

E. 标准差不同

8. (5.2) 同一总体中，平均指标与标准差、标准差系数的关系有（　　　）。

A. 标准差越大，平均指标的代表性越大

B. 标准差系数的大小与平均指标的代表性大小成正比

C. 标准差的大小与平均指标的代表性大小成反比

D. 标准差系数越大，平均指标代表性越小

E. 标准差系数越大，平均指标代表性越大

四、计算题

1. (5.1.2) 某厂 50 名工人的月工资统计如表 5-17 所示。

表 5-17　某厂 50 名工人的月工资统计

月工资/元	工人数/人
3 900	5
4 500	15
4 900	18
5 400	10
6 900	2
合计	50

要求：计算该厂工人的平均月工资。

2. (5.1.2) 某车间工人操作机床台数资料如表 5-18 所示。

表 5-18　某车间工人操作机床台数资料

操作机床台数/台	各组工人所占比重/%
5	10
6	60
7	30
合计	100

要求：试计算该车间工人平均操作机床台数。

3. (5.1.2) 某企业按工人劳动生产率分组的生产班组数和工人数资料如表 5-19 所示。

表 5-19　某企业按工人劳动生产率分组的生产班组数和工人数资料

按工人劳动生产率分组/(件/人)	生产班组数/个	工人数/人
50～60	10	150
60～70	7	100
70～80	5	70
80～90	2	30
90 及以上	1	16
合计	25	366

要求：计算该企业工人平均劳动生产率。

4. (5.1.2) 某公司下设的两个工厂的工人按技术级别分组的资料如表 5-20 所示。

表 5-20　工人按技术级别分组的资料

技术级别	工人数/人	
	甲厂	乙厂
1	220	200
2	540	500
3	420	430
4	450	450
5	200	220
6	100	110
7	50	60
8	20	30
合计	2 000	2 000

要求：试比较哪个工厂工人的技术水平高，并分析原因。

5. (5.1.3) 某车间生产 3 批产品的废品率分别为 1%、2%、1.5%，3 批产品产量占全部产量的比重分别为 25%、35%、40%，试计算该车间 3 批产品的平均废品率。

6. (5.1.5～5.1.6) 某地区粮食生产资料如表 5-21 所示。

表 5-21　某地区粮食生产资料

耕地每公顷生产量分组/千克	耕地面积/万公顷
5 250 以下	4.2
5 250～6 000	8.3
6 000～6 375	10.7
6 375～6 750	31.5
6 750～7 050	10.8
7 050～7 500	10.0
7 500 及以上	4.5
合计	80.0

要求：试计算该地区耕地每公顷生产量的众数和中位数。

7.（5.2.5）某农作物的两种不同良种在 5 个村生产条件基本相同的地块上试种，所得结果如表 5-22 所示。

表5-22　某农作物良种试种资料

村庄	甲品种		乙品种	
	收获率/（千克/公顷）	播种面积/公顷	收获率/（千克/公顷）	播种面积/公顷
A	7 125	11	5 250	9
B	6 750	9	6 750	13
C	8 250	10	8 400	15
D	7 875	8	7 500	13
E	7 500	12	9 060	10
合计	—	50	—	60

要求：试判断这两个品种的收获率哪一个具有较大稳定性，指出哪个品种有较大的推广价值。

8.（5.1~5.2）某企业对所生产的某种袋装产品随机抽取了 100 袋进行包装质量的检验，按照行业的产品质量标准，每袋重量不足 99 克为不合格。现将检验结果整理成表 5-23 所示的资料。

表5-23　某袋装产品包装质量检验资料

实测重量/克	98～99	99～100	100～101	101～102	合计
数量/袋	10	20	50	20	100

要求：（1）计算抽查产品的平均重量、重量极差、标准差及标准差系数；
（2）计算抽查产品的不合格品率，以及不合格品率的标准差。

9.（5.1~5.2）某企业对引进的生产设备进行技术改造后，开发了两条流水生产线，并进行了试运行。试运行的时间和产量资料如表 5-24 所示。

表5-24　某企业流水生产线试运行资料

试运行次序	1 号流水生产线		2 号流水生产线	
	运行时间/分	总产量/千克	运行时间/分	总产量/千克
第一次	30	762	30	660
第二次	40	912	40	959
第三次	50	1 230	50	1 210
第四次	60	1 416	60	1 428
第五次	70	1 680	70	1 596

要求：请你对两条流水生产线的试运行结果进行分析研究，确定应实际运行哪一条流水生产线。

五、实践实训

请使用 Excel 软件，对你整理好的资料进行总体分布分析。

小结

在任务五中，你了解了对社会经济现象的总体分布进行分析的基础知识，包括平均指标的概念和作用、平均指标的各种计算方法、标志变异指标的概念和作用、各种标志变异指标的计算方法和应用等，并学习了利用 Excel 进行平均指标和标志变异指标计算的操作方法。这些知识可以用于对统计资料进行总体集中趋势和离散趋势的分析，掌握好这些知识还可以为你以后学习动态分析方法、抽样推断方法以及相关分析方法打下良好基础。任务五的主要知识点及其内在关系如图 5-8 所示。

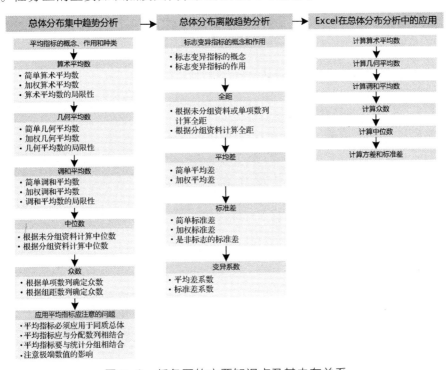

图 5-8　任务五的主要知识点及其内在关系

动态分析

知识目标

- 理解动态数列的意义、种类和编制原则
- 理解各种动态分析指标的概念
- 掌握各种动态分析指标的计算方法
- 掌握长期趋势和季节变动的分析方法
- 掌握运用 Excel 软件进行动态分析和预测的方法

能力目标

- 能够运用动态分析指标对现象进行动态描述和分析
- 能够运用长期趋势分析方法对现象进行动态发展趋势预测
- 能够运用季节变动分析方法对存在季节性变化规律的现象进行分析预测
- 能够利用 Excel 软件进行动态分析和预测

任务描述与分析

1. 任务描述

近 10 年来，随着城市规模的不断扩大和经济的快速发展，A 市用水量也在不断上升，为了满足地方经济发展和人民生活用水的需求，A 市自来水公司必须对城市用水量的发展变化进行分析和预测，进而科学地、有计划地指导城市供水和节水工作。表 6-1 所示为 A 市 2012 年至 2021 年自来水用水资料，你该如何对这 10 年 A 市自来水的用水情况进行概括和分析呢？

表 6-1　A 市 2012 年至 2021 年自来水用水资料

年份/年	2012	2013	2014	2015	2016	2017	2018	2019	2020	2021
城镇居民年用水量/亿立方米	0.61	0.73	0.85	1.05	1.29	1.31	1.42	1.46	1.55	1.64
生活用自来水价格/（元/立方米）	1.80	1.80	1.80	2.30	2.30	2.30	2.57	2.57	2.57	3.07

续表

年份/年	2012	2013	2014	2015	2016	2017	2018	2019	2020	2021
年末城镇人口数/万人	68.3	68.6	68.6	69.2	70.0	70.3	70.9	71.5	71.7	72.0
企业客户年用水量/亿立方米	1.32	1.45	1.54	1.73	1.92	2.08	2.11	2.36	2.37	2.42

2. 任务分析

很多事物在较大的时间跨度中会呈现出一定的发展规律，动态地分析和研究社会经济现象的发展过程，以期从中发现现象的发展规律或者趋势，是一种很重要的统计分析方法。在国家宏观经济管理、地方区域经济管理、企业经营战略管理等领域中，动态分析既能用于概括较长时期以来事物的发展状况，也是重要的预测分析方法。

（1）在对历史发展状况进行概括时，我们需要从以下方面进行描述。

① 总体在一定时期里某一指标的发展状况是怎样的，是否存在一定的发展轨迹？

② 如果存在一定的发展轨迹，那么是否可以用统计的方法对其进行定量分析？

③ 其发展变化的规模和速度能够用哪些恰当的指标进行概括？

（2）在对总体的历史动态规律进行分析认识的基础上，我们需要进一步考虑以下几个方面。

① 既然总体在过去的较长时期里中呈现出一定的发展规律，我们是否可以利用这种规律进行预测？

② 我们在进行动态预测时可以采用哪些方法？

● 相关知识

6.1 动态数列的意义和种类

6.1.1 动态数列的意义

统计中的动态是指社会经济现象在时间上的发展和运动的过程。根据历史资料，应用统计方法来研究社会经济现象数量方面的变化发展过程，认识它的发展规律并预测它的发展趋势，就是动态分析。

要进行动态分析，首先要编制动态数列。动态数列指社会经济现象在不同时间上的一系列指标值按时间先后顺序排列后形成的数列，又称时间数列。例如表 6-1 所示的就是体现 A 市 2012 年至 2021 年自来水用水情况有关数据指标的动态数列。从表 6-1 中可见，动态数列是由互相配对的两个数列构成的，一是反映时间顺序变化的数列，二是反映各个时间指标值变化的数列。

编制动态数列是计算动态分析指标，考察现象发展变化方向和速度，预测现象发展趋势的基础。动态分析有助于我们了解过去的活动规律，评价当前，安排未来，所以它是社会经济统计的重要分析方法。

6.1.2 动态数列的种类

动态数列按其指标表现形式的不同分为总量指标动态数列、相对指标动态数列和平

均指标动态数列 3 种。总量指标动态数列是基本的动态数列，相对指标动态数列和平均指标动态数列是在其基础上派生而来的。

1. 总量指标动态数列

把总量指标在不同时间上的数值按时间先后顺序排列就能形成总量指标动态数列。总量指标动态数列用以反映现象在一段时间内达到的绝对水平及增减变化的状况。根据总量指标所反映社会经济现象性质的不同，又可将其分为时期指标动态数列和时点指标动态数列，简称为时期数列和时点数列。

（1）时期数列。在总量指标动态数列中，如果某一指标用于反映某现象在一段时间内发展过程的总量，则这种动态数列称为时期数列。表 6-1 中的 A 市城镇居民年用水量就是时期数列。时期数列有以下特点。

① 连续统计。时期指标反映的是现象在一段时间内发展过程的总量，时期数列必须在这段时间内把所发生的数量逐一登记后进行累计。

② 数列中各个指标值可以相加。相加后的结果表示现象在更长的时期内发展过程的累计总量，例如一年的利润是各月利润的总和，5 年的基建投资额是由每年投资额汇总而来的。

③ 数列中各个指标值大小与所包括时期长短有直接关系。时期数列中，每一指标值所体现的时间长短，称为"时期"。时期可以为日、月、季或更长的时间，这要根据具体研究的目的来确定。对于研究现象变动发展进度的动态资料，时期可以短一些；对历史资料的研究，时期可长一些。例如研究我国"一五"至"十三五"期间国民经济的发展变化，就可以 5 年为一个时期。在时期数列中，时期越长，指标值越大；时期越短，指标值越小。

（2）时点数列。在总量指标动态数列中，若某一个指标值所反映的是现象在某一时点上的总量，则这种动态数列称为时点数列。如表 6-1 所示，各年年末城镇人口数就是时点数列。时点数列有以下特点。

① 不连续统计。时点指标反映的是现象在某一时点上的数量，时点数列只需要在某一时点上进行统计，取得该时点资料，不必连续进行统计。

时点指标是现象在某一时点上的数量，但现实中不可能对每一瞬间上的数量都进行调查登记，因此习惯上以天作为时间单位。

时点数列有连续时点数列和间隔时点数列之分。前者指对时点现象每天进行观察，观察的指标值所编成的动态数列不存在时间间隔；后者指对时点现象按一定的时间间隔进行观察，观察的指标值所编成的动态数列中的指标值一般是时点现象期末的数字，如年末、季末、月末的职工人数是年、季、月最后一天的职工人数。

② 数列中各个指标值不具有可加性。由于时点数列中的各项数据都是现象在某一时点上所达到的水平，几个数据相加后的结果无法表明是属于哪个时点的数据，所以相加后的数据没有任何实际意义。如上面所举的 A 市年末城镇人口数指标、各年年末人口数相加的数值总和本身无实际意义。

需要注意的是，某些时点现象，如储蓄存款余额、库存量、耕地面积，若要统计其一定时期的增减数量，它们是可以加总的，因而是时期数列。

③ 数列中每个指标值的大小与其时间间隔长短没有直接联系。因为时点数列的每

一个指标值只表明现象在某一瞬间上的数量，因而时间间隔的长短对指标值大小不产生直接的影响。如年底的人口数、仓库的库存量就不一定都比年内各月底的数值大。

2．相对指标动态数列

把一系列同类相对指标按时间先后顺序排列而形成的动态数列叫作相对指标动态数列。它反映的是社会经济现象之间相互联系的发展过程。例如，用净利润同营业收入对比计算的销售净利率指标排列形成的动态数列、用生产一线职工占全部职工比重指标形成的动态数列等，就是相对指标动态数列。在相对指标动态数列中，各个指标值是不能相加的。

3．平均指标动态数列

一系列平均指标按时间先后顺序排列形成的动态数列即平均指标动态数列。它反映的是社会经济现象总体各单位某标志一般水平的发展变动趋势。利用表 6-1 中的数据，计算出的 A 市各年城镇居民人均年用水量数列就是这种平均指标动态数列（计算方法详见平均发展水平的有关内容）。平均指标动态数列中，各个指标值也是不能相加的。

6.1.3 编制动态数列的原则

编制动态数列的目的是通过对数列中各时期指标值进行比较，来研究社会经济现象的发展变化及其规律。因此，保证数列中各个指标值的可比性，包括时间的可比性和指标的可比性，是编制动态数列的基本原则。

（1）时间长短应该前后一致。时期数列指标值的大小与指标包含时间长短有直接关系。因此，一般要求时期数列指标值包含的时期前后一致，以利于对比。当然，在有特殊研究目的的情况下，也可将时期不同的指标编为动态数列。例如，我国几个重要时期粗钢产量统计如表 6-2 所示，这种不同时期跨度形成的动态数列，更能说明我国钢铁工业的发展情况。

表 6-2　我国几个重要时期粗钢产量统计

年份/年	1953~1957	1981~1985	1986~1990	1991~1995	1996~2000	2001~2005	2006~2010	2011~2015	2016~2020
粗钢产量/万吨	1 667	20 304	27 372	42 478	71 842	119 248	262 091	384 844	575 689

这里要注意动态数列指标值所包含时期长短与各指标值之间的时间间隔的区别。时期数列中，如果各个时期不连续，如表 6-2 所示，也存在时间间隔的问题。时期数列的间隔最好能相等，以便动态分析。对于时点数列来说，数列上的指标值均表示一定时点上的状态，不存在包含时期长短的因素，只有间隔的问题。时点数列指标值之间间隔若能相等，既便于动态分析，又便于进一步计算动态分析指标。

（2）总体范围应该统一。动态数列中，各个指标所包括总体范围前后应该一致。如研究某地区工业生产发展情况，如果该地区的行政区划有了变动，则前后指标值就不能直接对比，必须将资料进行适当的调整，以求总体范围的统一，然后做动态分析。

（3）计算方法应该统一。动态数列各项指标的计算口径、计量单位和计算方法应该前后一致。例如，要研究企业劳动生产率的变动，产量用实物量还是用价值量，人数用全部职工数还是用生产工人数，前后都要统一起来。再如，要把不同时期国内生产总值进行对比，就应该注意价格水平的变化，采用统一的不变价格表示；否则，价格标准不同，就不能从指标的对比中，正确反映国内生产总值的实际变化程度。

（4）经济内容应该统一。有时动态数列的指标在名称上是一个指标，但经济内容或经济含义随着时间有了改变，这也是不可比的。例如，统计家庭生活必需品开支时，随着社会经济的发展，在不同的历史时期，人们对生活必需品的认定有了很大的变化，简单地把家庭生活必需品开支指标值编制成动态数列反映现象的变动，就有可能产生错误的结论。

我们所面对的动态数列，往往反映的是一段很长时期，各期的统计资料难免由于各种原因发生指标所属时间、总体范围、计算方法乃至经济内容不统一，在进行动态分析时，必须关注可比性问题，在统一的时间、范围、方法和经济内容的基础上进行指标值的比较分析。

6.2 动态数列的水平指标

为了研究社会经济现象的发展水平和速度，在编制动态数列的基础上，必须进一步做动态分析。动态分析包括分析现象发展的水平和分析现象发展的速度。前者是后者的基础，后者是前者的深入和继续。动态数列的分析指标分类如图 6-1 所示。

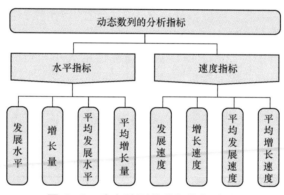

图 6-1　动态数列的分析指标分类

6.2.1　发展水平

发展水平就是动态数列中的每一项具体指标值，又称发展量。它反映的是社会经济现象在各个时期所达到的规模和发展的程度。无论是编制动态数列还是计算各种动态指标，都要求正确地计算发展水平，进行发展水平分析。

发展水平可表现为总量指标，如工资总额、产品销售额、期末职工人数等，也可表现为相对指标或平均指标，如人口出生率、销售利润率等。

表 6-3 所示的是 A 市 2012 年至 2021 年城镇居民自来水年用水量统计，根据各发展水平在动态数列中所处的地位与作用，可将其分为最初水平、最末水平和中间水平。

表 6-3　A 市 2012 年至 2021 年城镇居民自来水年用水量统计

年份/年	2012	2013	2014	2015	2016	2017	2018	2019	2020	2021
表示字母	a_0	a_1	a_2	a_3	a_4	a_5	a_6	a_7	a_8	a_9
指标值/亿立方米	0.61	0.73	0.85	1.05	1.29	1.31	1.42	1.46	1.55	1.64

最初水平：是指动态数列中第一项指标值，用 a_0 表示。

最末水平：是指动态数列中最后一项指标值，用 a_n 表示。

中间水平：是指动态数列中除首尾两项指标数值之外的其余各项指标值，用 a_1, a_2, a_3, $\cdots$, a_{n-1} 表示。

发展水平按其所对应的时期不同，可分为报告期水平和基期水平。

报告期水平：是指作为研究或比较时期的发展水平，又称计算期水平。

基期水平：是指作为比较基准时期的发展水平。通常会选择某一固定的时期或报告期的前一期作为基期。

随着动态分析目的的改变，报告期水平和基期水平也会相应地发生变化。现在的报告期水平，可能是将来的基期水平；这一个数列的最末水平，可能是另一个数列的最初水平。

发展水平在文字上习惯用"增加到""增加为""降低到""降低为"表示。例如，2012 年 A 市城镇居民年用水量为 0.61 亿立方米，2021 年增加到 1.64 亿立方米。"增加"和"降低"后面不要遗漏"到"或"为"字。

6.2.2 增长量

增长量就是报告期发展水平与基期发展水平的差，它反映的是现象从基期到报告期数量变化的绝对水平。其计算公式为

$$增长量 = 报告期水平 - 基期水平$$

增长量可以是正值，也可以是负值，正值表示增长，负值表示减少。在社会经济现象中，有的现象发展水平表现为不断降低的趋势，如单位产品成本、人口死亡率等，这时的增长量为负值，亦称为"降低量"指标。

由于采用的基期不同，增长量可分为逐期增长量和累计增长量。

1．逐期增长量

逐期增长量是报告期水平与其前一期水平之差，表明现象逐期增加或减少的数量。其计算公式为

$$逐期增长量 = 报告期水平 - 报告期前一期水平$$

用数学符号表示为

$$逐期增长量 = a_n - a_{n-1}$$

2．累计增长量

累计增长量是报告期水平与某一固定时期水平之差。固定基期通常为最初水平，表明现象经过较长的时间，报告期水平比最初水平增加（或减少）的绝对量。其计算公式为

$$累计增长量 = a_n - a_0$$

3．逐期增长量与累计增长量的关系

（1）累计增长量等于相应时期逐期增长量之和，即：

$$a_n - a_0 = (a_n - a_{n-1}) + (a_{n-1} - a_{n-2}) + \cdots + (a_2 - a_1) + (a_1 - a_0)$$

（2）相邻两个时期的累计增长量之差等于相应时期的逐期增长量，即：

$$(a_n - a_0) - (a_{n-1} - a_0) = a_n - a_{n-1}$$

6.2.3 平均发展水平

将时间数列中各个发展水平加以平均而得到的平均数称为平均发展水平，它反映的是现象在一段时间内发展变化所达到的一般水平。平均发展水平和一般平均数有共同之处，都是将各个变量值差异抽象化，但彼此又有区别。平均发展水平所平均的是现象总体在不同时期上的数量表现，从动态上说明其在某一时期内发展的一般水平，故又称动态平均数或序时平均数。而一般平均数是根据变量分配数列计算出的，它将总体各单位同一时间的变量值差异抽象化，用以反映总体在具体历史条件下的一般水平，不体现时间的变动，故又称静态平均数。

序时平均数可以用总量指标动态数列计算，也可以用相对指标动态数列和平均指标动态数列计算。其中，根据总量指标动态数列计算序时平均数是最基本的方法，是计算相对指标动态数列序时平均数和平均指标动态数列序时平均数的基础。

1. 总量指标动态数列序时平均数的计算

总量指标动态数列分为时期数列和时点数列，二者计算序时平均数的方法不一样，现分别加以说明。

（1）由时期数列计算序时平均数。根据时期数列的特点，可以直接采用简单算术平均法计算，即以时期数列中各个指标值之和除以时期项数。其计算公式为

$$\bar{a} = \frac{a_1 + a_2 + a_3 + \cdots + a_n}{n} = \frac{\sum a}{n}$$

式中，$\bar{a}$ 代表序时平均数；

a_i（$i = 1, 2, 3, \cdots, n$）代表各期发展水平；

n 代表时期项数。

【例 6-1】根据表 6-3 中的资料计算 A 市城镇居民 2012 年至 2021 年平均年用水量。

$$\bar{a} = \frac{\sum a}{n} = \frac{0.61 + 0.73 + 0.85 + 1.05 + 1.29 + 1.31 + 1.42 + 1.46 + 1.55 + 1.64}{10} \approx 1.19 \text{（亿立方米）}$$

计算结果表明，A 市城镇居民 2012 年至 2021 年平均年用水量约为 1.19 亿立方米。

（2）由时点数列计算序时平均数。时点数列分为连续时点数列和间断时点数列，在计算它们的序时平均数时处理方法是不同的。

① 由连续时点数列计算序时平均数。以天为间隔的时点数列称为连续时点数列。在连续时点数列条件下的计算有两种情况。

第一种情况，时点数列是逐日登记和逐日排列的，可用简单算术平均法计算，即以时点指标值之和除以时点项数，计算公式为

$$\bar{a} = \frac{\sum a}{n}$$

式中，a 为时点指标值；

n 为天数。

【例 6-2】某企业某产品某年 4 月下旬库存量统计如表 6-4 所示，计算该时期的平均库存量。

表 6-4 某企业某产品某年 4 月下旬库存量统计

日期/日	21	22	23	24	25	26	27	28	29	30
库存量/台	650	350	210	420	490	550	480	420	350	270

该产品 4 月下旬的平均库存量为

$$\bar{a}=\frac{\sum a}{n}=\frac{650+350+210+420+490+550+480+420+350+270}{10}=419\text{（台）}$$

第二种情况，时点数列不是逐日变动的，只在发生变动时加以登记，就要用每次资料持续不变的时间长度为权数进行加权平均，计算公式为

$$\bar{a}=\frac{\sum af}{\sum f}$$

【例 6-3】某企业某年 1 月的产品库存量变动记录资料如表 6-5 所示，要求计算该企业 1 月平均库存量。

表 6-5　某企业某年 1 月的产品库存量变动记录资料

日期/日	1	4	9	15	19	26	31
库存量/台	38	42	39	23	2	16	0

根据上述资料计算出该企业某年 1 月产品平均库存量如表 6-6 所示。

表 6-6　某企业某年 1 月产品库存量

库存量不变的日期/日	该时期长度 f/日	库存量 a/台	af/(日·台)
1～3	3	38	114
4～8	5	42	210
9～14	6	39	234
15～18	4	23	92
19～25	7	2	14
26～30	5	16	80
31	1	0	0
合计	31	—	744

1 月平均库存量为

$$\bar{a}=\frac{\sum af}{\sum f}=\frac{744}{31}=24\text{（台）}$$

计算结果表明，该企业某年 1 月产品平均库存量为 24 台。

② 由间断时点数列计算序时平均数。间断时点数列是间隔一段时间对现象在某一时点上所表现的状况进行一次性登记，并将登记的数据按照时间先后顺序排列所形成的动态数列。在间断时点数列的条件下计算序时平均数也有两种情况。

第一种情况，时点数列间隔相等。计算时，假定指标值在两个时点之间的变动是均匀的，先求两时点指标值的平均数（$\bar{a_i}$），再根据这些平均数进行简单平均，形成如下的计算式。

$$\bar{a}=\frac{\dfrac{a_1+a_2}{2}+\dfrac{a_2+a_3}{2}+\cdots+\dfrac{a_{n-1}+a_n}{2}}{n-1}$$

$$=\frac{\dfrac{a_1}{2}+a_2+\cdots+a_{n-1}+\dfrac{a_n}{2}}{n-1}$$

公式明显表现首末折半的特点，故称为"首末折半法"。式中，$n-1$ 为间隔数目，它比时点数列的项数少 1 个。

【例 6-4】根据表 6-1 中 A 市年末城镇人口数计算 A 市 2012 年至 2021 年平均城镇人口数，已知 2011 年年末的人口数是 68.1 万人。

$$\bar{a} = \frac{\frac{68.1}{2} + 68.3 + 68.6 + 68.6 + 69.2 + 70.0 + 70.3 + 70.9 + 71.5 + 71.7 + \frac{72.0}{2}}{10} \approx 69.9 \ (\text{万人})$$

计算结果表明，A 市 2012 年至 2021 年平均城镇人口数为 69.9 万人。

第二种情况，时点数列间隔不相等。假定指标值在两个时点之间的变动是均匀的，先求两时点指标值的平均数，然后以间隔时间为权数进行加权平均。其计算公式为

$$\bar{a} = \frac{\sum \bar{a_i} f_i}{\sum f_i}$$

或者

$$\bar{a} = \frac{\frac{a_1 + a_2}{2} f_1 + \frac{a_2 + a_3}{2} f_2 + \cdots + \frac{a_{n-1} + a_n}{2} f_{n-1}}{\sum f}$$

式中，a 表示各指标值；

f 表示时间间隔长度。

【例 6-5】某工厂成品仓库中某产品库存量统计如表 6-7 所示，要求计算该厂成品仓库某产品年度平均库存量。

表 6-7　某工厂成品仓库中某产品库存量统计

单位：台

日期	1 月 1 日	3 月 1 日	7 月 1 日	8 月 1 日	10 月 1 日	12 月 31 日
库存量	38	42	24	11	60	6

上表所记录的库存量资料时间间隔不等，我们假定库存量在两时点之间均匀变动，则年度平均库存量为

$$\bar{a} = \frac{\frac{a_1 + a_2}{2} f_1 + \frac{a_2 + a_3}{2} f_2 + \cdots + \frac{a_{n-1} + a_n}{2} f_{n-1}}{\sum f}$$

$$= \frac{\frac{38 + 42}{2} \times 2 + \frac{42 + 24}{2} \times 4 + \frac{24 + 11}{2} \times 1 + \frac{11 + 60}{2} \times 2 + \frac{60 + 6}{2} \times 3}{2 + 4 + 1 + 2 + 3} = \frac{399.5}{12} \approx 33.3 \ (\text{台})$$

2. 相对指标动态数列或平均指标动态数列序时平均数的计算

相对指标动态数列或平均指标动态数列是由互相联系的两个总量指标动态数列对比构成的。因此要先分别计算出这两个总量指标动态数列的序时平均数，然后进行对比，求得相对指标动态数列或平均指标动态数列序时平均数。其公式表示如下：

$$\bar{c} = \frac{\bar{a}}{\bar{b}}$$

式中，$\bar{c}$ 代表相对指标动态数列或平均指标动态数列序时平均数；

$\bar{a}$ 代表作为分子的动态数列序时平均数；

$\bar{b}$ 代表作为分母的动态数列序时平均数。

【例 6-6】某企业某年下半年各月劳动生产率资料如表 6-8 所示，要求计算下半年月

平均劳动生产率。该企业 12 月末工人数为 910 人。

表 6-8　某企业某年下半年各月劳动生产率资料

月份	7 月	8 月	9 月	10 月	11 月	12 月	平均
总产值 a/万元	706	737	761	838	901	1 082	838
月初工人数 b/人	790	810	810	825	850	880	838
劳动生产率 c/(元/人)	8 830	9 100	9 290	9 980	10 420	12 090	10 000

劳动生产率动态数列是由总产值时期数列和工人数时点数列相应指标对比计算形成的。计算月平均劳动生产率须先用相应的方法计算出分子、分母的平均数，然后相除，即：

$$\bar{c}=\frac{\bar{a}}{\bar{b}}=\frac{\dfrac{706+737+761+838+901+1\,082.4}{6}}{\dfrac{\dfrac{790}{2}+810+810+830+850+880+\dfrac{910}{2}}{6}}\times10\,000\approx10\,000\ (\text{元/人})$$

计算结果表明，该企业该年下半年月平均劳动生产率为 10 000 元/人。

 注意

当分子数列或分母数列是时期数列时，一定要注意需要平均的时间跨度。例如，劳动生产率是单位时间内生产的产品量，如果要求计算下半年的劳动生产率，单位时间就不是"月"，而是"半年"。整个下半年劳动生产率就应以月份个数（n）乘平均月劳动生产率，即 $n\bar{c}$=6 × 10 000 = 60 000（元/人），或者：

$$7\text{月至}12\text{月劳动生产率}=\frac{706+737+761+838+901+1\,082}{\dfrac{\dfrac{790}{2}+810+810+830+850+880+\dfrac{910}{2}}{6}}\times10\,000\approx60\,000\ (\text{元/人})$$

6.2.4　平均增长量

平均增长量是指现象在一定时期内平均每期增长的数量。它是逐期增长量的平均数，等于各个逐期增长量相加除以增长量的个数。由于各个逐期增长量之和等于累计增长量，所以也可以用累计增长量除以动态数列的项数减 1 的差求得。其计算公式为

$$\text{平均增长量}=\frac{\text{逐期增长量之和}}{\text{逐期增长量个数}}=\frac{\text{数列末期累计增长量}}{\text{数列项数}-1}$$

【例 6-7】根据表 6-9 所示的 2015 年至 2020 年我国 GDP 的有关数据，计算 GDP 年平均增长量。

表 6-9　我国 2015 年至 2020 年 GDP 增长量计算

年份	2015 年	2016 年	2017 年	2018 年	2019 年	2020 年
GDP/亿元	a_0 688 858	a_1 746 395	a_2 832 036	a_3 919 281	a_4 986 515	a_5 1 015 986
累计增长量/亿元	—	a_1-a_0 57 537	a_2-a_0 143 178	a_3-a_0 230 423	a_4-a_0 297 657	a_5-a_0 327 128
逐期增长量/亿元	—	a_1-a_0 57 537	a_2-a_1 85 641	a_3-a_2 87 245	a_4-a_3 67 234	a_5-a_4 29 471

$$GDP\ 年平均增长量 \frac{327\ 128}{5} \approx 65\ 426\ （亿元）$$

或者

$$GDP\ 年平均增长量 \frac{57\ 537+85\ 641+87\ 245+67\ 234+29\ 471}{5} \approx 65\ 426\ （亿元）$$

6.3 动态数列的速度指标

速度指标用来说明现象发展变化的相对程度和方向。动态数列的速度指标主要有发展速度和增长速度、平均发展速度和平均增长速度等。

6.3.1 发展速度

发展速度是以相对数形式表现的动态分析指标，它是两个不同时期发展水平指标对比的结果。发展速度用来说明报告期水平是基期水平的百分之几或若干倍。其计算公式为

$$发展速度 = \frac{报告期水平}{基期水平} \times 100\%$$

根据对比基期的不同，发展速度又可分为定基发展速度和环比发展速度。

1. 定基发展速度

在计算发展速度时，如用各报告期水平同某一固定基期水平对比计算，则称结果为定基发展速度，它表明现象在一段时期内总的发展变化速度。其计算公式为

$$定基发展速度 = \frac{报告期水平}{固定基期水平} \times 100\%$$

用符号表示：$\dfrac{a_1}{a_0}, \dfrac{a_2}{a_0}, \dfrac{a_3}{a_0}, \cdots, \dfrac{a_n}{a_0}$。

2. 环比发展速度

在计算发展速度时，如用报告期水平与前一期水平对比计算，则称结果为环比发展速度，它反映现象在前后两期的发展变化，表示现象的短期变动。其计算公式为

$$环比发展速度 = \frac{报告期水平}{报告期前一期水平} \times 100\%$$

用符号表示：$\dfrac{a_1}{a_0}, \dfrac{a_2}{a_1}, \dfrac{a_3}{a_2}, \cdots, \dfrac{a_n}{a_{n-1}}$。

3. 定基发展速度与环比发展速度的关系

在同一动态数列下计算的定基发展速度与环比发展速度之间存在着密切的关系。

（1）定基发展速度等于相应各个环比发展速度的连乘积，即：

$$\frac{a_n}{a_0} = \frac{a_1}{a_0} \times \frac{a_2}{a_1} \times \frac{a_3}{a_2} \times \cdots \times \frac{a_n}{a_{n-1}}$$

（2）两个相邻的定基发展速度之比等于相应的环比发展速度，即：

$$\frac{a_n}{a_0} \div \frac{a_{n-1}}{a_0} = \frac{a_n}{a_{n-1}}$$

发展速度除了能说明现象发展程度之外，还能表明现象的发展方向。当发展速度大于 100% 时，说明现象发展呈上升趋势；当发展速度小于 100% 时，表明现象发展呈下降趋势。

6.3.2　增长速度

增长速度是反映现象数量增长方向和程度的动态相对指标，由增长量对比基期水平而得，其计算公式为

$$增长速度 = \frac{报告期水平 - 基期水平}{基期水平} = \frac{增长量}{基期水平}$$

从上式可以看出，增长速度与发展速度之间的关系是：增长速度等于发展速度减 1，用公式表示为

$$增长速度 = \frac{报告期水平 - 基期水平}{基期水平} = \frac{报告期水平}{基期水平} - 1 = 发展速度 - 1$$

增长速度与发展速度的关系：当发展速度 >1 时，增长速度为正值，表示现象的增长程度；当发展速度 <1 时，增长速度为负值，表示现象的减少程度，所谓"负增长"就是这种情况。

增长速度同样由于比较的基期不同，分为定基增长速度和环比增长速度。

1. 定基增长速度

定基增长速度是报告期累计增长量与某一固定基期的发展水平的比值，它表明现象在这一时期内增长的程度。其计算公式为

$$定基增长速度 = \frac{累计增长量}{固定基期水平} = 定基发展速度 - 1$$

用符号表示：$\frac{a_1}{a_0} - 1, \frac{a_2}{a_0} - 1, \cdots, \frac{a_n}{a_0} - 1$。

2. 环比增长速度

环比增长速度是报告期逐期增长量与前一期发展水平的比值，它表明现象逐期增长的程度。其计算公式为

$$环比增长速度 = \frac{逐期增长量}{前一期水平} = 环比发展速度 - 1$$

用符号表示：$\frac{a_1}{a_0} - 1, \frac{a_2}{a_1} - 1, \cdots, \frac{a_n}{a_{n-1}} - 1$。

定基增长速度和环比增长速度都是发展速度的派生指标，它们只反映增长部分的相对程度，所以，环比增长速度的连乘积不等于定基增长速度。如果要由环比增长速度求定基增长速度，必须将环比增长速度加 1 换算为环比发展速度，将环比发展速度连乘换算为定基发展速度，然后由定基发展速度减 1 后换算为定基增长速度。

【例 6-8】根据表 6-10 所示的我国 2015 年至 2020 年 GDP 数据，计算各期发展速度和增长速度。

表 6-10　我国 2015 年至 2020 年 GDP 数据

年份	2015 年	2016 年	2017 年	2018 年	2019 年	2020 年
发展水平/亿元	688 858	746 395	832 036	919 281	986 515	1 015 986

根据发展速度和增长速度的计算公式和表 6-10 所示的动态数列数据，编制如表 6-11 所示的计算表。

表 6-11　我国 2015 年至 2020 年 GDP 发展速度和增长速度计算

年份		2015 年	2016 年	2017 年	2018 年	2019 年	2020 年
发展水平/亿元		a_0 688 858	a_1 746 395	a_2 832 036	a_3 919 281	a_4 986 515	a_5 1 015 986
发展速度/%	定基 $\dfrac{a_i}{a_0}$	$a_0 \div a_0$ 100.0	$a_1 \div a_0$ 108.4	$a_2 \div a_0$ 120.8	$a_3 \div a_0$ 133.4	$a_4 \div a_0$ 143.2	$a_5 \div a_0$ 147.5
	环比 $\dfrac{a_i}{a_{i-1}}$	—	$a_1 \div a_0$ 108.4	$a_2 \div a_1$ 111.5	$a_3 \div a_2$ 110.5	$a_4 \div a_3$ 107.3	$a_5 \div a_4$ 103.0
增长速度/%	定基 $\dfrac{a_i}{a_0}-1$	—	8.4	20.8	33.4	43.2	47.5
	环比 $\dfrac{a_i}{a_{i-1}}-1$	—	8.4	11.5	10.5	7.3	3.0

表 6-11 中列出了各项速度指标的计算，可以从中验证定基发展速度和环比发展速度、累计增长量和逐期增长量之间的换算关系。借助这种关系还可进行未知的发展速度和增长量指标的推算。

在实际工作中，还常常计算同比指标，如年距发展速度、年距增长量和年距增长速度。它们是本期发展水平与去年同期发展水平对比的结果。同比指标把现象受季节变动的影响消除掉了，能使现象发展变动程度和趋势明显地表现出来。

此外，在有关财经报道中还经常见到"翻番"一词，它也是速度指标数值的表示方式。具体来说，翻一番，指标数值为原来的 2 倍，即增长 1 倍，称为 1 个倍增（增长速度 100%）。但是，翻两番并非比原来增加 2 倍，而是在原来增加 1 倍的基础上再增加 1 倍，即为原来的 4 倍，实则比原来增加 3 倍。对于翻更多番的情况，可以想象它的增长量是很大的。

6.3.3　平均发展速度和平均增长速度

平均发展速度和平均增长速度统称为平均速度。平均速度是各个时期环比速度的平均数，说明社会经济现象在较长时期内速度变化的平均程度。平均发展速度表示现象逐期发展的平均速度，平均增长速度则反映现象递增的平均速度。平均速度指标是十分重要并得到广泛运用的动态分析指标。例如，"2020 年我国国内生产总值达到 1 015 986 亿元，比 2016 年的 746 395 亿元增长约 36.1%，平均每年增长约 6.4%。"从这段文字描述中，我们可以清晰地了解我国国内生产总值在 2016 年至 2020 年之间的动态变化关系。平均速度指标还经常用来对比不同发展阶段的不同发展速度，例如，某公司近 3 年来销售收入平均每月增长分别为前年的 2%、去年的 4% 和今年的 1%。从这段文字描述中，我们可以直观地了解到该公司近 3 年来销售收入发展速度的快慢情况。此外，平均速度指标还可以用来对比不同国家或地区经济发展的情况。

平均发展速度与平均增长速度的关系是：

$$平均增长速度 = 平均发展速度 - 1（或 100\%）$$

平均发展速度总是正值，而平均增长速度既可为正值也可为负值。平均增长速度为正值，表示现象在一定发展阶段内逐期平均递增的程度；平均增长速度为负值，表示现象逐期平均递减的程度。

平均发展速度是环比发展速度的平均数，也是一种序时平均数。但是，环比发展速度是根据动态数列中前后项指标对比得来的相对指标动态数列，不同于由两个总量指标动态数列所构成的相对指标动态数列，所以不能按上述计算序时平均数的方法来计算。在实际统计工作中可运用两种计算平均发展速度的方法，即几何平均法和方程式法。

1. 几何平均法

现象发展的平均速度，一般用几何平均法计算。平均速度是总速度的平均，但现象发展的总速度不等于各年发展速度之和，而等于各年环比发展速度的连乘积。因而求环比发展速度的平均数，不能用总和法按算术平均数公式计算，而只能按连乘法用几何平均数公式来计算。其计算公式表示如下：

$$\bar{x} = \sqrt[n]{x_1 \times x_2 \times x_3 \times \cdots \times x_n} = \sqrt[n]{\prod x}$$

式中，$\bar{x}$ 表示平均发展速度；

x_i（$i = 1, 2, 3, \cdots, n$）表示各年环比发展速度；

n 表示环比发展速度的项数；

$\prod$ 为连乘符号。

动态数列中定基发展速度等于各环比发展速度的连乘积，故计算平均发展速度的公式还可表示为

$$\bar{x} = \sqrt[n]{\frac{a_1}{a_0} \times \frac{a_2}{a_1} \times \cdots \times \frac{a_n}{a_{n-1}}} = \sqrt[n]{\frac{a_n}{a_0}}$$

一段时期的定基发展速度即现象的总速度。用 R 表示总速度，则平均发展速度的计算公式还可写成

$$\bar{x} = \sqrt[n]{R}$$

2. 方程式法

方程式法又叫代数平均法或累计法，它是以各期发展水平的总和与基期水平之比为基础来计算的。方程式法计算公式，利用基期水平与各期定基发展速度的乘积得出各期发展水平，在此基础上计算各期发展水平之和进而计算平均发展速度。由于解方程式的过程是比较复杂的，因此，在实际统计工作中，都会根据事先编好的《平均增长速度查对表》来查找应用。

6.3.4　速度指标与水平指标的结合应用

速度指标与水平指标的直接关系体现在速度指标是在水平指标的基础上派生出来的。在对现象进行动态分析时，必须将速度指标与水平指标结合起来，这样才能更深刻地反映现象的本质特征。

1. 要把发展速度和增长速度指标与发展水平和增长量结合起来

由于各期环比发展速度的计算基数不同，而绝对数又是相对数的基础，因此各期环

比增长速度所反映的实际增长量就可能不同，即每增长 1%相对应的绝对增长量可能不同。由于每增减 1%的绝对值水平不同，所以低水平基础上的平均增减速度与高水平基础上的平均增减速度是不可比的。当一项数据基于一个很低的基数时，哪怕很小的变化，体现在百分率上都可能是惊人的。与之相反，在一个庞大数额上的微小比例也会使一个很大的数字显得不那么醒目。例如，根据瑞典斯德哥尔摩国际和平研究所的研究报告，美国 2020 年军费开支增长 4.4%，看似不多，但考虑到基数是 7 480 亿美元，4%就是近300 亿美元，占全球军费总支出的近四成。所以，在对现象发展进行动态分析时，必须注意速度背后的绝对增长量。

具体来说，分析时应注意：发展速度和增长速度下降时，增长量却可能在增加；增长量稳定不变，却意味着增长速度逐期下降；当现象逐期同速增长时，增长量却是逐期增加的。而数列中某些时期指标值的负增长可能被逐期增长量的平均值所掩盖。

进行动态分析时，既要看速度指标，又要看水平指标，通常用增长 1%的绝对值来考察速度背后的绝对增长量。

增长 1%的绝对值是逐期增长量与环比增长速度之比，即前期水平的 1%，用公式表示为

$$增长1\%的绝对值 = \frac{逐期增长量}{环比增长速度} \times 100\% = \frac{报告期水平-前一期水平}{\frac{报告期水平-前一期水平}{前一期水平} \times 100} = \frac{前一期水平}{100}$$

【例 6-9】某公司员工数 2021 年比 2020 年增加了 20%，2020 年的员工数为 1 200 人。要求计算该公司员工每增长 1%的绝对值。

$$增长 1\%的绝对值 = \frac{前一期水平}{100} = \frac{1\ 200}{100} = 12（人）$$

【例 6-10】某公司近 5 年来产品销售量增加了 45%，每增长 1%的绝对值为 2.4 万吨。要求计算年平均增长量。

从以上资料可知：

当年产品销售量 = 增长 1%的绝对值 × 100 = 2.4 × 100 = 240（万吨）

$$年平均增长量 = \frac{240 \times 145\% - 240}{5} = 21.6（万吨）$$

2. 要把平均速度指标与动态数列水平指标结合起来

平均速度是一个较长时期总速度的平均数，它是那些上升、下降的环比速度的代表值。如果动态数列中中间时期指标值出现了特殊的高低变化，或者最初、最末水平受到特殊因素的影响，使指标值偏离常态，不管用几何平均法还是用方程式法来计算平均速度，都将失去其说明问题的意义。所以，仅仅计算一个平均速度指标是不够的，应该联系各期的水平，计算各期的环比速度，结合平均速度综合分析。

在分析较长历史时期的动态资料时，这种结合可采取计算分段平均速度来补充说明总平均速度。因为一个总平均速度指标，仅能笼统地反映现象在较长时期内的逐年一般平均发展或增长程度，不能据此深入了解这种现象的发展过程的变化情况。例如，分析新中国成立 70 多年来粮食生产发展变化情况，除了要计算总平均速度外，有必要按照恢复时期、各个五年计划时期和各个特定时期等分段计算其平均速度加以补充说明。

改革开放 40 多年来，在中国共产党坚强领导下，中国人民艰苦奋斗、顽强拼搏，用双手书写了国家和民族发展的壮丽史诗，中华大地发生了感天动地的伟大变革。小到个人收入，大到国家经济，我们生活在当下，时刻都领略着中国经济社会的飞速发展。请你上网查阅家乡的统计局网站，收集家乡改革开放 40 多年来的社会经济发展变化的有关数据，用数据图表展示家乡的巨大变化。

微课：数说改革开放 40 多年——综合国力提升快

微课：数说改革开放 40 多年——人民生活改善快

6.4　现象变动的趋势分析

6.4.1　动态数列变动趋势的种类

社会经济现象的发展变化是许多因素共同作用的结果。在这些因素中，有些因素属于基本因素，对事物的发展变化起着决定性的作用，会使事物的发展呈现出一定的规律性；有些因素属于偶然因素，它们对现象发展只起到局部的、临时的作用，使事物的发展表现出不规则的波动。各种因素的作用大小和方向不同，使动态数列呈现出不同的结果。为了研究社会经济现象发展变化的规律和趋势，并据此预测未来，就要将这些影响动态数列的因素加以分解并分别进行测定。一般将影响社会经济现象动态数列总变动的因素，分解为长期趋势、季节变动、循环变动和不规则变动 4 种。

1. 长期趋势

长期趋势指现象在一段较长的时间内，由于普遍的、持续的、决定性的基本因素的作用，使发展水平沿着一个方向，逐渐向上或向下变动的趋势。例如，保健产业随着我国人口老龄化的发展趋势，从较长时期来看，其市场交易额是持续增加、向上发展的。认识和掌握事物的长期趋势，可以把握事物发展变化的基本特点。

2. 季节变动

季节变动指现象受季节的影响而发生的变动。其特点是：在一年或更短的时间内随着时序的更换，现象呈周期重复的变化。引起季节变动的因素既有自然因素，也有人为因素，如气候条件、节假日及风俗习惯等。季节变动的影响有以一年为周期的，也有以一月、一周、一日为周期的。认识和掌握季节变动，对于近期行动决策有重要的作用。

3. 循环变动

循环变动指现象发生周期比较长的涨落起伏的变动。循环变动不同于朝单一方向持续发展的长期趋势，它是升降相间、涨落交替的变动，呈现出波浪的形式。例如，国民经济发展往往呈周期性的变动，股票、债券等市场价格也往往呈周期性的变动。循环变动与寒暑温凉相继不息的天时循环变动的区别在于变动的周期长短不同。由于引起循环变动的原因不同，循环变动的周期长短也不一样，一般在一年以上，甚至七八年、十多年。

4. 不规则变动

不规则变动指现象除了受以上各种变动的影响以外，还受临时的因素、偶然因素或不明原因而引起的非周期性、非趋势性的随机变动的影响。不规则变动是无法预知的。

在实际工作中，要对研究现象进行具体分析，根据现象变动的内在原因和实际变动表现测定现象的变动趋势。在这里我们仅介绍通常使用的两种测定类型，即长期趋势和季节变动的测定。

6.4.2 长期趋势的测定

测定长期趋势的方法主要有时距扩大法、移动平均法和数学模型法。数学模型又有线性模型和非线性模型之分。以下分别加以说明。

1. 时距扩大法

这是对长期的动态数列进行统计修匀的一种简便方法。它把原有动态数列中各时期资料加以合并，扩大每段计算所包括的时间，得出较长时距的新动态数列，以消除由于时距较短受偶然因素影响所引起的波动，清楚地显示现象变动的趋势和方向。

时距扩大法把较小时间跨度转化为较大时间跨度，如把昼夜转化为星期或旬、把旬转化为月、把月转成季或年、把一年转成许多年等。在使用时距扩大法放大时间跨度时，应遵循现象发展变化的规律。如果数列水平变动有一定的周期性，扩大的时距应注意与各次变动的周期相同；如果动态数列没有周期性，那么要逐步扩大时距，直到趋势的方向变得足够清晰为止。

时距扩大修匀可以用扩大时距后的总量指标表示，也可以用扩大时距后的平均指标表示。前者只适用于时期数列，后者可以用于时期数列和时点数列。

【例6-11】表6-12所示为我国1966年至2020年粮食产量资料，采用时距扩大法对我国粮食产量进行长期趋势测定。

表6-12 我国1966年至2020年粮食产量资料

年份/年	产量/万吨	年份/年	产量/万吨	年份/年	产量/万吨	年份/年	产量/万吨
1966	21 400	1980	32 056	1994	44 510	2008	53 434
1967	21 782	1981	32 502	1995	46 662	2009	53 941
1968	20 906	1982	35 450	1996	50 454	2010	55 911
1969	21 097	1983	38 728	1997	49 417	2011	58 849
1970	23 996	1984	40 731	1998	51 230	2012	61 223
1971	25 014	1985	37 911	1999	50 839	2013	63 048
1972	24 048	1986	39 151	2000	46 218	2014	63 965
1973	26 494	1987	40 298	2001	45 264	2015	66 060
1974	27 527	1988	39 408	2002	45 706	2016	66 044
1975	28 452	1989	40 755	2003	43 070	2017	66 161
1976	28 631	1990	44 624	2004	46 947	2018	65 789
1977	28 273	1991	43 529	2005	48 402	2019	66 384
1978	30 477	1992	44 266	2006	49 804	2020	66 949
1979	33 212	1993	45 649	2007	50 414	—	—

从表6-12中可看出，我国粮食产量呈不断增长的趋势，但发展过程中有过多次波动。我们把时距扩大为5年，可消除短时间受偶然因素影响所带来的波动，如表6-13所示。

表 6-13　我国"三五"至"十二五"年间粮食产量资料

五年计划期间	总产量/万吨	平均年产量/万吨
"三五"（1966—1970 年）	109 181	21 836.2
"四五"（1971—1975 年）	131 535	26 307.0
"五五"（1976—1980 年）	152 649	30 529.8
"六五"（1981—1985 年）	185 320	37 064.0
"七五"（1986—1990 年）	204 236	40 847.2
"八五"（1990—1995 年）	224 616	44 923.2
"九五"（1996—2000 年）	248 158	49 631.6
"十五"（2001—2005 年）	229 389	45 877.8
"十一五"（2006—2010 年）	263 504	52 700.9
"十二五"（2011—2015 年）	313 145	62 629.1
"十三五"（2016—2020 年）	331 327	66 265.3

2. 移动平均法

移动平均法是指采用逐期递推移动的方法计算一系列扩大时距的序时平均数，并以这一系列序时平均数作为对应时期的趋势值。通过序时平均数对数列修匀，可以更深刻地描述现象发展的基本趋势。

移动平均法所采用的扩大时距，也应由动态数列的具体特点来决定，要注意数列水平波动的周期性。一般要求扩大的时距与周期变动的时距相吻合，或为它的整数倍。例如，对于反映季度水平的时期数列，如果存在季节性的涨落变动，必须消除季节变动因素，以运用 4 项或 8 项移动平均为宜。

移动平均法的具体实现是从动态数列第一项数值开始，按一定项数求序时平均数，逐项移动，得出一个由序时平均数构成的新的动态数列，这个派生数列把受某些偶然因素影响而出现的波动修匀了，使整个数列的总趋势更加明显。移动平均法根据资料的特点及研究的具体任务，可能进行 3 项、4 项、5 项乃至更多项移动平均。奇数项移动平均所得的数值放在中间一项的位置上；偶数项移动平均所得的数值放在中间两项的位置中间，它需要进行移正平均。被移动平均的项数越多，对原数列修匀的作用就越大，但得到的新动态数列的项数会相应减少。

【例 6-12】以表 6-12 所示的我国 1991 年至 2020 年粮食产量资料为例，采用移动平均法进行长期趋势的测定。

这 30 年的粮食产量，总的看来呈现不断增长的趋势，但中间有过几次小波动，属于短期的偶然因素引起的不规则波动。我们做 4 项和 5 项移动平均。

$$5 \text{ 项移动平均的第一个平均数} = \frac{43\,529 + 44\,266 + 45\,649 + 44\,510 + 46\,662}{5} \approx 44\,923 \text{（万吨）}$$

将 5 项移动平均的第一个平均数对着第三年的原值，依此类推移动平均，得出 5 项移动平均数列共 47 项。

$$4 \text{ 项移动平均的第一个平均数} = \frac{43\,529 + 44\,266 + 45\,649 + 44\,510}{4} \approx 44\,489 \text{（万吨）}$$

$$4 \text{ 项移动平均的第二个平均数} = \frac{44\,266 + 45\,649 + 44\,510 + 46\,662}{4} \approx 45\,272 \text{（万吨）}$$

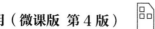

　　4项移动平均的第一个平均数"44 489"，对着第2~3项的中间；第二个平均数"45 272"，对着第3~4项的中间。依此类推，得出4项移动平均数列。它的每个指标值都相差半期，无法直接比较，因此还需进行一次移正平均，即再进行一次两项移动平均，这样各平均数都对准各期，形成新的4项移正平均数列，如表6-14所示。

表6-14　我国1991—2020年粮食产量移动平均计算

年份/年	顺序号	产量/万吨	趋势值/万吨		
			5项移动平均	4项移动平均	4项移正平均
1991	1	43 529	—	—	—
1992	2	44 266	—	—	—
1993	3	45 649	44 923	44 489	44 880
1994	4	44 510	46 308	45 272	46 045
1995	5	46 662	47 338	46 819	47 290
1996	6	50 454	48 455	47 761	48 601
1997	7	49 417	49 720	49 441	49 963
1998	8	51 230	49 632	50 485	49 956
1999	9	50 839	48 594	49 426	48 907
2000	10	46 218	47 851	48 388	47 697
2001	11	45 264	46 219	47 007	46 036
2002	12	45 706	45 441	45 065	45 156
2003	13	43 070	45 878	45 247	45 639
2004	14	46 947	46 786	46 031	46 544
2005	15	48 402	47 727	47 056	47 974
2006	16	49 804	49 800	48 892	49 703
2007	17	50 414	51 199	50 514	51 206
2008	18	53 434	52 701	51 898	52 662
2009	19	53 941	54 510	53 425	54 480
2010	20	55 911	56 672	55 534	56 507
2011	21	58 849	58 594	57 481	58 619
2012	22	61 223	60 599	59 758	60 765
2013	23	63 048	62 629	61 771	62 673
2014	24	63 965	64 068	63 574	64 177
2015	25	66 060	65 056	64 779	65 168
2016	26	66 044	65 604	65 557	65 785
2017	27	66 161	66 088	66 013	66 054
2018	28	65 789	66 265	66 094	66 208
2019	29	66 384	—	66 321	—
2020	30	66 949	—	—	—

　　从表6-14可看出，移动平均的结果使短期的偶然因素引起的波动被削弱，整个动态数列被修匀得更加平滑，波动趋于平稳。

　　按移动平均法对动态数列修匀后趋势值的个数比原数列实际水平的个数减少了。上例中，4项和5项移动平均，首尾都有两个时期得不到趋势值。可以想象，把移动项数记为 N，按奇数项移动平均时，首尾各有 $\dfrac{N-1}{2}$ 时期得不到趋势值；按偶数项移动平均时，首尾各有 $\dfrac{N}{2}$ 时期得不到趋势值。这无疑在一定程度上降低了研究最初和最末发展阶段趋势特点的可能性。然而移动平均法拥有足够的灵活性，能够看到趋势变动的特点。但是，移动平均法不能对趋势进行内在关系分析，即无法得到可供预测的方程。

3. 数学模型法

数学模型法是指用适当的数学模型来反映动态数列各因素之间的关系，从而计算各期的趋势值。测定长期趋势时常使用这种方法。长期趋势模型有直线趋势模型和曲线趋势模型，下面介绍直线趋势测定的方法。

如果动态数列逐期增长量相对稳定，即现象发展水平按相当固定的绝对速度变化时，则采用直线（线性函数）作为趋势线，来描述趋势变化，预测前景。

如以时间因素作为自变量 t，把数列水平作为因变量 y_c，配合的直线趋势方程为

$$y_c = a + bt$$

求参数 a、b 用最小平方法。最小平方法是测定长期趋势使用最普遍的方法。它的原理是：使数列实际值与数列的趋势值的离差平方和达到一个最小值。符合这个条件的只有一条线，所以这条线又称原数列的最适线，它能使趋势线同原数列达到最佳配合。这条线也同时满足离差之和为零的要求。根据数学上最小平方法可获得 a、b 两参数的求解方程为

$$a = \frac{\sum y}{n} - \frac{b \sum t}{n} = \bar{y} - b \cdot \bar{t}$$

$$b = \frac{n \sum ty - (\sum t)(\sum y)}{n \sum t^2 - (\sum t)^2}$$

【例 6-13】A 市 2012 年至 2021 年城镇居民年用水量资料如表 6-15 所示，要求建立直线趋势方程并预测 2027 年 A 市城镇居民的年用水量。

表 6-15　A 市 2012 年至 2021 年城镇居民年用水量资料

年份/年	时间代码 t	年用水量 y/亿立方米	t^2	ty	$y_c = 0.551\,333 + 0.116\,303\,t$
2012	1	0.61	1	0.61	0.67
2013	2	0.73	4	1.46	0.78
2014	3	0.85	9	2.55	0.90
2015	4	1.05	16	4.20	1.02
2016	5	1.29	25	6.45	1.13
2017	6	1.31	36	7.86	1.25
2018	7	1.42	49	9.94	1.37
2019	8	1.46	64	11.68	1.48
2020	9	1.55	81	13.95	1.60
2021	10	1.64	100	16.40	1.71
合计	55	11.91	385	75.10	11.91

将以上资料代入求解方程：

$$b = \frac{n \sum ty - (\sum t)(\sum y)}{n \sum t^2 - (\sum t)^2} = \frac{10 \times 75.10 - 55 \times 11.91}{10 \times 385 - 55^2} \approx 0.116\,303$$

$$a = \frac{\sum y}{n} - \frac{b \sum t}{n} = \frac{11.91}{10} - \frac{0.116\,303 \times 55}{10} \approx 0.551\,333$$

则所配合的趋势方程为

$$y_c = a + bt = 0.551\ 333 + 0.116\ 303\ t$$

将各年代码依次代入方程，可以得出趋势值数列，如表6-15中最后一列所示。预测2027年A市城镇居民年用水量，将$t=16$代入上述方程，则

$$y_c = 0.551\ 333 + 0.116\ 303 \times 16 \approx 2.41（亿立方米）$$

为了简化计算过程，可以采用简捷法计算方程参数。其具体实现是：当动态数列为奇数项时，可用中间项那一年为原点，例如，某数列有9项水平，时间跨度从2012年至2020年，则时间序号t值如表6-16所示。

表6-16　动态数列为奇数项时的时间序号

年份/年	2012	2013	2014	2015	2016	2017	2018	2019	2020
时间序号 t	−4	−3	−2	−1	0	1	2	3	4

当动态数列为偶数项时，则可用两个中间项的中点为原点，这时就不是以年为测定时间单位，而是以半年为测定时间单位。比如，某数列有8项水平，时间跨度为2013年至2020年，则时间序号t值如表6-17所示。

表6-17　动态数列为偶数项时的时间序号

年份/年	2013	2014	2015	2016	2017	2018	2019	2020
时间序号 t	−7	−5	−3	−1	1	3	5	7

在以上两种情况下，$\sum t = 0$，上述方程参数求解方法可简化为

$$a = \frac{\sum y}{n}$$

$$b = \frac{\sum ty}{\sum t^2}$$

【例6-14】根据【例6-13】中表6-15的资料，用简捷法进行直线方程参数计算。

【例6-13】中，动态数列为偶数项，应采用以两个中间项的中点为原点的计算方法。计算结果如表6-18所示。

表6-18　A市2012年至2021年城镇居民年用水量资料

年份/年	时间代码 t	年用水量 y/亿立方米	t^2	ty	$y_c = 1.191 + 0.058\ 151\ 5\ t$
2012	−9	0.61	81	−5.49	0.67
2013	−7	0.73	49	−5.11	0.78
2014	−5	0.85	25	−4.25	0.90
2015	−3	1.05	9	−3.15	1.02
2016	−1	1.29	1	−1.29	1.13
2017	1	1.31	1	1.31	1.25
2018	3	1.42	9	4.26	1.37
2019	5	1.46	25	7.30	1.48
2020	7	1.55	49	10.85	1.60
2021	9	1.64	81	14.76	1.71
合计	0	11.91	330	19.19	11.91

这里，原点（即$t = 0$）在2016年和2017年之间，t值的时间单位为半年。

根据表 6-18 中资料用简捷法计算如下。

$$a = \frac{\sum y}{n} = \frac{11.91}{10} = 1.191$$

$$b = \frac{19.19}{330} \approx 0.058\,151\,5$$

则配合的趋势方程为

$$y_c = 1.191 + 0.058\,151\,5\,t$$

如果预测 2027 年的趋势值，将 $t=21$ 代入上述方程，则

$$y_c = 1.191 + 0.058\,151\,5 \times 21 \approx 2.41（亿立方米）$$

由此可见，用简捷法计算的各年预测趋势值与用一般方法计算的结果是相同的。但要注意，动态数列为偶数项时，原点在两个中间项的中间，这时 b 表示原数列水平间隔一半的增长量，年增长量应等于 $2b$。

6.4.3 季节变动的测定

测定季节变动的目的在于掌握季节变动的周期、数量界限及其规律，以便预测未来，及时采取措施；克服季节变动对人们经济生活所导致的不良影响，更好地组织生产和销售，提高经济效益。

测定季节变动的主要方法是通过计算季节比率来反映季节变动的程度。季节比率高说明季节是"旺季"，反之说明季节是"淡季"。计算季节比率通常有两种情况：不考虑长期趋势的季节变动和考虑长期趋势的季节变动。

1. 不考虑长期趋势的季节变动

不考虑长期趋势的季节变动情况下的季节比率，常用按月（季）平均法直接根据原始动态数列进行计算。

按月平均法计算的季节比率是各月的水平与全年各月平均总水平之比。为了较准确地观察季节变动情况，要用连续 3 年以上的发展水平资料加以平均分析。其计算步骤如下。

（1）根据各年按月（季）的动态数列计算出各年同月（季）的平均水平。

（2）计算各年所有月（季）的总平均水平。

（3）将各年同月（季）的平均水平与总平均水平进行对比，计算出季节比率。

【例 6-15】某超市某商品 2017 年至 2021 年各月销售额统计如表 6-19 所示，要求根据资料进行季节变动分析。

表 6-19 某超市某商品 2017 年至 2021 年各月销售额统计

月份	各年销售额 y_i/万元					5年同月销售额合计 $\sum y_i$/万元	5年同月销售额平均 $\bar{y}_i$/万元	季节比率 $\bar{y}_i \div y_0$/%
	2017年	2018年	2019年	2020年	2021年			
1月	1.1	1.1	1.4	1.4	1.3	6.3	1.26	17.6
2月	1.2	1.5	2.1	2.1	2.2	9.1	1.82	25.5
3月	1.9	2.2	3.1	3.1	3.3	13.6	2.72	38.1
4月	3.6	3.9	5.2	5.0	4.9	22.6	4.52	63.3
5月	4.2	6.4	6.8	6.6	7.0	31.0	6.20	86.8

月份	各年销售额 y_i/万元					5年同月销售额合计 $\sum y_i$/万元	5年同月销售额平均 $\bar{y}_i$/万元	季节比率 $\bar{y}_i \div y_0$/%
	2017年	2018年	2019年	2020年	2021年			
6月	14.2	16.4	18.8	19.5	20.0	88.9	17.78	249.0
7月	24.0	28.0	31.0	31.5	31.8	146.3	29.26	409.8
8月	9.5	12.0	14.0	14.5	15.3	65.3	13.06	182.9
9月	3.8	3.9	4.8	4.9	5.1	22.5	4.50	63.0
10月	1.8	1.8	2.4	2.5	2.6	11.1	2.22	31.1
11月	1.2	1.3	1.2	1.4	1.4	6.5	1.30	18.2
12月	0.9	1.0	1.1	1.2	1.1	5.3	1.06	14.8
年总计	67.4	79.5	91.9	93.7	96.0	428.5	7.14	100.0

季节比率计算如下。

（1）计算5年间各月的平均销售额，$\bar{y}_i = \dfrac{\sum y_i}{N}$，$N$代表提供资料的年数。如：1月平均销售额为

$$\bar{y} = \frac{1.1+1.1+1.4+1.4+1.3}{5} = 1.26 \text{（万元）}$$

（2）计算5年间总平均月销售额，$y_0 = \dfrac{\sum \bar{y}_i}{n}$，$n$代表一年的月数。

$$y_0 = \frac{1.26+1.82+2.72+4.52+6.2+17.78+29.26+13.06+4.5+2.22+1.3+1.06}{12} \approx 7.14 \text{（万元）}$$

（3）计算季节比率。季节比率的计算公式为

$$\text{季节比率} = \frac{\text{各年同月（季）平均数}}{\text{全期各月（季）总平均数}} \times 100\%$$

例如：1月季节比率 $= \dfrac{1.26}{7.14} \times 100\% \approx 17.6\%$

2月季节比率 $= \dfrac{1.82}{7.14} \times 100\% \approx 25.5\%$

这样，由各月季节比率所组成的数列，能清楚地表明某超市某商品销售额的季节性变动趋势，即自1月起逐月增长，7月达到最高峰，8月开始下降，到12月降到最低点。若以横轴表示月份，纵轴表示季节比率，绘制季节变动图，就能更明显地看出季节性变动趋势。

按月平均法计算简便，容易掌握，但季节比率的计算不够精确，因为它不考虑长期趋势的影响。在前后期月水平波动较大的资料中，后期月水平比前期月水平有较大提高，对平均数的影响较大，从而影响季节比率的准确性。

2．考虑长期趋势的季节变动

如果所提供的是3年或更多年份的资料，不仅各月发展水平有规则性的季节变动，而且逐年数值还有显著增长的趋势。这时，为了测定现象的季节变动，通常采用移动平均趋势剔除法。这一方法的特点是，先对动态数列计算序时平均数，将其作为相应时期的趋势值，而后将其从数列中剔除，再测定季节比率。

6.5　Excel 在动态分析中的应用

　　在 Excel 中有许多适用于动态分析的工具，这里主要介绍 Excel 在长期趋势测定和季节变动分析中的应用。使用 Excel 可以使复杂的数学运算变得简单、快捷，进而使动态分析在实际工作中运用得更为广泛。

6.5.1　测定长期趋势

1. 用移动平均法测定长期趋势

　　在 Excel 中，可以使用 AVERAGE 函数并结合填充柄功能计算移动平均趋势值，也可以使用数据分析工具进行移动平均分析，这里以表 6-12 所示的我国 1966 年至 2020 年粮食产量资料为例，说明用 PC 端 Excel 中数据分析的移动平均工具进行长期趋势测定的操作方法。

　　操作步骤如下。

　　（1）在输入了年份和产量数据的 Excel 窗口中，在【数据】选项卡下单击【数据分析】，打开【数据分析】对话框。

　　（2）在【分析工具】列表中选择【移动平均】工具，然后单击 确定 按钮，打开【移动平均】对话框。

　　（3）在【输入区域】文本框中输入动态数列"产量"数据所在的区域。如果将标题（标志）行也选择在数据区域内，则应勾选【标志位于第一行】复选框。

　　（4）在【间隔】文本框中输入移动平均的时间长度，系统默认为"3"。如果要进行 3 项移动平均，可省略；本例中使用 5 项移动平均，则在文本框中输入"5"。

　　（5）在【输出区域】文本框中，输入放置计算结果的区域左上角的单元格地址。

　　（6）如果需要同时计算标准差，则勾选【标准误差】复选框；如果需要输出移动平均图表，则勾选【图表输出】复选框，如图 6-2 所示。

图 6-2　用 Excel 数据分析工具进行移动平均分析

　　（7）参数设置完毕，单击 确定 按钮。在 Excel 窗口将显示出移动平均分析的计算结果，如图 6-3 所示。

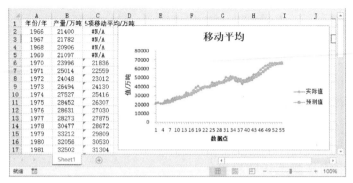

图 6-3　用 Excel 进行移动平均分析的计算结果

Excel 的移动平均计算的数据结果从间隔年最后一年开始排列，即间隔 5 项进行移动平均时，其第一个移动平均值排列在第 5 项，依此类推。这与前述移动平均时将结果数据排列在间隔期间中部是不同的，两者有差别的原因是 Excel 的排列方式存在时间滞后的问题。

2．用最小平方法测定长期趋势

下面以表 6-15 所示的 A 市 2012 年至 2021 年城镇居民年用水量资料为例，说明在 PC 端 Excel 中用最小平方法进行长期趋势测定的操作方法。

操作步骤如下。

（1）在输入了年份和 A 市城镇居民年用水量数据的 Excel 窗口中，在【数据】选项卡下单击【数据分析】，打开【数据分析】对话框。

（2）在【分析工具】列表中选择【回归】工具，然后单击 确定 按钮，打开【回归】对话框。

（3）在【Y 值输入区域】文本框中输入因变量"年用水量"数据所在的区域。如果将标题（标志）行也选择在数据区域内，则应勾选【标志】复选框。

（4）在【X 值输入区域】文本框中输入自变量"时间代码"数据所在的区域。

（5）选择输出方式，本例中选择【新工作表组】，如图 6-4 所示。

图 6-4　使用 Excel 进行长期趋势测定（1）

（6）参数设置完毕，单击 **确定** 按钮。计算结果如图 6-5 所示。

输出的回归分析结果分为 3 部分。其中"Intercept"表示截距，即直线趋势方程参数 a，其对应数值为 B17 单元格的"0.55133333"，"X Variable 1"即直线趋势方程参数 b，其对应数值为 B18 单元格的"0.11630303"。由此可知 A 市 2012 年至 2021 年城镇居民年用水量直线趋势方程为：$y_c=a+bt=0.551\,333\,33+0.116\,303\,03\,t$。

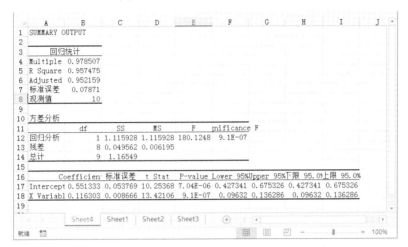

图 6-5　使用 Excel 进行长期趋势测定（2）

6.5.2　测定季节变动

在 Excel 中测定季节比率，主要根据各栏和各行之间的计算关系，使用输入公式并结合填充柄功能进行计算。输入公式和填充柄的操作方法请参照任务五中的有关内容，这里不再介绍。

🔵 任务实施

通过前面的学习，现在你知道该如何概括 A 市自来水用水量的动态趋势了吗？在概括 A 市 2012 年至 2021 年的自来水用水量情况时，你可以使用统计表或统计图直观反映各年的自来水用水量的发展水平；你还可以计算各年的发展速度或增长速度来描述自来水用水量的增长趋势；如果要概括这 10 年来自来水用水量的一般水平，你可以计算这 10 年来自来水用水量的序时平均数；你还可以使用最小平方法对这 10 年来的自来水用水量进行长期趋势分析，并在此基础上对未来的用水量进行预测。

在前面的学习中，我们以 A 市城镇居民用水量资料为例介绍了动态分析的概念和方法。下面，请你根据表 6-1 中 2012 年至 2021 年 A 市企业客户年用水量数据进行动态分析，并预测 2025 年 A 市企业客户年用水量。

🔵 应用与拓展

一、判断题

1. (6.1.2) 相对指标动态数列和平均指标动态数列中的指标数值都不能相加。（　　　）

2. $_{(6.1.2)}$ 若将某城市 2010 年至 2015 年年末居民储蓄存款按时间先后顺序排列，此种动态数列称为时点数列。 （   ）

3. $_{(6.2.1)}$ 发展水平就是动态数列中的每一项具体指标数值，它只能表现为绝对数。 （   ）

4. $_{(6.2.3)}$ 根据间断时点数列计算序时平均数时，我们假定现象的动态变化过程为均匀变动。 （   ）

5. $_{(6.2.3)}$ 所谓序时平均数就是指将同一总体的不同时期的平均数按时间顺序排列起来。 （   ）

6. $_{(6.3.1)}$ 若逐期增长量每年相等，则其各年的环比发展速度是逐年下降的。 （   ）

7. $_{(6.3.1\sim6.3.2)}$ 定基发展速度等于相应各个环比发展速度的连乘积，所以定基增长速度也等于相应各个环比增长速度的连乘积。 （   ）

8. $_{(6.3.3)}$ 平均增长速度是环比增长速度连乘积开 n 次方。 （   ）

9. $_{(6.4.1)}$ 季节变动是指某些现象由于受自然因素和社会条件的影响，在一年之内比较有规律的变动。 （   ）

10. $_{(6.4.3)}$ 若动态数列不存在季节变动，则季节比率为 0。 （   ）

二、单项选择题

1. $_{(6.1.2)}$ 下面 4 个动态数列中，属于时点数列的是（   ）。
    A. 历年招生人数动态数列   B. 历年增加在校生人数动态数列
    C. 历年在校生人数动态数列   D. 历年毕业生人数动态数列

2. $_{(6.1.2)}$ 工人人均日产量动态数列属于（   ）。
    A. 绝对数动态数列   B. 相对指标动态数列
    C. 静态平均数动态数列   D. 序时平均数动态数列

3. $_{(6.1.2)}$ 下列各项指标数值，直接相加的得数有独立存在意义的动态数列是（   ）。
    A. 结构相对指标动态数列   B. 序时平均数动态数列
    C. 时期数列   D. 时点数列

4. $_{(6.3.2)}$ 某地区去年粮食产量的环比增长速度为 3%，今年为 4%，则近两年该地区粮食产量共增长了（   ）。
    A. 1%   B. 7%   C. 7.12%   D. 12%

5. $_{(6.3.3)}$ 某企业上年平均每季度的生产计划完成程度为 102%，则该企业上年全年生产计划的完成程度为（   ）。
    A. 102%   B. 104%   C. 106%   D. 108%

6. $_{(6.3.3)}$ 虽有现象各期的环比增长速度，但无法计算现象的（   ）。
    A. 各期定基增长速度   B. 各期环比发展速度
    C. 各期发展水平   D. 平均增长速度

7. $_{(6.3.3)}$ 如果动态数列（   ）大致相等，则可以拟合直线趋势方程。
    A. 逐期增长量   B. 累计增长量   C. 环比增长速度   D. 定基增长速度

8. $_{(6.3)}$ 说明现象在较长时间内发展的总速度的指标是（   ）。
    A. 环比发展速度   B. 定基发展速度   C. 平均发展速度   D. 定基增长速度

9. $_{(6.3)}$ 某现象各期的环比增长速度（以系数表现）为 P_1、P_2、P_3，其平均增长速度的计算式为（　　　）。

A. $\overline{P}=(P_1+P_2+P_3)/3$
B. $\overline{P}=\sqrt[3]{P_1 \cdot P_2 \cdot P_3}$
C. $\overline{P}=(P_1+1)\cdot(P_2+1)\cdot(P_3+1)/3-1$
D. $\overline{P}=\sqrt[3]{(P_1+1)\cdot(P_2+1)\cdot(P_3+1)}-1$

10. (6.4) 在对经济现象的长期变动趋势进行分析时，既能反映现象变动趋势的形式，也能对现象的变动进行趋势预测的方法是（　　　）。

A. 时距扩大法　　B. 最小平方法　　C. 季节比率法　　D. 移动平均法

三、多项选择题

1. (6.1.1) 一个动态数列的基本要素包括（　　　）。

A. 变量
B. 次数
C. 现象所属的时间
D. 现象所属的地点
E. 反映现象的统计指标数值

2. (6.1.2) 相对指标动态数列中的相对指标，可以有（　　　）。

A. 计划完成程度相对指标
B. 结构相对指标
C. 比较相对指标
D. 强度相对指标
E. 动态相对指标

3. (6.1.3) 为保证动态数列中指标数值的可比性，在编制动态数列时应注意（　　　）。

A. 总体范围应一致
B. 指标的经济内容应相同
C. 时期数列的时期长短应一致
D. 为研究现象变化的规律性，时点数列的间隔相等更佳
E. 指标的计算方法、计算价格和计量单位应一致

4. (6.2.3) 下列平均指标中，属于序时平均数的有（　　　）。

A. 平均发展水平　　B. 平均增长量　　C. 平均递减量
D. 平均发展速度　　E. 平均增长速度

5. (6.2~6.3) 下列属于序时平均数的有（　　　）。

A. 某日某车间工人平均产量
B. 某年某市人均日消费额
C. 某年第二季度某企业平均月产量
D. "十一五"期间某市经济平均发展速度
E. 某地区"十一五"期间国内生产总值递增率为 8.6%

6. (6.2~6.3) 下列指标中，一般可以取负值的有（　　　）。

A. 增长量　　B. 发展速度　　C. 增长速度
D. 平均增长量　　E. 平均发展速度　　F. 平均增长速度

7. (6.3.4) 计算和应用平均发展速度指标时，应注意（　　　）。

A. 要结合具体研究对象确定报告期
B. 要结合具体研究目的确定基期
C. 应计算分段平均发展速度来补充全期的平均发展速度
D. 应分别计算增长年或下降年的平均发展速度来补充全期的平均发展速度
E. 应用水平法和累计法分别计算其平均发展速度来比较分析

8. (6.3.4) 增长 1% 的绝对值（　　　）。

A. 等于前期水平除以 100

B. 等于逐期增长量除以环比增长速度

C. 等于逐期增长量除以环比发展速度

D. 表示增加一个百分点所增加的绝对量

E. 表示增加一个百分点所增加的相对量

9. (6.4.1) 影响动态数列发展水平变化的因素主要有（　　）。

    A. 长期趋势　　　　　B. 循环变动　　　　　C. 季节变动　　　　　D. 不规则变动

10. (6.4.2) 在直线趋势方程式 $y_c = a + bt$ 中，y_c 代表直线趋势值，其余各符号的意义有（　　）。

    A. a 代表趋势直线的起点值

    B. a 值等于原动态数列的最末水平

    C. b 为趋势直线的斜率

    D. b 是每增加一个单位时，现象平均增加的值

    E. t 代表时间变量

四、计算题

1. (6.2.3) 某企业自行车商品库 4 月 1 日有自行车 320 辆，4 月 6 日调出 70 辆，4 月 18 日进货 120 辆，4 月 26 日调出 80 辆，直至月末再未发生变动。问该库 4 月平均库存自行车多少辆？

2. (6.2.3) 某企业某年流动资金资料如表 6-20 所示。

表 6-20　某企业某年流动资金资料

月份/月	1	2	3	4	5	6	10	12
月末流动资金/万元	298	300	354	311	280	290	330	368

注：该企业年初流动资金为 320 万元。

根据上表资料分别计算该企业流动资金上半年平均占用额、下半年平均占用额和全年平均占用额。

3. (6.2.3) 某超市某年上半年各月销售计划及其计划完成程度资料如表 6-21 所示。

表 6-21　某超市某年上半年各月销售计划及其计划完成程度资料

月份/月	1	2	3	4	5	6
计划销售额/万元	45.0	40.0	46.0	50.0	55.0	60.0
计划完成程度/%	104.0	98.0	95.0	102.0	106.0	101.0

计算该超市该年上半年平均每月销售计划的完成程度。

4. (6.2.3) 某企业某年下半年各月末工人数及其比重资料如表 6-22 所示。

表 6-22　某企业某年下半年各月末工人数及其比重资料

月份/月	7	8	9	10	11	12
月末工人数/人	580	560	565	600	590	590
工人占全部职工人数的比重/%	86.0	81.0	80.0	90.0	87.0	85.0

计算该企业该年下半年工人占全部职工人数的平均比重。

5. (6.2~6.3) 某水泥厂 20×0 年至 20×5 年水泥产量如表 6-23 所示。计算表中各动态

分析指标各年的数值，并填入表内的相应空格中。

表6-23 某水泥厂20×0年至20×5年水泥产量

年份/年		20×0	20×1	20×2	20×3	20×4	20×5
水泥产量/万吨		580	685	819	900	1 010	1 160
增长量/万吨	逐期	—					
	累计	—					
发展速度/%	环比	—					
	定基	100					
增长速度/%	环比	—					
	定基	—					

6. (6.2~6.3) 根据动态分析指标之间的关系，推算并填写表6-24中空格的数值。

表6-24 某企业20×1年至20×5年产值统计

年份/年	产值/万元	与上年比较			
		增长量/万元	发展速度/%	增长速度/%	增长1%的绝对值/万元
20×1					
20×2			105.0		1.2
20×3		14.0			
20×4				15.0	
20×5	170.0				

7. (6.4.2) 根据第5题资料预测该水泥厂20×6年和20×7年的水泥产量。

8. (6.4.3) 某地区甲产品20×1年至20×4年各季度收购量统计资料如表6-25所示。

表6-25 某地区甲产品20×1年至20×4年各季度收购量统计资料

年份/年	第一季度收购量/万吨	第二季度收购量/万吨	第三季度收购量/万吨	第四季度收购量/万吨
20×1	13	5	8	18
20×2	14	6	10	18
20×3	16	8	12	22
20×4	19	15	17	25

根据表6-25所示资料，计算下列各题。

（1）季节比率是多少？

（2）预计20×5年该产品全年收购量为96万吨，按其季节比率，各季度的收购量应安排多少？

五、实践实训

请上网查询你的家乡的统计公报，收集自2000年以来历年的有关当地国民经济发展和人民生活的统计数据，选取你感兴趣的问题进行动态分析和预测。

小结

任务六主要介绍了如何对现象的变动进行动态分析的方法。为了进行动态分析，你需要掌握一些重要的基础知识，包括动态数列的意义、种类、编制原则等。你的学习重点应是掌握各种动态分析指标的计算和具体应用方法，包括发展水平、平均发展水平、发展速度和增长速度的计算和换算方法，这些知识在实际工作中运用得十分广泛。在此基础上，你通过学习更为深入的长期趋势和季节变动的分析方法，可以分析现象变动的规律，并根据建立的数学模型进行现象发展趋势的预测。任务六的主要知识点及其内在关系如图 6-6 所示。

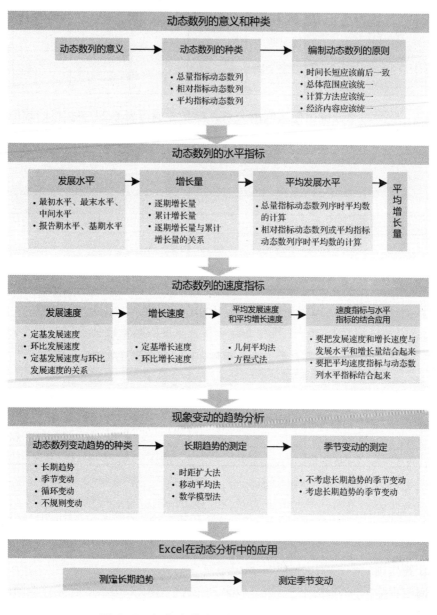

图 6-6　任务六的主要知识点及其内在关系

指数分析

任务七

知识目标

- 了解统计指数的概念、作用、种类
- 掌握综合指数的编制原则和方法
- 掌握平均指数的编制原则和方法
- 掌握指数因素分析的方法

能力目标

- 能够编制综合指数和平均指数
- 能够利用指数体系进行因素分析

任务描述与分析

1. 任务描述

A市自来水公司的供水业务分为居民生活供水、非居民生活供水和特种供水3大块。由于自来水的用途不同，自来水公司的这3类供水的水源和水质也不相同。随着A市社会经济的快速发展，近年来A市自来水公司的供水业务规模也逐年扩大，但企业的经济效益并不理想。为了强化企业经营管理，对企业经营收入和运营成本进行有效控制和管理，A市自来水公司每隔一段时间就会对企业经营情况进行全面的总结分析。与其他企业类似，对A市自来水公司而言，企业关注的焦点是收入、销售量、成本、价格等与企业经济效益密切相关的因素的变化及其对企业效益的影响。你该如何对企业经营情况进行深入剖析，找出企业经营中存在的问题呢？

2. 任务分析

如果我们所分析的是单一经济现象的变化，如某产品销售量的变化，可以计算动态相对指标，或者使用更全面的动态分析方法来描述和分析现象的发展变化趋势。但如果我们需要概括分析复杂经济现象的变化，如A市自来水公司不同类型供水的供水量，或

大型超市的商品销售量，就难以使用针对单一经济现象变化的动态分析方法。在本任务的学习中，你将学会通过编制指数对复杂经济现象的动态变化进行概括的方法，还可以根据复杂经济现象之间的内在关系，使用指数体系和因素分析方法对复杂经济现象变化的内在联系进行定量分析。

指数分析是一项复杂且准确度要求较高的任务，要完成这项任务，你需要思考以下几个问题。

（1）用什么指数来表示复杂现象的变动情况？

（2）编制这些指数的方法是什么？

（3）哪些因素造成了现象的变动？

（4）各个因素在变动中所起的作用是什么？影响程度如何？

 相关知识

7.1 统计指数的作用和种类

【案例 7-1】

"8月，全国居民消费价格指数（Consumer Price Index，CPI）同比上涨 0.8%，涨幅比 7 月回落 0.2 个百分点，环比上涨 0.1%。分类别看，食品烟酒价格同比下降 2.0%，衣着价格上涨 0.5%，居住价格上涨 1.1%，生活用品及服务价格上涨 0.6%，交通通信价格上涨 5.9%，教育文化娱乐价格上涨 3.0%，医疗保健价格上涨 0.4%，其他用品及服务价格下降 3.9%。在食品烟酒价格中，猪肉价格下降 44.9%，鲜菜价格下降 1.5%，粮食价格上涨 0.8%，鲜果价格上涨 5.0%。扣除食品和能源价格后的核心居民消费价格指数上涨 1.2%，涨幅比 7 月回落 0.1 个百分点。1～8 月，全国居民消费价格指数同比上涨 0.6%。"这是摘自 2021 年 9 月 15 日国家统计局网站的一段话，你能理解其内在含义吗？

微课：统计数据是如何产生的——居民消费价格指数（CPI）

案例解析：如果你注意每天的财经报道，你会发现指数概念几乎无处不在，它已然成为我们认识社会经济现象的重要分析工具。居民消费价格指数是反映与居民生活有关的产品及劳务价格的变动指标，通常作为观察通货膨胀水平的重要指标。如果该指数涨幅过大，表明通胀已经成为经济发展中的不稳定因素，国家往往会采取紧缩的货币政策和财政政策，从而造成经济发展前景不明朗。因此，该指数过大的涨幅往往不受市场欢迎。

7.1.1 统计指数的概念

统计指数是一种重要的统计指标，在日常生活中，我们经常运用这种指标分析各种社会经济问题。例如，通过物价指数反映市场商品价格的变动及其对居民生活的影响通过股价指数显示股市行情、通过生产指数说明经济增长的状况等。这些统计指数是怎样计算出来的？如何利用统计指数反映各种实际问题？要理解这些统计指数的含义，你必须先理解统计指数的概念。

指数有广义和狭义之分。广义的指数泛指用来测定社会经济现象中一个变量值与另一个特定的变量值比值的相对数。从这个意义上看，凡是同类社会经济现象对比得到的相对数均可称为指数，它包括不同时间、不同空间的同类社会经济现象，以及实际完成指标与计划指标对比而形成的各种相对数。狭义的指数是广义指数中的特殊部分，它是指反映总体社会经济现象中不能直接相加与不能直接对比的多种不同事物在数量上总变动的一种相对数或平均数。在社会经济统计理论中，主要研究狭义指数的编制方法，即总指数的编制方法（简称指数法），同时利用指数法原理来分析社会经济现象数量变动的一些问题。

7.1.2 统计指数的作用

统计指数在社会经济现象分析中发挥着重要作用，具体来说包括以下 4 个方面。

1. 综合反映社会经济现象总变动方向及变动程度

在统计实践中，经常要研究多种商品或产品的价格综合变动、多种商品的销售量或产品产量的总变动、多种产品的成本总变动、多种股票价格综合变动等。而对于这类问题，由于各种商品或产品的使用价值不同、各种股票价格涨跌幅度和成交量不同等，所研究总体中的各个个体不能直接相加。指数法的首要任务，就是要把不能直接相加和对比的现象过渡到可以相加和对比的现象，从而反映复杂社会经济现象的总变动方向及变动程度。这是统计指数最主要的作用。

微课：股票价格指数

2. 分析现象总变动中各因素变动的影响方向及影响程度

利用指数体系理论可以测定复杂社会经济现象总变动中，各构成因素的变动对现象总变动的影响情况，并对社会经济现象进行综合评价。任何一个复杂现象都是由多个因素构成的，如：销售额=价格×销售量。运用指数法编制产品产量指数、产品销售量指数，并分别对它们进行测定，可以分析这两个因素的变动对销售额总变动的影响。

3. 研究现象长期变动趋势

编制反映同类现象变动情况的指数数列，有利于分析现象发展变化的程度和趋势，特别便于分析相互联系而性质不同的时间数列之间的变动关系。

4. 对经济现象进行评价和测定

随着指数法在实际运用中的不断发展，许多经济现象都可以运用指数进行综合评价和测定，从而对其水平做出综合的判断，如利用指数法原理建立对国民经济发展变动的综合评价和预警系统等。

微课：统计数据是如何产生的——生产价格指数（PPI）

7.1.3 统计指数的种类

统计指数可以从不同的角度进行分类。

1. 按反映对象范围不同可分为个体指数和总指数

个体指数是指反映单一事物变动情况的相对数，如个体产量指数、个体销售量指数、个体价格指数等。这类指数也可统称为物量指数，其计算公式为

$$个体指数 = \frac{报告期指标数值}{基期指标数值}$$

总指数是综合反映不能同度量的多种事物构成的复杂现象总变动情况的相对数，如反映全部零售商品价格变动程度的零售物价指数、反映全部工业产品产值总变动程度的工业总产值指数等。总指数是对每种事物数量变动程度的综合平均，如 2020 年居民消费价格指数比上年上涨 2.5%，这能反映出我国所有居民消费品总体中各种消费品价格的平均变动水平。

2. 按编制和计算方法不同可分为综合指数和平均指数

综合指数是通过确定同度量因素，把不能同度量的现象过渡为可以同度量的现象，采用科学方法计算出的指数，它是总指数编制的基本形式。综合指数可以分为数量指标综合指数和质量指标综合指数。

平均指数是从个体指数出发，通过对个体指数加权平均而形成的指数。平均指数可以分为加权算术平均指数和加权调和平均指数。

3. 按指标性质不同可分为数量指标指数和质量指标指数

数量指标指数是依据数量指标编制的指数，它反映数量指标数值的变动情况，也就是现象总的规模和水平变动情况。例如，产量指数、销售量指数等都是数量指标指数。质量指标指数是根据质量指标编制的指数，它反映质量指标数值的变动情况，也就是现象相对水平和工作质量变动情况。例如，价格指数、单位成本指数等都是质量指标指数。

4. 按采用基期不同可分为定基指数、环比指数和年距指数

定基指数是现象报告期数量与某一固定基期数量相比而得到的指数。编制定基指数数列可以反映某种现象的长期动态变化情况及发展过程。

环比指数是用报告期数量与其前一期数量相比所得的动态相对数。编制环比指数数列可以反映现象的逐期变动程度。

年距指数是反映现象报告期数量与上年同期数量相比所得的相对数。

 视野拓展

物价是市场经济运行中最为核心的指标，价格不仅能影响城乡居民的生活，而且能指导市场主体优化资源配置，它还是国家进行宏观调控的重要信号。伴随着经济发展，物价上涨也成了不可改变的事实。在发展中保持物价基本稳定，保证人民生活水平获得实质上的提高，让发展更有"温度"，这是衡量经济发展质量的一项重要考量。你觉得最近几年的物价上涨快吗？请你上网查询国家统计局有关数据，判断哪些指标可以评价物价变动情况，哪些指标可以评价城乡居民收入变动情况，在物价上涨的同时，城乡居民的收入水平是否得到了同步提高呢？

微课：黎巴嫩
物价飞涨 民众
苦不堪言

7.2　综合指数

【案例 7-2】

现在你已经对统计指数有了基本了解，接下来我们思考一下 A 市自来水公司的经

营分析问题。表 7-1 所示为 A 市自来水公司供水量和价格的有关资料。我们面临的首要问题是，如何概括 A 市自来水公司供水量和价格的总变动情况？

表 7-1 A 市自来水公司供水量和价格的有关资料

供水类型	供水量/立方米		价格/(元/立方米)	
	2020 年 9 月	2021 年 9 月	2020 年 9 月	2021 年 9 月
居民生活供水	285 000	284 500	1.16	1.46
非居民生活供水	457 500	462 000	1.45	1.85
特种供水	7 500	8 300	2.42	3.05

案例解析：通过前面的介绍，我们知道 A 市自来水公司的供水业务分为居民生活供水、非居民生活供水和特种供水 3 类。由于水的用途不同，这 3 类供水的水源和水质也不相同，所以从严格的经济意义分析，这 3 类供水量不能简单相加，3 类供水的价格也不能简单相加。我们应该通过计算综合指数来表示 A 市自来水公司供水量和价格的总变动情况。

7.2.1 综合指数的含义

综合指数是编制总指数的基本形式，是由两个总量指标进行对比所得的动态相对数。它是将不可直接汇总的现象的指标数值，通过同度量因素，过渡到能够直接汇总的指标数值，然后将过渡后的报告期数值与基期数值进行对比，来综合说明多种现象总变动的相对数。

编制总指数，目的在于说明多种不同事物的综合数量动态变化情况，其特点是"先综合，后对比"。由于各种事物的性质不同、使用价值不同、计量单位不同，因此各种事物的数量不能直接相加。要编制总指数，用一个数值反映出多种事物的综合动态，首先必须解决不同事物数量的不同度量问题，设法将不能相加变为可以相加，然后才能进行对比。

7.2.2 综合指数的编制要点

我们知道，事物的实物指标由于不同的自然属性而没有综合性能，是不能直接相加的，但其价值指标具有很强的综合性能。例如，虽然不同产品或商品的实物量、价格、单位成本等都是不同度量的，但它们的价值指标，如总产值、销售额、总成本等都是同度量的。不论产品或商品的性质、使用价值差异多大，其价值量都可直接进行相加。这样，我们可以根据有关指标之间的内在联系，在计算某项指数、测定某个因素指标的变动程度时，加入另一个因素指标，将不同度量的指标转化为同度量指标。例如，在编制产量总指数时，加入价格指标，用各种产品的产量乘各自的价格，就能把不同度量的产量转化成同度量的总产值，而各种产品的总产值就可以相加在一起了。同样地，在编制价格总指数时，可以加入产量指标，用各种产品的价格乘各自的产量，就能将不同度量的价格转化成同度量的总产值。

在编制总指数的过程中，我们所加入的能将不同度量的经济指标转化为同度量经济指标的媒介指标，叫作同度量因素。上面计算产量总指数时加入的媒介指标即价格，计

算价格总指数时加入的媒介指标即产量，它们都是同度量因素。在同一个经济关系式中，数量指标和质量指标互为同度量因素，即数量指标的同度量因素是质量指标，质量指标的同度量因素为数量指标。同度量因素不仅起着转化同度量的作用，同时还起着一定的加权作用。如编制产量总指数需以价格作为同度量因素，那么，出厂价格高的产品产值大，对总指数的影响就大。所以，同度量因素又称为"权数"。

加入同度量因素，将不同度量的指标转化成为同度量的指标后，还需要将同度量因素的时期固定下来，以单纯反映指数化指标的变动程度。这样就可以把各种产品或商品的价值量加起来，再将两个时期的价值量对比来编制指数了。

综上所述，综合指数的编制要求包括以下3点。

（1）确定同度量因素。根据研究对象的特点和现象之间的关系，确定同度量因素。

（2）固定同度量因素的时期。为排除同度量因素变动的影响，将其固定在同一时期。在我国统计实践工作中，编制数量指标指数选择质量指标作为同度量因素，并将其固定在基期；编制质量指标指数选择数量指标作为同度量因素，并将其固定在报告期。

（3）将两个时期的指标数值进行对比，测定指标的综合变动情况。数量指标和质量指标由于其数量特点不同，虽然在编制指数时基本原理相同，但在具体的编制方法上略有差异。

7.2.3 数量指标综合指数的编制

数量指标综合指数是反映数量指标综合变动程度的相对数。编制工业产品产量、商品销售量、农副产品收购量等数量指标综合指数时，首先要使不能直接相加和对比的实物量变得能够相加和对比。

【例7-1】A市自来水公司供水量和价格的有关资料如表7-1所示，要求计算自来水公司的供水量综合指数，反映3类供水量的综合变动情况以及供水量变动对自来水公司供水总收入变动的影响。

供水量个体指数的计算公式如下：

$$k_q = \frac{q_1}{q_0}$$

式中，k_q代表供水量个体指数；

q_1代表报告期供水量；

q_0代表基期供水量。

根据表7-1中的资料，我们分别计算出自来水公司3类供水量个体指数如下：

$$居民生活供水量个体指数 = \frac{284\,500}{285\,000} \times 100\% \approx 99.8\%$$

$$非居民生活供水量个体指数 = \frac{462\,000}{457\,500} \times 100\% \approx 101.0\%$$

$$特种供水量个体指数 = \frac{8\,300}{7\,500} \times 100\% \approx 110.7\%$$

计算结果表明3类供水量的变动幅度是不同的。其中居民生活供水量下降了0.2%，非居民生活供水量增长了1.0%，特种供水量增长了10.7%。但是编制供水量个体指数只能分别说明每一类供水量的变动情况，无法说明3类供水量的综合变动情况。要反映3

类供水量的综合变动情况，需编制供水量综合指数。

下面根据编制综合指数的 3 个原则，说明供水量综合指数的编制步骤。

1. 确定同度量因素

因为 3 类供水的水源和水质不同，将供水量直接相加后进行综合对比没有经济意义，也就无法求出供水量的总变动。为了解决这一问题，在编制综合指数时，需要引入同度量因素，使总体内不能同度量的指标同度量化。我们知道，供水量×价格＝供水收入，通过此经济关系式中的价格，可以将不能汇总的供水量过渡为能汇总的供水收入，那么价格就是供水量的同度量因素。

2. 固定同度量因素的时期

报告期的供水收入与基期的供水收入的比值不但受供水量变动的影响，也受价格变动的影响。而我们要求指数能用来反映供水量的变动，必须把同度量因素价格的变动影响消除掉，所以把同度量因素价格的时期固定，即假定两个时期的价格相同，来测定供水量的变动情况，借以消除价格变动的影响。同度量因素所属时期的选择是非常重要的，应根据编制指数的具体任务以及实际经济内容来确定。在我国统计实践工作中，编制数量指标指数时，一般采用的原则是：将质量指标作为同度量因素，并将其固定在基期。供水量综合指数的计算公式如下：

$$\bar{k}_q = \frac{\sum q_1 p_0}{\sum q_0 p_0}$$

式中，$\bar{k}_q$ 代表供水量综合指数；

$\sum q_1 p_0$ 代表按报告期供水量和基期价格计算的供水收入；

$\sum q_0 p_0$ 代表按基期供水量和基期价格计算的供水收入，即基期供水收入。

编制供水量综合指数的目的是排除价格因素变动的影响，以便单纯反映供水量的总变动。把同度量因素（价格）固定在报告期，则包含价格的变化在内；使用基期价格，更符合经济现象变动的客观实际。因此，编制数量指标综合指数，一般应以基期质量指标作为同度量因素。

3. 将两个时期的指标数值进行对比，测定指标的综合变动情况

根据表 7-1 中的资料，3 类供水不同时期的供水收入计算数据如表 7-2 所示。

表 7-2 A 市自来水公司供水量综合指数计算数据

供水类型	供水量/立方米		价格/(元/立方米)		供水收入/元		
	基期 q_0	报告期 q_1	基期 p_0	报告期 p_1	$q_0 p_0$	$q_1 p_0$	$q_1 p_1$
居民生活供水	285 000	284 500	1.16	1.46	330 600	330 020	415 370
非居民生活供水	457 500	462 000	1.45	1.85	663 375	669 900	854 700
特种供水	7 500	8 300	2.42	3.05	18 150	20 086	25 315
合计	—	—	—	—	1 012 125	1 020 006	1 295 385

根据以上资料，3 类供水量综合指数计算如下：

$$\bar{k}_q = \frac{\sum q_1 p_0}{\sum q_0 p_0} = \frac{1\,020\,006}{1\,012\,125} \times 100\% \approx 100.78\%$$

计算结果表明，将同度量因素（价格）固定在基期时，3 类供水量综合增长了 0.78%。

由于供水量的增长而增加的供水收入为

$$\sum q_1 p_0 - \sum q_0 p_0 = 1\,020\,006 - 1\,012\,125 = 7\,881 \text{（元）}$$

7.2.4　质量指标综合指数的编制

质量指标综合指数是反映质量指标综合变动程度的相对数。商品销售价格指数、工业产品成本指数、农副产品收购价格指数等都是质量指标综合指数。质量指标综合指数的编制原理与数量指标综合指数的编制原理基本相同，只是同度量因素的选择和固定时期不同。

【例7-2】A市自来水公司供水量和价格的有关资料如表7-1所示，要求计算自来水公司的供水价格综合指数，反映3类供水的水价综合变动情况以及供水价格变动对自来水公司供水收入变动的影响。

供水价格个体指数的计算公式如下：

$$k_p = \frac{p_1}{p_0}$$

式中，k_p 代表供水价格个体指数；

$\quad\quad p_1$ 代表报告期商品价格；

$\quad\quad p_0$ 代表基期商品价格。

根据表7-2中的资料，分别计算出3类供水价格个体指数如下：

居民生活供水价格个体指数 $= \dfrac{1.46}{1.16} \times 100\% \approx 125.86\%$

非居民生活供水价格个体指数 $= \dfrac{1.85}{1.45} \times 100\% \approx 127.59\%$

特种供水价格个体指数 $= \dfrac{3.05}{2.42} \times 100\% \approx 126.03\%$

计算结果表明，3类供水的价格的变动幅度是不同的。其中居民生活供水价格上涨了25.86%，非居民生活供水价格上涨了27.59%，特种供水价格上涨了26.03%。但是编制供水价格个体指数只能分别说明每一类供水价格的变动情况，无法说明3类供水价格的综合变动情况。要说明3类供水价格的综合变动情况，则要编制供水价格综合指数。

下面根据编制综合指数的3个原则，说明供水价格综合指数的编制步骤。

1. 确定同度量因素

因为3类供水的水源和水质不同，将它们的价格直接相加后进行综合对比没有经济意义。为了解决这一问题，在编制供水价格综合指数时，也需要引入同度量因素，使总体内不能同度量的指标同度量化。我们知道，供水量×价格=供水收入，通过此经济关系式中的供水量，可以将不能汇总的价格过渡为能汇总的供水收入，那么供水量就是价格的同度量因素。

2. 固定同度量因素的时期

我们需要将供水量固定在某一时期，借以消除供水量变动的影响。在我国统计实践工作中，编制质量指标综合指数时，一般采用的原则是：编制质量指标综合指数将数量指标作为同度量因素，并将其固定在报告期。供水价格综合指数计算公式如下：

$$\bar{k}_{\mathrm{p}} = \frac{\sum q_1 p_1}{\sum q_1 p_0}$$

式中，$\bar{k}_{\mathrm{p}}$ 代表供水价格综合指数；

$\sum q_1 p_1$ 代表报告期供水收入；

$\sum q_1 p_0$ 代表按报告期供水量和基期价格计算的供水收入。

3. 将两个时期的指标数值进行对比，测定指标的综合变动情况

根据表 7-2 中 3 类供水不同时期的供水收入计算数据，3 类供水价格综合指数计算如下：

$$\bar{k}_{\mathrm{p}} = \frac{\sum q_1 p_1}{\sum q_1 p_0} = \frac{12\,95\,385}{10\,20\,006} \times 100\% \approx 127.00\%$$

计算结果表明，将同度量因素（供水量）固定在报告期时，3 类供水价格综合增长了 27.00%。由于价格的增长而增加的销售额为

$$\sum q_1 p_1 - \sum q_1 p_0 = 1\,295\,385 - 1\,020\,006 = 275\,379\ （元）$$

综上所述，在实际统计工作中，编制综合指数的一般原则是：编制数量指标综合指数时，将作为同度量因素的质量指标固定在基期；编制质量指标综合指数时，将作为同度量因素的数量指标固定在报告期。但这个原则也不是固定不变的，应根据研究现象的不同情况分析确定。

7.3 平均指数

平均指数是指以指数化因素的个体指数为基础，通过对个体指数加权平均而得到的一种总指数。它是编制总指数的另一种重要形式，具有独立的应用意义。

在计算和编制综合指数时需要有全面的统计资料，而全面的统计资料在某些情况下却难以取得。就物价指数而言，计算它不仅要有全部商品的价格和销售量资料，而且要有不同时期的系统记录。在统计工作中，要收集到全部商品不同时期的价格和销售量资料，显然存在着一定困难。如果基期或报告期的资料不全面，不能用综合指数计算总指数，则可以考虑采用平均指数进行计算。平均指数有加权算术平均指数和加权调和平均指数两种基本形式。

7.3.1 加权算术平均指数的编制

加权算术平均指数是以个体指数为变量值，以基期总值 $q_0 p_0$ 为权数，对个体指数进行加权算术平均而得到的总指数。

【例 7-3】某网络店铺商品销售量资料如表 7-3 所示，要求根据资料，计算销售量总指数。

表 7-3 某网络店铺商品销售量资料

产品名称	计量单位	销售量		基期销售额 $q_0 p_0$/万元
		基期 q_0	报告期 q_1	
甲	床	1 000	1 200	5.0
乙	个	400	405	2.0

续表

产品名称	计量单位	销售量		基期销售额 q_0p_0/万元
		基期 q_0	报告期 q_1	
丙	辆	600	560	2.0
丁	台	450	605	1.5
合计	—	—	—	11.50

根据掌握的资料不能直接运用综合指数的计算公式计算总指数，需将公式变形使用。数量指标个体指数 $k_q = \dfrac{q_1}{q_0}$，则 $q_1 = k_q q_0$，将该公式代入数量指标综合指数计算公式中得

$$\bar{k}_q = \frac{\sum q_1 p_0}{\sum q_0 p_0} = \frac{\sum k_q q_0 p_0}{\sum q_0 p_0}$$

公式 $\bar{k}_q = \dfrac{\sum k_q q_0 p_0}{\sum q_0 p_0}$ 与任务五所述的加权算术平均数的一般形式相似，个体指数 k_q 是变量值，$q_0 p_0$ 是权数，所以，用该公式计算总指数的方法称为加权算术平均法。

根据表 7-3 中的资料，我们可以得到某网络店铺销售量指数计算数据，如表 7-4 所示。

表7-4　某网络店铺商品销售量指数计算数据

产品名称	计量单位	销售量		基期销售额 q_0p_0/万元	个体销售量指数 $k_q = q_1/q_0$	$k_q q_0 q_0$/万元
		基期 q_0	报告期 q_1			
甲	床	1 000	1 200	5.0	1.200	6.00
乙	个	400	405	2.0	1.013	2.03
丙	辆	600	560	3.0	0.933	2.80
丁	台	450	605	1.5	1.344	2.02
合计	—	—	—	11.50	—	12.85

销售量总指数为

$$\bar{k}_q = \frac{\sum k_q q_0 p_0}{\sum q_0 p_0} = \frac{12.85}{11.50} \times 100\% \approx 111.74\%$$

$$\sum k_q q_0 p_0 - \sum q_0 p_0 = 12.85 - 11.50 = 1.35 \text{（万元）}$$

计算结果表明，该网络店铺出售的 4 种商品销售量平均增长了 11.74%，由于销售量增加而增加的销售额为 1.35 万元。

7.3.2　加权调和平均指数的编制

加权调和平均指数是以个体指数为变量，以报告期总值 $q_1 p_1$ 为权数，对个体指数进行调和平均而得到的总指数。

【例7-4】某农产品贸易公司农产品收购资料如表 7-5 所示，要求根据表中资料计算农产品收购价格总指数。

表 7-5　某农产品贸易公司农产品收购资料

| 商品名称 | 计量单位 | 收购价格/元 | | 报告期收购额 q_1p_1/万元 |
		基期 p_0	报告期 p_1	
甲	千克	1.55	1.65	2.88
乙	袋	2.88	3.00	11.42
丙	包	3.80	4.00	5.05
合计	—	—	—	19.35

根据掌握的资料不能直接运用综合指数的计算公式计算价格总指数，而应将它变形使用。由于质量指标个体指数 $k_p=\dfrac{p_1}{p_0}$，则 $p_0=\dfrac{p_1}{k_p}$，将该公式代入质量指标综合指数计算公式中得

$$\overline{k}_p=\frac{\sum q_1p_1}{\sum q_1p_0}=\frac{\sum q_1p_1}{\sum q_1\dfrac{p_1}{k_p}}=\frac{\sum q_1p_1}{\sum \dfrac{1}{k_p}q_1p_1}$$

公式 $\dfrac{\sum q_1p_1}{\sum \dfrac{1}{k_p}q_1p_1}$ 与加权调和平均数的形式相似，个体指数 k_p 是变量值，q_1p_1 是权数，所以称这种方法为加权调和平均法。

根据表 7-5 中的资料，我们可以得到某农产品贸易公司农产品收购价格指数计算数据，如表 7-6 所示。

表 7-6　某农产品贸易公司农产品收购价格指数计算数据

| 商品名称 | 计量单位 | 收购价格/元 | | 报告期收购额 q_1p_1/万元 | 个体销售量指数 $k_p=\dfrac{p_1}{p_0}\times100\%$ | $\dfrac{1}{k_p}q_1p_1$/万元 |
		基期 p_0	报告期 p_1			
甲	千克	1.55	1.65	2.88	106.45%	2.71
乙	袋	2.88	3.00	11.42	107.14%	10.66
丙	包	3.80	4.00	5.05	105.26%	4.80
合计	—	—	—	19.35	—	18.17

价格总指数为

$$\overline{k}_p=\frac{\sum q_1p_1}{\sum \dfrac{1}{k_p}q_1p_1}=\frac{19.35}{18.17}\times100\%\approx106.49\%$$

$$\sum q_1p_1-\sum \frac{1}{k_p}q_1p_1=19.35-18.17=1.18（万元）$$

计算结果表明该农产品贸易公司报告期收购价格平均上涨了 6.49%，由于收购价格上涨而增加的收购金额为 1.18 万元。

平均指数是综合指数的变形。编制数量指标平均指数时，一般以基期总量指标为权数，对数量指标个体指数计算加权算术平均数；编制质量指标平均指数时，一般以报告期总量指标为权数，对质量指标个体指数计算加权调和平均数。平均指数计算方法的计算结果与综合指数计算方法的计算结果是一致的。

7.4 指数体系和因素分析

【案例 7-3】

A 市自来水的价格于 2021 年 8 月进行了一次调整，水价的提高给 A 市自来水公司的经营带来了很大影响，公司 2021 年 9 月的供水收入为 1 295 385 元，比去年同期增长了 283 260 元。试问供水收入的增长在多大程度上是由涨价所带来的？供水量变化对供水收入的影响有多大？对公司经营成本的影响又有多大？自来水公司的经营成本又是怎样的情况？根据表 7-7 所提供的 A 市自来水公司的有关经营业务资料，你该如何分析企业的经济效益？

表 7-7 A 市自来水公司的有关经营业务资料

供水类型	供水量/立方米		价格(元/立方米)		单位成本(元/立方米)	
	2020 年 9 月	2021 年 9 月	2020 年 9 月	2021 年 9 月	2020 年 9 月	2021 年 9 月
居民生活供水	285 000	284 500	1.16	1.46	1.39	1.41
非居民生活供水	457 500	462 000	1.45	1.85	1.35	1.36
特种供水	7 500	8 300	2.42	3.05	1.31	1.33

案例解析： 通过前面的学习，你已经掌握了通过编制统计指数概括分析复杂事物总的变动情况的方法。在把握复杂现象的总体变动情况的基础上，其实我们更希望知道导致事物变化的原因和事物变化之间的量的关系，这样可以为我们下一阶段的工作提供决策依据。通过指数体系和因素分析的学习，你可以根据表 7-7 所提供的 A 市自来水公司经营业务数据，定量地分析企业的经营情况。

7.4.1 指数体系的含义和作用

1. 指数体系的含义

社会经济现象之间的相互联系、相互影响的关系是客观存在的。有些社会经济现象之间的联系可以用方程式表现出来，如：

商品销售额 = 商品销售量 × 商品销售价格

生产总成本 = 产品产量 × 单位产品成本

原材料费用总额 = 产品产量 × 原材料单耗量 × 单位原材料价格

上述等式左边的指标称为总变动指标，它们是被影响的指标；等式右边的指标称为因素指标，它们都是能对总变动指标产生影响的指标。上述指标在静态上存在着这种关系，在动态上也存在着相应的关系，即：

商品销售额指数 = 商品销售量指数 × 商品销售价格指数

生产总成本指数 = 产品产量指数 × 单位产品成本指数

原材料费用总额指数 = 产品产量指数 × 原材料单耗量指数 × 单位原材料价格指数

我们把等式左边的指数叫作总变动指数，把等式右边的指数叫作因素指数。这种由总变动指数及其若干个因素指数构成的数量关系式称为指数体系。在指数体系中，总变动指数与各因素指数之间的数量关系表现为两个方面：一是从相对量来看，总变动指数

等于各因素指数的乘积；二是从绝对量来看，总量的变动差额等于各因素指数变动差额之和。其公式分别为

$$\frac{\sum q_1 p_1}{\sum q_0 p_0} = \frac{\sum q_1 p_0}{\sum q_0 p_0} \times \frac{\sum q_1 p_1}{\sum q_1 p_0}$$

$$\sum q_1 p_1 - \sum q_0 p_0 = (\sum q_1 p_0 - \sum q_0 p_0) + (\sum q_1 p_1 - \sum q_1 p_0)$$

2．指数体系的作用

（1）利用指数体系，可以进行因素分析，测定某一现象的总变动中各个影响因素作用的方向、影响的程度以及影响的绝对额，以探索现象变动的真正原因。

（2）利用各指数之间的联系，可以进行指数间的相互推算。

例如，某地区某年的社会商品零售总额比上一年增长了 42%，商品零售量比上年增长了 25%，根据公式：

$$商品销售额指数 = 商品销售量指数 \times 商品销售价格指数$$

我们可以得到：

$$商品销售价格指数 = 商品销售额指数 \div 商品销售量指数$$

$$= 142\% \div 125\% = 113.6\%$$

即该地区商品零售物价比上年上涨了 13.6%。

7.4.2　因素分析

指数体系是进行因素分析的重要工具。构建指数体系的目的就是分析多种因素的变动对某种社会经济现象总体变动的影响。例如，用指数体系来分析价格、销售量的变动对销售额的影响，分析工资水平、工人结构、工人总数的变动对工资总额的影响等。

指数因素分析包括两方面的内容：从相对数方面分析各影响因素的变动对总变动指标产生影响的方向和程度；从绝对数方面分析各影响因素的变动使总变动指标增加或减少的绝对数额。

1．总量指标变动的因素分析

（1）总量指标变动的两因素分析。

总量指标变动的两因素分析在指数体系上表现为总变动指数等于两个因素指数的乘积。要保证两个因素指数之积等于被研究现象变动的指数，关键在于确定同度量因素的时期。确定同度量因素的时期一般应遵循的原则是：一个因素指数的同度量因素固定在报告期，则另一个因素指数的同度量因素固定在基期，即两个指数的同度量因素不能同时固定在报告期或同时固定在基期。

以销售额为例，商品销售额是总量指标，它包含价格和销售量两个因素。对销售额的变动进行因素分析就是要测定价格、销售量这两个因素各自对销售额变动的影响程度和影响的绝对量。依据综合指数的编制原则，即数量指标综合指数采用基期的质量指标作为同度量因素，质量指标综合指数采用报告期的数量指标作为同度量因素，形成如下指数体系。

由于：

$$销售额 = 销售量 \times 销售价格$$

因此：

$$销售额指数 = 销售量指数 \times 销售价格指数$$

即：

$$\frac{\sum q_1 p_1}{\sum q_0 p_0} = \frac{\sum q_1 p_0}{\sum q_0 p_0} \times \frac{\sum q_1 p_1}{\sum q_1 p_0}$$

销售量和价格对销售额影响的关系式为

$$\sum q_1 p_1 - \sum q_0 p_0 = \left(\sum q_1 p_0 - \sum q_0 p_0\right) + \left(\sum q_1 p_1 - \sum q_1 p_0\right)$$

【例 7-5】根据表 7-7 所提供的 A 市自来水公司 3 类供水量和单位成本，对 A 市自来水公司的自来水成本进行分析。

为了便于计算分析，根据表 7-7 中的资料计算相关数据，如表 7-8 所示。

表 7-8 A 市自来水公司自来水成本情况计算数据

供水类型	供水量/立方米		单位成本/(元/立方米)		自来水成本/元		
	基期 q_0	报告期 q_1	基期 p_0	报告期 p_1	基期 $q_0 p_0$	报告期 $q_1 p_1$	假定期 $q_1 p_0$
居民生活供水	285 000	284 500	1.39	1.41	396 150	401 145	395 455
非居民生活供水	457 500	462 000	1.35	1.36	617 625	628 320	623 700
特种供水	7 500	8 300	1.31	1.33	9 825	11 039	10 873
合计	—	—	—	—	1 023 600	1 040 504	1 030 028

第一步，测定 3 类供水总成本的变动情况，计算自来水成本总指数。

$$\bar{k}_{qp} = \frac{\sum q_1 p_1}{\sum q_0 p_0} = \frac{1\,040\,504}{1\,023\,600} \times 100\% \approx 101.65\%$$

报告期比基期增加的自来水总成本为

$$\sum q_1 p_1 - \sum q_0 p_0 = 1\,040\,504 - 1\,023\,600 = 16\,904（元）$$

计算结果表明，3 类供水的总成本报告期比基期综合增长了 1.65%，增加了 16 904 元。这种变动是供水量和单位成本两个因素变动共同影响的结果。

第二步，在自来水总成本变动影响因素中，分析供水量变动的影响，计算供水量总指数。

$$\bar{k}_a = \frac{\sum q_1 p_0}{\sum q_0 p_0} = \frac{1\,030\,028}{1\,023\,600} \times 100\% \approx 100.63\%$$

计算结果表明，3 类供水量综合增长了 0.63%，由于供水量增加而引起的自来水总成本增加额为

$$\sum q_1 p_0 - \sum q_0 p_0 = 1\,030\,028 - 1\,023\,600 = 6\,428（元）$$

第三步，在自来水总成本变动影响因素中，分析单位成本变动的影响，计算单位成本指数。

$$\bar{k}_p \frac{\sum p_1 q_1}{\sum p_0 q_1} = \frac{1\,040\,504}{1\,030\,028} \times 100\% \approx 101.02\%$$

计算结果表明，3 类供水单位成本综合增长了 1.02%，由于单位成本增长而引起的自来水总成本增加额为

$$\sum q_1 p_1 - \sum q_1 p_0 = 1\,040\,504 - 1\,030\,028 = 10\,476（元）$$

把以上计算结果联系起来，在自来水成本指数体系中，自来水总成本与供水量、单

位成本数值变动之间存在如下关系。

$$101.65\% \approx 100.63\% \times 101.02\%$$

$$16\ 904\ 元 = 6\ 428\ 元 + 10\ 476\ 元$$

以上指数体系说明，A 市自来水公司 3 类自来水总成本报告期比基期增长了 1.65%，绝对额增加了 16 904 元。其中，3 类供水量平均增长了 0.63%，使自来水总成本增加了 6 428 元；单位成本平均增加了 1.02%，使自来水总成本增加了 10 476 元。可见，单位成本上涨是 A 市自来水公司自来水成本上升的主要原因。

在综合指标的分析过程中，我们对 A 市自来水公司的供水收入、供水量和价格进行了指数分析，这 3 个指数也构成了相应的指数体系，读者可参照本节所学的因素分析方法对其进行分析验证。

（2）总量指标变动的多因素分析。总量指标变动的多因素分析在指数体系上表现为被研究现象的总变动指数等于 3 个或 3 个以上因素指数的乘积。同样，要保证 3 个或 3 个以上因素指数之积等于被研究现象变动的指数，关键在于确定同度量因素的时期。在实际分析时必须注意以下几个问题。

① 多因素分析必须遵循连环代替法的原则。在分析受多因素影响事物的发展变化时，要逐项分析，逐项确定同度量因素。分析完第一个因素变动影响后，接着分析第二个因素的影响，然后分析第三个因素的影响，以此类推。

② 在多因素分析中，为了分析某一因素的影响，要使其余因素固定不变。其具体方法是：分析第一个因素的变动影响时，使其他所有因素固定不变，把其他所有因素作为同度量因素固定在基期。分析第二个因素的变动影响时，则把已经分析过的因素固定在报告期，把没有分析过的因素仍固定在基期。分析第三个因素的变动影响时，把分析过的两个因素固定在报告期，把没有分析过的因素仍然固定在基期，以此类推。

③ 对多个因素进行排列时要具体分析现象总体的经济内容，使之符合客观事物的联系或逻辑。各因素顺序的排列一般应遵循数量指标因素在前、质量指标因素在后的原则。具体可采用逐项层层分解法来确定。

以原材料费用总额为例，得

原材料费用总额=产品产量×原材料单耗量×单位原材料价格

指数体系可以写为

原材料费用总额指数=产品产量指数×原材料单耗量指数×单位原材料价格指数

$$\frac{\sum q_1 m_1 p_1}{\sum q_0 m_0 p_0} = \frac{\sum q_1 m_0 p_0}{\sum q_0 m_0 p_0} \times \frac{\sum q_1 m_1 p_0}{\sum q_1 m_0 p_0} \times \frac{\sum q_1 m_1 p_1}{\sum q_1 m_1 p_0}$$

【例 7-6】根据表 7-9 所提供的某企业 3 类产品产量、原材料消耗量和原材料价格资料，对该企业的原材料支出总额进行计算分析。

表 7-9　原材料支出总额计算

产品名称	产量/台		原材料名称	每台消耗量/千克		原材料价格/元		原材料费用总额/元			
	基期 q_0	报告期 q_1		基期 m_0	报告期 m_1	基期 p_0	报告期 p_1	$q_0 m_0 p_0$	$q_1 m_0 p_0$	$q_1 m_1 p_0$	$q_1 m_1 p_1$
甲	90	100	A	40	36	40	48	144 000	160 000	144 000	172 800
乙	70	85	B	30	26	40	48	84 000	102 000	88 400	106 080
丙	60	70	C	15	14	32	37	28 800	33 600	31 360	36 260
合计	—	—	—	—	—	—	—	256 800	295 600	263 760	315 140

根据表 7-9 中的资料计算得

$$\frac{\sum q_1 m_1 p_1}{\sum q_0 m_0 p_0} = \frac{315\,140}{256\,800} \times 100\% \approx 122.7\%$$

$$\sum q_1 m_1 p_1 - \sum q_0 m_0 p_0 = 315\,140 - 256\,800 = 58\,340 \text{（元）}$$

$$\frac{\sum q_1 m_0 p_0}{\sum q_0 m_0 p_0} = \frac{295\,600}{256\,800} \times 100\% \approx 115.1\%$$

$$\sum q_1 m_0 p_0 - \sum q_0 m_0 p_0 = 295\,600 - 256\,800 = 38\,800 \text{（元）}$$

$$\frac{\sum q_1 m_1 p_0}{\sum q_1 m_0 p_0} = \frac{263\,760}{295\,600} \times 100\% \approx 89.2\%$$

$$\sum q_1 m_1 p_0 - \sum q_1 m_0 p_0 = 263\,760 - 295\,600 = -31\,840 \text{（元）}$$

$$\frac{\sum q_1 m_1 p_1}{\sum q_1 m_1 p_0} = \frac{315\,140}{263\,760} \times 100\% \approx 119.5\%$$

$$\sum q_1 m_1 p_1 - \sum q_1 m_1 p_0 = 315\,140 - 263\,760 = 51\,380 \text{（元）}$$

则指数关系为

$$122.7\% \approx 115.1\% \times 89.2\% \times 119.5\%$$

绝对额的变动为

$$58\,340 \text{元} = 38\,800 \text{元} + (-31\,840 \text{元}) + 51\,380 \text{元}$$

从以上计算结果可以看出：原材料支出总额增长 22.7%、增加 58 340 元，是产量增长 15.1%、增加支出 38 800 元，单位产品原材料消耗降低 10.8%、减少支出 31 840 元，原材料价格上涨 9.5%、增加支出 51 380 这 3 方面共同影响的结果。

2. 平均指标变动的因素分析

平均指标变动的因素分析的对象是总体平均水平的变动，分析的目的是测定总体结构内两个因素的变动对总体水平数的影响方向、影响程度以及影响的增减值。平均指标的大小受变量值 x 和权数 f 两个因素的影响，那么将两个时期的加权算术平均数进行对比时，仍存在着这两个因素的影响。按照综合指数编制原理建立平均指数体系，就可以进行因素分析，其与总量指标变动的因素分析不同之处在于，这里的指数都是将两个总平均水平对比得到的，其指数体系为

可变构成指数=固定构成指数 × 结构影响指数

将报告期总体平均数与基期总体平均数对比得到的相对数，称为可变构成指数，用 $\bar{K}_{可变}$ 表示。它反映的是总体平均水平的总变动程度。其计算公式为

$$\bar{K}_{可变} = \frac{\sum x_1 f_1}{\sum f_1} \div \frac{\sum x_0 f_0}{\sum f_0}$$

将总体结构固定在报告期，以消除结构因素变动的影响，单纯测定各组变量值的变动对总体平均水平的影响程度的指数，称为固定构成指数，用 $\bar{K}_{固定}$ 表示。其计算公式为

$$\bar{K}_{固定} = \frac{\sum x_1 f_1}{\sum f_1} \div \frac{\sum x_0 f_1}{\sum f_1}$$

将各组变量值固定在基期，以消除变量值变动的影响，单纯地测定总体结构变动对总体平均水平的影响程度的指数，称为结构影响指数，用 $\bar{K}_{结构}$ 表示。其计算公式为

$$\overline{K}_{结构} = \frac{\sum x_0 f_1}{\sum f_1} \div \frac{\sum x_0 f_0}{\sum f_0}$$

【例 7-7】某企业两类工人的工资水平和人数资料如表 7-10 所示。

表 7-10 某企业两类工人的工资水平和人数资料

工人类别	工人数/人		平均工资/元		工资总额/元		
	基期 f_0	报告期 f_1	基期 x_0	报告期 x_1	$x_0 f_0$	$x_1 f_1$	$x_0 f_1$
技工	700	660	8 000	8 600	5 600 000	5 676 000	5 280 000
徒工	300	740	5 000	5 500	1 500 000	4 070 000	3 700 000
合计	1 000	1 400	—	—	7 100 000	9 746 000	8 980 000

将表中资料代入上述公式中，计算 3 种平均指数如下：

$$\overline{K}_{可变} = \frac{\sum x_1 f_1}{\sum f_1} \div \frac{\sum x_0 f_0}{\sum f_0} = \frac{9\,746\,000}{1\,400} \div \frac{7\,100\,000}{1\,000} \times 100\% \approx 98.05\%$$

$$\frac{\sum x_1 f_1}{\sum f_1} - \frac{\sum x_0 f_0}{\sum f_0} = 6\,961.4 - 7\,100 = -138.6（元）$$

$$\overline{K}_{固定} = \frac{\sum x_1 f_1}{\sum f_1} \div \frac{\sum x_0 f_1}{\sum f_1} = \frac{9\,746\,000}{1\,400} \div \frac{8\,980\,000}{1\,400} \times 100\% \approx 108.53\%$$

$$\frac{\sum x_1 f_1}{\sum f_1} - \frac{\sum x_0 f_1}{\sum f_1} = 6\,961.4 - 6\,414.3 = 547.1（元）$$

$$\overline{K}_{结构} = \frac{\sum x_0 f_1}{\sum f_1} \div \frac{\sum x_0 f_0}{\sum f_0} = \frac{8\,980\,000}{1\,400} \div \frac{7\,100\,000}{1\,000} \times 100\% \approx 90.34\%$$

$$\frac{\sum x_0 f_1}{\sum f_1} - \frac{\sum x_0 f_0}{\sum f_0} = 6\,414.3 - 7\,100 = -685.7（元）$$

以上 3 种指数组成的指标体系为

$$\overline{K}_{可变} = \overline{K}_{固定} \times \overline{K}_{结构}$$

98.05% ≈ 108.53%×90.34%

-138.6 元=547.1 元+(-685.7 元)

以上计算结果表明，由于各组工人的工资水平提高了，总平均工资提高了 8.53%，提高的数额为平均每人 547.1 元；由于工人内部结构的变化，总平均工资降低了 9.66%，降低的数额为平均每人 685.7 元。以上两个因素共同作用，使该厂全部工人的总平均工资降低了 1.95%，平均每人减少了 138.6 元。

为什么各组平均工资水平提高了 8.53%，实际平均每人增加了 547.1 元，而该厂总平均工资水平却下降了 1.95%，平均每人减少了 138.6 元呢？根据上表的资料，可以计算出低工资的徒工比重由基期的 30%提高到了报告期的 52.86%左右；而高工资的技工比重却由基期的 70%降低到了报告期的 47.14%左右。正是由于低工资工人比重相对增多，而高工资工人的比重相对减少，才导致了组平均工资与总平均工资不相一致的矛盾出现。

7.5 Excel 在统计指数分析中的应用

在 Excel 中，主要使用公式输入并结合填充柄功能计算统计指数。下面利用 A 市自来水公司供水量和价格的变动资料介绍在 Excel 中编制统计综合指数的操作方法。

操作步骤如下。

（1）将 3 类供水基期和报告期的供水量和价格数据输入 B、C、D、E 列。

（2）计算 q_0p_0。在单元格 F3 中输入 "=B3*D3"，按 Enter 键确认，并使用填充柄将公式复制到 F4:F5。

（3）计算 q_1p_0。在单元格 G3 中输入 "=C3*D3"，按 Enter 键确认，并使用填充柄将公式复制到 G4:G5。

（4）计算 q_1p_1。在单元格 H3 中输入 "=C3*E3"，按 Enter 键确认，并使用填充柄将公式复制到 H4:H5。

（5）计算供水收入合计数。在单元格 F6 中输入 "=SUM(F3:F5)"，按 Enter 键确认，并使用填充柄将公式复制到 G6:H6。

（6）编制供水量综合指数和计算增减额。在单元格 B9 中输入 "=G6/F6"，按 Enter 键确认。在单元格 C9 中输入 "=G6-F6"，按 Enter 键确认。

（7）编制供水价格综合指数和计算增减额。在单元格 B10 输入 "=H6/G6"，按 Enter 键确认。在单元格 C10 中输入 "=H6-G6"，按 Enter 键确认。

（8）编制供水收入综合指数和计算增减额。在单元格 B11 中输入 "=H6/F6"，按 Enter 键确认。在单元格 C11 中输入 "=H6-F6"，按 Enter 键确认。计算结果如图 7-1 所示。

（9）选定指数数值所在的 B9:B11 单元格区域，在【开始】选项卡下的【数字】功能组中单击【%】按钮，可将窗口中的指数数值转换为百分比格式。

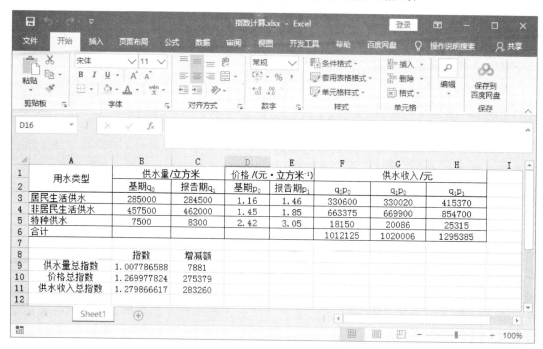

图 7-1　总指数计算结果

任务实施

现在来思考一下 A 市自来水公司的经营分析问题。通过学习，你已经知道了 A 市自来水公司供水收入总变动及其内在原因、供水成本总变动及其内在原因。我们知道，收入−费用＝利润。你可以分别计算一下 A 市自来水公司 2020 年 9 月和 2021 年 9 月的利润额，对企业利润变化进行总量分析和相对分析，并归纳一下利润变化的主要原因。

应用与拓展

一、判断题

1. (7.1.1) 个体指数是综合指数的一种形式。 （ ）

2. (7.1.1) 广义的指数就是指各种相对数。 （ ）

3. (7.1.3) 全部产品总成本指数是一种总指数，而单位产品成本指数是一种质量指数。 （ ）

4. (7.2.2) 在编制质量指标综合指数时，应将作为同度量因素的数量指标值固定在基期。 （ ）

5. (7.2.3) 把同度量因素价格固定在报告期，则编制的销售额综合指数包含价格变动对指数的影响。 （ ）

6. (7.3.1) 算术平均指数是用算术平均法计算和编制的总指数，只适用于质量指标指数的编制。 （ ）

7. (7.3.1) 加权算术平均指数是以个体指数为变量值，以报告期总值 q_1p_1 为权数，对个体指数进行加权算术平均而得到的总指数。 （ ）

8. (7.3.2) 加权调和平均指数是以个体指数为变量值，以报告期总值 q_1p_1 为权数，对个体指数进行调和平均而得到的总指数。 （ ）

9. (7.4.1) 某企业本年度产品销售量增长 5%，销售价格下跌 5%，则商品销售额不变。 （ ）

10. (7.4.1) 某工厂总生产费用今年比去年上升了 50%，产量增加了 25%，则单位成本提高了 25%。 （ ）

11. (7.4.2) 指数的多因素分析中，各因素的排列，一般可按先质量指标后数量指标的顺序依次展开。 （ ）

12. (7.4.2) 某企业在报告期为所有的员工都涨了工资，则企业总平均工资一定高于前一年。 （ ）

二、单项选择题

1. (7.1.1) 狭义的指数是指（ ）。

   A. 个体指数　　　　B. 总指数　　　　C. 数量指标指数　D. 质量指标指数

2. (7.1.3) 统计指数分为个体指数与总指数，是按其（ ）不同划分的。

   A. 反映对象范围　　　　　　　　B. 所表明的指标性质

   C. 对比基期　　　　　　　　　　D. 变动方向

3. (7.1.3) 在材料消耗综合指数中，每种产品的材料单耗指标是（　　　）。

  A. 质量指标   B. 数量指标   C. 相对指标   D. 总量指标

4. (7.1.3) 环比指数的基期是（　　　）。

  A. 固定的   B. 任意的   C. 各期的前一时期 D. 特定的

5. (7.2.1) 综合指数是（　　　）相比形成的指数。

  A. 两个相对指标 B. 两个平均指标 C. 相邻个体指数 D. 两个总量指标

6. (7.2.4) 下列指数中属于质量指标指数的是（　　　）。

  A. 产量指标   B. 商品销售量指数

  C. 职工人数指数   D. 劳动生产率指数

7. (7.4.2) 某销售公司销售额今年较去年增加21%，同期销售量指数为116%，则销售价格指数是（　　　）。

  A. 5%   B. 115%   C. 104%   D. 105%

8. (7.4.2) 某工厂总生产费用，今年比上年增加50%，产量增长25%，那么产品单位成本平均提高了（　　　）。

  A. 2%   B. 25%   C. 75%   D. 20%

9. (7.3~7.4) 假定有几种商品报告期实际商品销售额和销售价格个体指数的资料，要确定价格的总（综合）变动，应该使用的指数是（　　　）。

  A. 综合指数   B. 加权算术平均指数

  C. 加权调和平均指数   D. 可变构成指数

10. (7.3~7.4) 当我们研究各个技术级别工人工资的变动影响全体工人平均工资的变动程度时应计算（　　　）。

  A. 结构变动影响指数   B. 可变构成指数

  C. 固定构成指数   D. 加权算术平均指数

三、多项选择题

1. (7.1.3) 统计指数可以按不同角度分类，如按其（　　　）分类。

  A. 反映对象范围的不同   B. 表明的经济指标性质不同

  C. 对比的基期不同   D. 计算方法不同

  E. 变动方向的差异

2. (7.1.3) 某工厂所有产品的出厂价格，今年是去年的115%，这个百分数有（　　　）。

  A. 平均数   B. 总指数   C. 综合指数

  D. 数量指标指数 E. 质量指标指数

3. (7.2.2) 同度量因素的作用有（　　　）。

  A. 平衡作用   B. 同度量作用   C. 联系作用

  D. 比较作用   E. 权数作用

4. (7.2.3) 下列属于数量指标指数的有（　　　）。

  A. 商品零售量指数   B. 商品零售额指数

  C. 商品零售价格指数   D. 商品单位销售费用指数

5. (7.3.1) 加权算术平均指数是一种（　　　）。

  A. 综合指数   B. 总指数

  C. 个体指数的加权算术平均数 D. 加权算术平均数

6.（7.4.2）某县 2021 年粮食播种面积比 2020 年减少 6%，平均亩产比上年提高了 6%，该县 2021 年粮食总产量和 2020 年相比（　　　）。

A．持平　　　　　　　　　　　　B．上升 0.36%

C．下降 0.36%　　　　　　　　　D．相当于上年的 99.64%

E．下降 3.6%

7.（7.4.2）某企业全部原材料费用 2021 年相当于 2020 年的 120%，全部产品产量增加 8%，各种原材料的价格上调 14%，则 2021 年全部产品的原材料单耗与 2020 年相比（　　　）。

A．下降 2%　　　　　　　　　　B．下降 2.54%

C．上升 2%　　　　　　　　　　D．相当于 2020 年的 97.46%

E．上升 2.54%

8.（7.4.2）平均指数体系是由（　　　）组成。

A．调和平均指数　　B．总指数　　　　C．可变构成指数

D．固定构成指数　　E．结构影响指数

9.（7.4.2）某企业产品总成本报告期为 183 150 元，比基期增长 10%，单位成本综合指数为 104%，则（　　　）。

A．总成本指数为 110%

B．产量增长了 5.77%

C．基期总成本为 166 500 元

D．单位成本上升使总成本增加了 7 044 元

E．产量增产使总成本增加了 9 606 元

10.（7.4.2）职工平均工资上调 8%，职工人数减少 10%，则（　　　）。

A．平均工资指数为 108%　　　　B．职工人数指数为 90%

C．工资总额少支付 2.8%　　　　　D．工资总额减少 2%

E．工资总额指数 = 8% × 10% = 0.8%

四、计算题

1.（7.1.3）某企业生产 4 种产品，报告期产量依次为甲产品为 1 500 件，乙产品为 1 200 套，丙产品为 1 200 个，丁产品为 1 000 台，基期产量依次为 1 200 件、1 000 套、1 100 个、800 台；报告期出厂价格依次为甲产品 20 元/件、乙产品 30 元/套、丙产品 50 元/个、丁产品 100 元/台，基期出厂价格依次为 25 元/件、36 元/套、60 元/个、150 元/台。

要求计算：（1）产量个体指数；（2）出厂价格个体指数。

2.（7.4.2）已知某市 2020 年上半年社会商品零售额为 8 600 万元，2021 年上半年比去年同期增加了 1 800 万元，零售物价上涨了 15%，试推算该市零售额总变动中零售量和物价两种因素变动的影响方向和影响程度。

3.（7.1，7.2，7.4）某企业生产的 3 种产品的产量和单位成本资料如表 7-11 所示。

表 7-11　某企业生产的 3 种产品的产量和单位成本资料

产品名称	计量单位	产量		单位成本/元	
		基期	报告期	基期	报告期
甲	件	2 000	2 400	40	38
乙	个	6 000	4 800	60	70
丙	千克	600	500	40	48

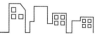

要求：

（1）分别计算 3 种产品单位成本和产量的个体指数；

（2）计算单位成本总指数、产量总指数；

（3）计算总成本总指数，并从绝对数和相对数两方面分析单位成本和产量变动对总成本的影响。

4. (7.4.2) 某商店 3 种商品的销售情况资料如表 7-12 所示。

表 7-12　某商店 3 种商品的销售情况资料

产品名称	计量单位	销售量		价格/元	
		去年	今年	去年	今年
甲	双	4 000	5 000	250	280
乙	件	500	550	140	160
丙	条	800	1 000	5	6

要求：从相对数和绝对数两方面分析销售量和价格变动对销售额变动的影响。

5. (7.4.2) 某公司 3 类职工的人数和平均工资资料如表 7-13 所示。

表 7-13　某公司职工的人数和平均工资资料

职称	职工人数/人		工资/元	
	基期	报告期	基期	报告期
初级	150	200	3 800	4 000
中级	240	300	5 500	6 000
高级	210	240	8 000	9 000

要求：根据以上资料，从相对数和绝对数两个方面分析该公司总平均工资变动的情况及变动原因。

6. (7.4.2) 根据表 7-14 所提供的某企业销售利润额资料，对该企业的销售利润额进行分析。

表 7-14　某企业销售利润额资料

商品名称	计量单位	销售量		销售价格/元		利润率/%		销售利润额/万元	
		q_0	q_1	p_0	p_1	r_0	r_1	$q_0 p_0 r_0$	$q_1 p_1 r_1$
甲	千克	4 800	6 000	25	25	20	22		
乙	米	5 000	6 000	40	36	35	31		
丙	件	2 000	1 800	50	70	30	32		
合计	—	—	—	—	—	—	—		

五、实践实训

请利用课余时间查询并了解制造业采购经理人指数（Purchasing Managers' Index，PMI）的编制方法，并说明该指数的实际经济含义。

小结

在任务七的学习中，你了解了有关指数分析的基础知识，包括统计指数的概念、作用和种类，指数的编制方法，以及如何根据指数体系对经济现象进行因素分析等内容。你需要重点学习指数的编制方法，它是进行指数分析的基础。在此基础上，你要掌握运用指数体系对复杂经济现象总体的变动情况进行分析，加强对经济现象变化内部原因的认识，为下一步做决策提供依据。任务七的主要知识点及其内在关系如图 7-2 所示。

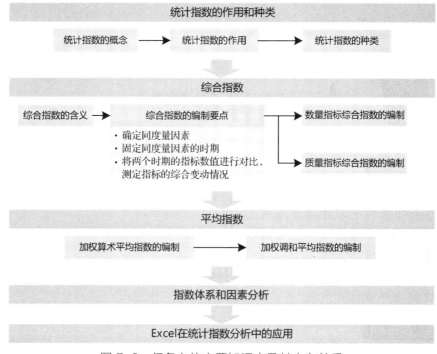

图 7-2　任务七的主要知识点及其内在关系

任务八

抽样推断

● 任务描述与分析

1. 任务描述

在 A 市自来水公司的客户满意度调查中，我们抽样调查了 A 市自来水公司的 700 个客户，从前面的调查分析中我们了解到这 700 个客户对 A 市自来水公司的产品和服务等方面的意见。现在你需要思考的是：这 700 个客户的意见能在多大程度上反映所有客户的意见？误差的可能性有多大？为了保证调查的准确性，你是否需要再追加调查？

2. 任务分析

抽样推断是认识现象总体的一种重要方法，精确度和可靠性要求较高。要完成这项任务，你需要考虑以下几个问题。

（1）如何判断我们抽样调查的 700 个客户在数量上够不够？

（2）根据调查对象的意见如何推断出所有客户的意见？

（3）调查对象的意见与所有客户的意见的误差有多大？

【案例 8-1】

为了加强与客户的沟通，深入了解客户需求，以解决客户遇到的问题，并在此基础上持续改进公司的产品质量，进一步优化供水服务，A 市自来水公司决定进行客户满意度调查，要求在 2 个月时间内完成调查任务。A 市共有自来水客户约 200 万个，要求在短短两个月时间内必须完成客户调查并出具调查报告，你该如何完成这项任务？

案例解析： 当我们对一个庞大的总体进行分析时，面临的最基本问题是你不可能对总体的所有单位进行调查。所以，我们首先要选取一部分代表也就是样本，然后对其进行调查分析，借助样本的数量特征估计总体的相应数量特征，来达到认识总体的目的。

8.1 抽样调查的特点和作用

在实际工作中，受各种客观条件或环境的限制，往往不可能或没有必要收集总体的全面资料，这样就可能或需要利用样本资料推断总体的数量特征，同时可以提高工作效率，节约工作成本。

8.1.1 抽样调查的概念和特点

抽样调查是抽样推断的开始，也是统计的重要方法之一，在统计工作中经常使用到。抽样调查就是按照随机原则，从所研究的总体中，抽取一部分单位进行观察，并根据这部分单位的指标数值，推断总体的指标数值的一种方法。与其他统计调查方法相比，抽样调查具有如下基本特点。

（1）抽样调查只调查总体中的一部分单位，这与全面调查截然不同。

（2）抽样调查根据一部分单位的指标数值，推断总体的指标数值，这与重点调查大不相同，重点调查的调查结果是不能用来推断总体指标数值的。

（3）抽样调查要按照随机原则抽选样本单位，这与"解剖麻雀式"的典型调查有着根本区别。

（4）抽样调查的抽样误差可以计算和控制。抽样调查用部分单位的指标数值，推断总体的指标数值，这种推断存在一定的抽样误差，但这种抽样误差可以事先通过一定资料加以计算，并且能够采取一定的措施控制这种误差的范围，从而保证推断结果达到一定的精确度和可靠性。

8.1.2 抽样调查的作用

抽样调查是统计学中最重要的内容之一，它广泛应用于物理、生物、天文、气象、医学、农业、工业、商业、金融、教育等各个领域。抽样调查的应用之所以如此广泛，主要在于它具有明显的经济性、实用性和科学性。统计抽样调查的作用具有以下几个方面。

1．节省调查成本

全面调查要调查总体中的全部单位，耗费的人力、物力和财力非常大；抽样调查只调查总体中的小部分单位，这样可大大节省人力、物力和财力。

2．调查速度快

由于抽样调查所要调查的单位只占总体全部单位的极小部分，所得资料可以快速进行汇总与分析，方便人们及时利用调查结果。特别是紧急需要有关信息时，抽样调查的重要性更为突出。

3．调查结果准确可靠

抽样调查的调查单位少，参加调查汇总的人员也少，并可对其进行严格的训练，因而产生登记性误差的可能性就更小，这样就可提高调查质量。例如，保险公司在增加某一新险种之前，必须对公众对新险种的态度有大致的了解。如果通过全面调查了解公众对新险种的态度，势必要花费保险公司难以承受的人力、物力和财力；如果采用抽样调查，只需调查公众中的一小部分，不但能节省人力、物力和财力，还能在短期内获得可靠的结果，从而可以对增加新险种的效益做出较准确的估计。

4．应用范围广

抽样调查应用范围较广，包括以下几个方面。

（1）对于无限总体只能进行抽样调查。

（2）有些事物在测量或试验时有破坏性，不能进行全面调查，只能进行抽样调查。例如，农产品的田间试验、电视机使用寿命检验等。

（3）有些总体从理论上讲可以进行全面调查，但实际上办不到。例如，要了解某河流中有多少条鱼，虽然河中的鱼是有限的，但这绝不能做全面调查。

（4）在某些调查中，必须使用受过高度训练的人员或专用设备来获得有关的数据，而这种人员和设备在数量上又有限，只能进行抽样调查。

 视野拓展

疫苗是人类抵抗病毒入侵的"保护盾"，但疫苗研发需要经历复杂的实验过程，要根据实验目的展开一系列临床实验。为了最大限度保证人体健康和安全，在医学研究中，会大量使用抽样调查方法。除了医学研究领域，还有哪些领域会经常用到抽样调查呢？用抽样调查的原因是什么？

微课：疫苗研发过程有多复杂

8.2 抽样推断中的常用概念

8.2.1 总体与样本

总体（或称母体）是指由具有某种特定性质的许多个别事物组成的整体，也就是我们所要调查研究的事物或现象的全体。组成总体的每个个别事物称为个体或总体单位。总体单位数通常用 N 表示。

从总体中按照随机原则抽选出来的一部分单位称为样本，样本中的各个单位称为样本单位。样本单位的多少称为样本大小，或样本容量，用 n 表示。总体和样本的关系如图 8-1 所示。

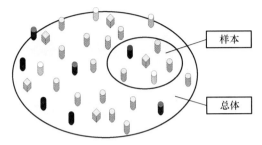

图 8-1　总体和样本的关系

例如，保险公司要调查全市居民有多少人能投保某一新险种，随机从全市居民中抽选了 1 000 人进行调查。那么全市居民就是总体，随机抽选的 1 000 人就是样本，样本容量为 1 000 人。

8.2.2　总体指标与样本指标

抽样推断的主要任务就是用样本指标推断相应的总体指标，因此掌握总体指标和样本指标的确切含义和计算公式是非常重要的。

1. 总体指标

总体指标又称参数，是反映总体数量特征的综合指标。在一个抽样调查的总体中，总体指标是唯一确定量，而且是一个未知数，需要通过样本资料进行推断。在统计调查中，总体指标主要有：总体平均数 $\overline{X}$、总体方差 σ^2、总体标准差 σ、总体成数 P 和 Q 等。

2. 样本指标

样本指标又称统计量，是根据样本各单位的标志值或标志表现计算出的、反映样本数量特征的综合指标。在抽样调查中，样本指标是根据样本资料计算得来的，主要用于推断总体数量特征。样本指标主要有：样本平均数 $\overline{x}$、样本方差 s^2、样本标准差 s、样本成数 p 和 q 等。

根据样本资料是否分组，将样本平均数 $\overline{x}$ 的计算公式分为

$$\overline{x} = \frac{\sum x}{n} \quad \text{和} \quad \overline{x} = \frac{\sum xf}{\sum f}$$

根据样本资料是否分组，将样本标准差 s_x 的计算公式分为

$$s_x = \sqrt{\frac{\sum(x-\overline{x})^2}{n}} \quad \text{和} \quad s_x = \sqrt{\frac{\sum(x-\overline{x})^2 f}{\sum f}}$$

样本成数是指抽样总体中具有某种标志表现的单位数（n_1）占样本总体单位总数（n）的比重，用 p 表示，即 $p = \frac{n_1}{n}$。q 代表具有相反标志的单位数所占的比重，相应地 $q = \frac{n_0}{n}$。同样有：$n_1 + n_0 = n$；$p + q = 1$；$p = 1-q$；$q = 1-p$。

样本成数的标准差 s_p 的计算公式为：$s_p = \sqrt{p(1-p)}$。

【例 8-1】保险公司为调查全市居民有多少人将投保新险种，随机抽选了 1 000 人进行调查。结果这 1 000 人中有 600 人愿投保这种新险种，那么

$$p = \frac{600}{1\,000} = 0.6$$

$$q = \frac{1\,000 - 600}{1\,000} = \frac{400}{1\,000} = 0.4$$

$$p + q = 0.6 + 0.4 = 1$$

$$p = 1 - q = 1 - 0.4 = 0.6$$

$$q = 1 - p = 1 - 0.6 = 0.4$$

8.2.3　样本容量与样本个数

样本容量是指一个样本所包含的单位数，用 n 来表示。相比总体单位数 N 来说，n 可能是个很小的数，它可以是 N 的几十分之一、几百分之一、几千分之一、几万分之一等。一般地讲，样本容量达到或超过 30 个的样本称为大样本，而在 30 个以下的称为小样本。

样本个数又称样本可能数目，是指在一个抽样方案中从总体中所有可能被抽取的样本总数。一个总体可能抽取多少个样本，和样本的容量有关，也和抽样的方法有关。

8.2.4　重复抽样与不重复抽样

重复抽样是指从总体中随机抽选一个单位，经观察后放回总体，再从全部总体单位中抽选。按照这种方式抽样，每次都是从 N 个总体单位中抽选，同一单位有多次被选中的可能。

不重复抽样是指，已经抽选出来的单位不再放回去，而从剩下的总体单位中抽选下一个单位。按照这种方式抽样，每个总体单位只能被选中一次，绝不会被再次抽选出来。

在相同样本容量的条件下，从同一个总体中用不重复抽样方法可能得到的样本个数比用重复抽样方法可能得到的样本个数少。由于不重复抽样简便易行，所以在实际工作中经常被采用。

8.3　抽样的组织方式

如何科学地组织抽样，是一个至关重要的问题。科学地组织抽样，不但要保证抽样的随机性原则，还要在一定的调查费用条件下，选择出抽样误差最小的方案，或在给定的精确度的要求下，做到调查费用最少。抽样的组织方式主要有 4 种：简单随机抽样、分类抽样、机械抽样和整群抽样。在一次抽样中，这些组织方式可以单独使用，也可结合使用。抽样的组织方式不同，抽样误差的计算方法也就不同。

8.3.1　简单随机抽样

简单随机抽样又称纯随机抽样。它是指按随机的原则直接从总体中抽取样本，抽选时保证总体中每个单位被抽中的机会相等。其具体方法有抽签法和随机数表法。

1. 抽签法

用抽签法抽样的具体步骤是：①将全部总体单位按自然数顺序编号；②另制一套号

签，将其均匀混合，放入容器内；③按要求的样本容量 n，抽 n 个号签，总体单位的号码与抽中号码相同者即被抽中的单位。此法适用于总体单位不多的情况。

2．随机数表法

随机数表法即利用随机数表抽选样本的方法。用随机数表法抽取样本可按这样几个步骤进行：①将总体中所有单位编号；②根据总体单位的数目和编号，确定使用几位随机号码；③从随机数表的任意一行的任意一位号码向下数，碰上属于编号内的数字就定下来作为样本单位，直到抽够所要求的 n 个为止。

用这种方法抽样，可避免制作号签和掺匀工作，但仍然需要编号。若总体单位数很大，则编号工作也会很繁重。

8.3.2　分类抽样

设总体由 N 个单位组成，把总体分为 K 组，使 $N = N_1 + N_2 + \cdots + N_K$。然后从每组的 N_i 个单位中抽取 n_i 个单位，构成容量为 n 的样本，使 $n = n_1 + n_2 + \cdots + n_k$。这种抽样方法称为分类抽样或分层抽样。简单地说，就是将总体按某一标志分组，然后在各组中随机抽取样本单位。

分类抽样一般多采用等比例分类抽样的方法。等比例分类抽样要求各层样本容量 n_i 与样本容量 n 之比等于各层单位数 N_i 与总体单位总数之比，即要求 $\dfrac{n_i}{n} = \dfrac{N_i}{N}$。

在实践中，分类抽样的应用非常广泛，而且效果好。这是因为，分类可以把同一类的单位归为一组，从而使各种类型的单位都可以抽到，样本在总体各类单位中均匀分布，这样，样本的代表性就大大提高，而且，可以证明分类抽样的抽样误差比简单随机抽样的抽样误差要小。

8.3.3　机械抽样

机械抽样又名等距抽样或系统抽样。这种抽样方法是指，先将总体单位按一定顺序排队，然后按固定顺序和间隔抽选样本单位。这种抽样方法简便易行，既能提高样本的代表性，又能保证随机原则的实施。

机械抽样的排队方法有按有关标志排队和按无关标志排队之分。例如，调查家庭财产情况时，可按户主姓氏笔画排列，就属于按无关标志排队；若按户主工资多少排队，就属于按有关标志排队，因为工资收入与家庭财产有关。

机械抽样的抽样误差，并没有公式能准确无误地计算出来。因为机械抽样的抽取方法与简单随机抽样相似，所以通常用简单随机抽样计算抽样误差的方法来计算机械抽样的抽样误差，可以得到令人满意的近似值。

8.3.4　整群抽样

整群抽样的具体做法是，先把总体分为若干群（或称若干部分），每个群中包含若干个单位，然后随机抽选出若干群作为样本。整群抽样与分类抽样的区别在于，分类抽样中，"类"可被看作缩小了的总体，被抽选的基本单位仍然是总体单位；而整群抽样中的"群"可被看作扩大了的总体单位，被抽选的基本单位不再是总体单位而是群。

整群抽样的优点是，抽选时只需给群编号，而不必给总体单位编号，这显然方便多了。此外，整群抽样抽中的单位较为集中，调查起来很方便，可节省成本，并能在短期内得到调查结果。但整群抽样所抽取的样本的代表性一般较差。例如，进行家庭财产调查时，如以街道为群，则所抽选的 n 条街道的家庭财产如果偏高或偏低，这样推断总体误差就较大。

【案例 8-1】解析

现在来思考一下 A 市自来水公司的客户满意度调查项目，在这个项目中你该如何在较短的时间内以较经济的方式获得有关客户的满意度资料？

提示： 面对一个庞大的总体，我们在进行分析时，可以利用抽样推断的方法，用少量的样本估计总体的数量特征，以达到认识总体的目的。

A 市自来水公司共有客户 200 万个，我们可以利用分类抽样的方式，根据各类客户数量按一定的比例随机抽取，最终可得到 400 个城镇居民客户、200 个农村居民客户和 100 个企业客户的调查数据。用这 700 个客户的数量特征来推断 200 万个客户的特征，我们的工作量将大大减少，而推断的准确性可以通过科学方法来控制。

8.4 抽样误差

【案例 8-2】

A 市自来水公司城镇居民客户共有 114 万个，采用不重复抽样的方式，随机抽取 400 个进行满意度的调查，获得的相关资料如下：城镇居民客户对自来水公司产品的平均满意度为 3.68，满意度的标准差为 0.9。接下来我们要用这 400 个城镇居民客户的资料来推断 A 市 114 万城镇居民客户对产品的满意度，试问这样是否存在误差？如果存在，误差会有多大？要求误差不超过 0.1 才算此次抽样调查有意义，那么总体的满意度可能出现在哪个区间里？出现的概率又有多大？

案例解析： 我们在实际工作中，由于种种原因，统计的结果与实际数值之间往往存在一定的差异。其中由于样本不足以代表总体而产生的误差是不可避免的，我们不可能用主观的方法来消除它，准确地计算它也是不可能的。我们只能用一定的方法去估计它，并采取相应的措施对它加以控制。

8.4.1 抽样误差的含义

抽样误差是样本指标与总体指标的离差，是由于抽样随机性而产生的误差。它不包括因登记、汇总等原因而产生的登记性误差，也不包括违背随机原则而产生的代表性误差，用公式可以表示为

$$\text{平均数的抽样误差} = \left| \bar{x} - \bar{X} \right|$$

$$\text{成数的抽样误差} = \left| p - P \right|$$

抽样误差虽然可以表示为样本指标与总体指标的离差，但要依据上述公式计算抽样误差是不可能的。事实上，由于总体指标（$\bar{X}$ 或 P）的真实值是未知的，所以抽样误差

的确切数值也是无法知道的，我们只能用一定的方法去估计它，并采取相应的措施对它加以控制。

8.4.2 抽样平均误差

1. 抽样平均误差的含义

抽样平均误差，是根据随机原则抽样时，所有可能出现的样本指标的标准差。它能概括地反映样本指标与总体指标的平均误差。

抽样平均误差的理论公式为

$$\mu_{\bar{x}} = \sqrt{\frac{\sum\left(\bar{x} - \bar{X}\right)^2}{M}}$$

$$\mu_{\bar{p}} = \sqrt{\frac{\sum(p - P)^2}{M}}$$

式中，$\mu_{\bar{x}}$ 为抽样平均数的平均误差；

$\mu_{\bar{p}}$ 为抽样成数的平均误差；

$\bar{x}$ 为样本平均数；

$\bar{X}$ 为总体平均数；

p 为样本成数；

P 为总体成数；

M 为全部可能的样本个数。

上述公式是理论上的抽样平均误差的计算方法，但由于总体平均数和总体成数是未知的，也不可能计算出全部的样本指标，所以按上述公式来计算抽样平均误差是不可能的。在实际工作中，通常采用其他公式来计算抽样平均误差。

2. 抽样平均误差的计算

这里我们只介绍在简单随机抽样方式下的抽样平均误差的计算方法。

在简单随机抽样方式下，抽样平均误差的实际计算公式是根据上述理论公式推导出来的，它与理论公式完全等值。

（1）平均数的抽样平均误差。在重复抽样条件下，抽样平均数的平均误差的计算公式为

$$\mu_{\bar{x}} = \sqrt{\frac{\sigma^2}{n}} = \frac{\sigma}{\sqrt{n}}$$

式中，$\mu_{\bar{x}}$ 为抽样平均数的平均误差；

σ^2 为总体方差；

σ 为总体标准差；

n 为样本容量。

由此公式可以看出，抽样平均误差与总体标准差成正比，而与样本容量的平方根成反比。

在不重复抽样条件下，抽样平均数的平均误差的计算公式为

$$\mu_{\bar{x}} = \sqrt{\frac{\sigma^2}{n}\left(\frac{N-n}{N-1}\right)}$$

在总体单位数 N 大的情况下，上述公式可近似地表示为

$$\mu_{\bar{x}}=\sqrt{\frac{\sigma^2}{n}\left(1-\frac{n}{N}\right)}$$

式中，$1-\frac{n}{N}$ 称为修正系数。

从上述计算公式中可以看出，在其他条件不变的情况下，不重复抽样的抽样平均误差要小于重复抽样的抽样平均误差，不重复抽样的样本代表性较大。当总体单位数（N）很大时，$\frac{n}{N}$ 很小，而 $1-\frac{n}{N}$ 接近于 1，在这种情况下，不重复抽样的抽样平均误差实际上近似于重复抽样的平均误差。在实际工作中，为减轻计算工作量，不重复抽样的抽样平均误差有时也采用重复抽样的抽样平均误差公式进行计算。

在计算抽样误差时，通常总体标准差 σ 是未知的，在大样本的情况下，可用样本标准差代替总体标准差，也可以用历史标准差或试验标准差代替。当有几个替代标准差可供选择时，通常取数值较大的标准差。成数标准差则取最接近于 0.5 的数值。因为标准差大，抽样误差也会随之增大，相应的估计区间也较大，从而能提高总体指标落入估计区间的可能性。

【例 8-2】 对某市 1 500 名消费者进行购物消费支出调查，随机抽取其中 5%的消费者作为样本，调查所得的资料：样本容量为 75 人，平均每人购物消费支出为 434.4 元，购物消费的标准差为 46.8 元。要求计算抽样平均数的平均误差。

已知 $n=75$，$\bar{x}=434.4$ 元，$\sigma=46.8$ 元，则抽样平均数的平均误差的计算如下。

重复抽样：$\mu_{\bar{x}}=\sqrt{\frac{\sigma^2}{n}}=\frac{\sigma}{\sqrt{n}}=\frac{46.8}{\sqrt{75}}\approx 5.38$（元）

不重复抽样：$\mu_{\bar{x}}=\sqrt{\frac{\sigma^2}{n}\left(1-\frac{n}{N}\right)}=\sqrt{\frac{46.8^2}{75}(1-5\%)}\approx 5.27$（元）

（2）抽样成数的平均误差。在重复抽样条件下，抽样成数的平均误差的计算公式为

$$\mu_p=\sqrt{\frac{P(1-P)}{n}}$$

式中，μ_p 为抽样成数的平均误差；

n 为样本容量。

其实，抽样成数的平均误差计算公式原理和抽样平均数的平均误差原理相同。将成数的方差 $\sigma_p^2=P(1-P)$，代入抽样平均数的平均误差的公式即可得上述公式。同样，因为总体成数 P 是未知数，可用样本成数 p 来代替。

在不重复抽样条件下，抽样成数的平均误差的计算公式为

$$\mu_p=\sqrt{\frac{P(1-P)}{n}\left(1-\frac{n}{N}\right)}$$

【例 8-3】 在生产线上完工的 2 000 条毛巾中随机抽取 10%进行质量检验，其中合格产品有 196 条，要求计算合格率的抽样平均误差。

根据已知资料计算得知 $n=2\,000\times10\%=200$（条），$n_1=196$（条），则抽样合格率为

$$p=\frac{n_1}{n}=\frac{196}{200}\times100\%=98\%$$

抽样合格率的平均误差的计算如下。

重复抽样：$\mu_p = \sqrt{\dfrac{P(1-P)}{n}} = \sqrt{\dfrac{98\% \times 2\%}{200}} \approx 1\%$

不重复抽样：$\mu_p = \sqrt{\dfrac{P(1-P)}{n}\left(1-\dfrac{n}{N}\right)} = \sqrt{\dfrac{98\% \times 2\%}{200} \times \left(1-\dfrac{200}{2\,000}\right)} \approx 0.94\%$

抽样平均误差的计算，在抽样调查中占有相当重要的地位。抽样调查的优点在于它能计算出抽样平均误差，而抽样平均误差是用样本指标推断总体指标的重要补充指标。

3. 影响抽样平均误差的因素

根据抽样平均误差公式，可以分析出影响抽样误差的因素主要有以下几个方面。

（1）总体方差或标准差。总体方差或标准差描述了总体各单位标志值的变异程度。如果总体变异程度小，那么所抽取的各样本的指标与总体指标的离差也是较小的，再对其进行平均而得到的抽样平均误差也较小。因而，抽样平均误差与总体方差成正比例关系。

（2）样本容量。样本容量越小，它对总体的代表性越差，这意味着抽样平均误差越大，因而抽样平均误差与样本容量成反比例关系。

（3）抽样方法。在其他条件（如总体方差、样本容量等）相同时，不重复抽样的抽样平均误差一般小于重复抽样的抽样平均误差。这是因为不重复抽样对已抽过的总体单位不再放回参加下一次抽选，从而避免了重复选中。因此，不重复抽样的样本比重复抽样的样本更能反映总体的结构，故抽样平均误差会较小些。

（4）抽样的组织方式。抽样按其组织方式不同可分为简单随机抽样、分类抽样、机械抽样、整群抽样等。在总体方差、样本容量和抽样方法相同的情况下，不同的抽样组织方式有不同的抽样平均误差，这是因为按不同组织方式所抽取的样本对于总体的代表性是不同的，因而其抽样平均误差也就不同。

 【案例 8-2】解析之一

现在来思考一下 A 市自来水公司的城镇居民客户的满意度，你如何计算随机抽样的 400 个城镇居民客户的满意度与所有城镇居民客户满意度之间的误差？

提示：我们不能以抽样的某一个样本的具体误差来代表所有样本与总体之间的平均误差水平，并且每一次抽样的实际误差大小是不知道的，所以我们应该用抽样平均误差来反映抽样误差的一般水平。

现在我们已知：样本容量 $n = 400$ 个，样本平均满意度 $\bar{x} = 3.68$，样本满意度的标准差 $\sigma = 0.9$，采取的是不重复抽样的方式。由于在这个抽样调查项目中，相对于总体来说，样本很小，所以我们可以将这些数据直接代入不重复抽样平均误差的计算公式。

$$\mu_{\bar{x}} = \sqrt{\dfrac{\sigma^2}{n}} = \dfrac{\sigma}{\sqrt{n}} = \dfrac{0.9}{\sqrt{400}} \approx 0.045$$

8.4.3 抽样极限误差

抽样极限误差是从另一个角度来考虑抽样误差问题的。用样本指标推断总体指标时，要想达到完全准确和毫无误差，几乎是不可能的。样本指标和总体指标之间总会有一定的差距，所以在估计总体指标时，就必须同时考虑误差的大小。我们不希望误差太

大，因为这会影响样本资料的价值。误差越大，样本资料的价值便越小。当误差超过一定限度时，样本资料也就毫无价值了。所以在进行抽样推断时，应该根据所研究对象的变异程度和任务的需要确定允许的误差范围，在这个范围内的数字就是有效的。这就是抽样极限误差的问题。

抽样极限误差是指调查者根据抽样推断结果的精确度及可靠性要求确定的样本指标和总体指标之间误差的最大允许范围，也称为允许误差或容许误差。由于总体指标是一个确定的数，而样本指标则是围绕着总体指标左右变动的量，它与总体指标可能产生正离差，也可能产生负离差，样本指标变动的上限和下限与总体指标之差的绝对值就可以表示抽样误差的可能范围，用"Δ"表示。

抽样平均数的极限误差：$\Delta_{\bar{x}} = |\bar{x} - \bar{X}|$

抽样成数的极限误差：$\Delta_p = |p - P|$

也就是说，根据推断结果精确度的要求，应事先确定样本指标与总体指标之间误差的最大允许值。如果抽样误差超过此值，抽样推断就达不到既定的精确度要求了。

由于总体指标是未知的，所以样本指标与总体指标之间的误差是否超过既定的极限误差，也无从知晓。因此，上述等式只是用来表明极限误差含义的定义公式，在实际工作中无法用来计算极限误差。但是，我们可以将其变换为如下完全等值的不等式。

$$\bar{x} - \Delta_{\bar{x}} \leq \bar{X} \leq \bar{x} + \Delta_{\bar{x}}$$
$$p - \Delta_p \leq P \leq p + \Delta_p$$

由此可见，确定极限误差 Δ，实际上是希望以样本指标（$\bar{x}$ 或 P）为中心，长度为 Δ 的区间能够包含总体指标（$\bar{X}$ 或 P）。只要总体指标被包含在该区间内，样本指标与总体指标之间的误差就不会超过极限误差 Δ，这样抽样推断就符合既定的精确度要求。

由于上述不等式可以作为区间估计公式使用，所以在确定极限误差后，我们就可以根据该不等式给出总体指标的估计区间了。

【例 8-4】在【例 8-2】中，根据样本平均数 434.4 元，可以推断总体 1 500 名消费者的平均每人购物消费支出。如果要求误差不超过 10 元，即要求 $\Delta_{\bar{x}} = 10$ 元，那么，总体平均每人购物消费支出的估计区间可以确定为 [(434.4-10),(434.4 + 10)] 元，即[424.4，444.4]元。

【案例 8-2】解析之二

在 A 市自来水公司客户满意度调查项目中，我们可以根据抽取的 400 个城镇居民客户对产品的满意度的平均值 3.68，推断总体 114 万个城镇居民客户对产品的平均满意度。现在要求误差不超过 0.1，即要求 $\Delta_{\bar{x}} = 0.1$，那么，城镇居民总体对产品平均满意度可能出现的区间为 [(3.68 - 0.1),(3.68 + 0.1)]，即 [3.58,3.78]。

8.4.4 抽样误差的概率度

抽样极限误差的实际意义是期望总体指标被包含在以样本指标为中心、长度为 Δ 的区间内。不过，我们并没有百分之百的把握肯定该区间包含总体指标。例如，【例 8-2】中总体平均每人购物消费支出被包含在 [424.4,444.4] 内并不是必然事件。那么，总体指标被包含在该区间内的把握程度或可靠性有多大？这要取决于区间的长度，即极限误差 Δ 的大小。极限误差越大，区间越宽，把握程度或可靠性就越高。所以，总体指标包含在该区间的把握程度问题，实质上就是一定的极限误差对应的概率保证程度（置信度）问题。

抽样极限误差与抽样平均误差的比值，叫作抽样误差的概率度，用 t 表示。抽样极限误差与抽样平均误差的比值大小能反映估计区间的宽窄，标志着概率保证程度的高低，故称概率度。其计算公式为

$$t = \frac{\Delta_{\bar{x}}}{\mu_{\bar{x}}}$$

在标准正态分布条件下，概率保证程度 $F(t)$ 是概率度 t 的函数，t 值一定，$F(t)$ 也随之确定，t 值越大，$F(t)$ 也越大，抽样均值的正态分布如图 8-2 所示。其值一一对应（见本书附表，即正态分布概率表）。

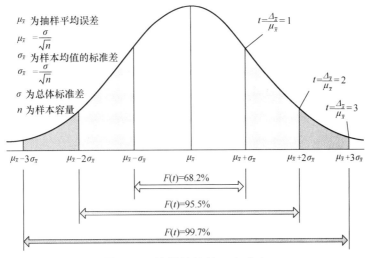

图 8-2　抽样均值的正态分布

【例 8-5】根据【例 8-2】和【例 8-4】中平均消费支出推算的资料，要求误差不超过 10 元，也就是总体 1 500 名消费者平均每人购物消费支出包含在 [424.4,444.4] 内的概率是多少？

已知 $\Delta_{\bar{x}} = 10$ 元，前面已经算出 $\mu_{\bar{x}} = 5.38$ 元，所以，概率度为

$$t = \frac{\Delta_{\bar{x}}}{\mu_{\bar{x}}} = \frac{10}{5.38} \approx 1.86$$

查正态分布概率表，得 $F(t) = 93.7\%$，即 1 500 名消费者平均每人购物消费支出包含在 [424.4,444.4] 内的概率保证程度是 93.7%。

【案例 8-2】解析之三

在 A 市自来水公司客户满意度调查项目中，我们已经知道，根据抽取样本的满意度来估计所有城镇客户对产品的满意度可能产生的平均误差是 $\mu_{\bar{x}} = 0.045$，而我们允许的极限误差 $\Delta_{\bar{x}} = 0.1$，也就是我们期望总体的满意度应该出现在 [3.58,3.78]，那么，出现的概率度为 $t = \frac{\Delta_{\bar{x}}}{\mu_{\bar{x}}} = \frac{0.1}{0.045} \approx 2.20$，对应正态分布概率表中的 $F(t) = 97.2\%$。

总结： 我们根据抽样调查的 400 个城镇居民客户对产品的满意度调查数据，推断出总体的 114 万个城镇居民客户对产品平均满意度可能在 [3.58,3.78] 内，概率保证程度是 97.2%，用样本平均满意度推断总体平均满意度产生的误差是 0.045。

 8.5 抽样估计

【案例 8-3】

A 市自来水公司农村居民客户共有 70 万，采用不重复抽样的方式，随机抽取了 200 个客户进行满意度调查，获得的相关资料为样本农村居民客户对产品的平均满意度为 3.52，标准差为 0.74。现在要求以 95% 的概率保证程度来估计全部农村居民客户对产品的满意度所在的区间。

案例解析：经过抽样调查，我们根据调查资料可以计算出样本的平均值和标准差等指标数值。但通过抽样调查，我们更重要的任务是根据样本数据推断总体指标数值所在的可能范围，而且要求这个可能范围的可靠程度要达到我们可以接受的程度。

抽样估计是指利用实际调查的样本指标数值估计相应的总体指标数值的方法。由于总体指标是表明总体数量特征的参数，例如总体平均数、总体成数等。所以，抽样估计也称为参数估计。参数估计有点估计和区间估计两种类型。

8.5.1 点估计

点估计是指根据样本资料得出的样本指标数值，直接用以代表相应的总体指标，即 $\bar{x} = \bar{X}$，$p = P$。例如，在城市住户抽样调查中，样本住户的平均月收入为 1 000 元，用点估计推断全部住户的平均月收入为 1 000 元。又如，从 10 000 台电视机中随机抽取 100 台进行质量检验，合格率为 94%，由此推断这批电视机的合格率就是 94%。

点估计的优点是简便、易行，原理也很直观。但它有不足之处，即没有考虑到抽样误差，更没有指出误差在一定范围内的可靠程度有多大。根据抽样估计理论可以把样本指标和抽样误差结合起来，估计总体指标，并且确定这种推断的准确度和可靠程度。

8.5.2 区间估计

1. 区间估计的概念

区间估计是指把抽样指标与抽样平均误差结合起来推断总体指标所在的可能范围。也就是根据给定的估计可靠程度的要求，利用实际样本资料，指出包含总体被估计值的区间，这个区间又称为置信区间，该区间的上、下限称为置信上、下限。

总体参数和区间估计必须同时具备估计值、抽样误差范围和概率保证程度 3 个要素，抽样误差范围能决定估计的准确性，而概率保证程度能决定估计的可靠性。在抽样估计时，我们当然希望估计的准确性尽量高，也希望估计的可靠性尽量高，但这两个愿望是矛盾的。利用一个样本对总体进行估计时，若提高估计的准确性，必然会降低估计的可靠性。因此在抽样估计的时候，只能对其中一个要素提出要求，以此推算另一个要素的变动情况。例如，对估计的准确性提出要求，即要求误差范围不超过给定的标准，来推算估计的可靠性。或对估计的可靠性提出要求，即要求给出一定的概率保证程度，来推算可能的误差范围。所以，区间估计根据所给定的条件不同，有两种估计方法。

2．区间估计的方法

（1）根据已给定的抽样极限误差进行区间估计。其具体步骤如下。

第一步，抽取样本，计算样本指标，即计算样本平均数 $\bar{x}$ 或样本的成数 p，将其作为总体指标的估计值，并计算样本标准差 σ，推算抽样平均误差 $\mu_{\bar{x}}$ 或 μ_p。

第二步，根据给定的抽样极限误差 $\Delta_{\bar{x}}$，估计总体指标的上限和下限。

第三步，将抽样极限误差 $\Delta_{\bar{x}}$ 除以抽样平均误差 $\mu_{\bar{x}}$，求出概率度 t，再根据 t 值查正态分布概率表，求出相应的概率保证程度 $F(t)$。

【例 8-6】对某批型号的电子产品进行耐用性检测，用重复抽样方法选取其中 100 件产品进行检验，结果为：平均耐用时数 $\bar{x} = 1\,050$ 小时，标准差 $\sigma = 50$ 小时。要求平均耐用时数的误差范围不超过 10 小时，试求该批产品的平均耐用时数的估计区间。

第一步，计算平均数的平均误差。

$$\mu_{\bar{x}} = \frac{\sigma}{\sqrt{n}} = \frac{50}{\sqrt{100}} \approx 5 \text{（小时）}$$

第二步，估计总体指标的区间。根据给定的抽样极限误差 $\Delta_{\bar{x}} = 10$ 小时，计算总体平均数的上下限。

下限 $= \bar{x} - \Delta_{\bar{x}} = 1\,050 - 10 = 1\,040$（小时）

上限 $= \bar{x} + \Delta_{\bar{x}} = 1\,050 + 10 = 1\,060$（小时）

第三步，求概率度。

$$t = \frac{\Delta_{\bar{x}}}{\mu_{\bar{x}}} = \frac{10}{5} = 2$$

第四步，根据概率度查正态分布概率表，得概率保证程度 $F(t) = 95.45\%$。

计算结果表明，该批电子产品的平均耐用时数为 $1\,040 \sim 1\,060$ 小时，其概率保证程度为 95.45%。

（2）根据已给定的概率保证程度进行区间估计。其具体步骤如下。

第一步，抽取样本，计算样本指标，即计算样本平均数 $\bar{x}$ 或样本成数 P，将其作为总体指标的估计值，并计算样本标准差 σ，推算抽样平均误差 $\mu_{\bar{x}}$ 或 μ_p。

第二步，根据要求的概率保证程度 $F(t)$，查正态分布概率表，求得概率度 t。

第三步，根据概率度 t 和抽样平均误差 μ_p 推算出抽样极限误差 Δ_p，并根据抽样极限误差估计总体指标的上限和下限。

【例 8-7】某厂在某时期内生产了 10 万个零件，按不重复抽样方法从中随机抽取了 2 000 个零件进行检验，得知其中废品有 100 个。试以 95% 的概率保证程度估计全部零件合格率的区间。

第一步，计算样本合格率和平均误差。

$$p = \frac{n_1}{n} = \frac{2\,000 - 100}{2\,000} \times 100\% = \frac{1\,900}{2\,000} \times 100\% = 95\%$$

$$\mu_p = \sqrt{\frac{P(1-P)}{n}\left(1 - \frac{n}{N}\right)} = \sqrt{\frac{95\% \times 5\%}{2\,000}\left(1 - \frac{2\,000}{100\,000}\right)} \approx 0.48\%$$

第二步，根据概率保证程度 $F(t) = 95\%$，查表得概率度 $t = 1.96$。

第三步，计算抽样极限误差。

$$\Delta_p = t \cdot \mu_p = 1.96 \times 0.48\% \approx 0.94\%$$

第四步，计算总体指标的区间。

下限 $= p - \Delta_p = 95\% - 0.94\% = 94.06\%$

上限 $= p + \Delta_p = 95\% + 0.94\% = 95.94\%$

计算结果表明，该批零部件合格率为 94.06%～95.94%，其概率保证程度为 95%。

 【案例8-3】解析

　　在 A 市自来水公司农村居民客户满意度调查中，我们已经知道了农村居民对产品的平均满意度以及抽样平均误差。根据调查要求，我们推断总体满意度所在范围的概率保证程度要达到 95%。现在我们可以使用区间估计的第二种方法，根据已给定的概率保证程度进行区间估计。

（1）计算样本平均数的平均误差。

$$\mu_{\bar{x}} = \sqrt{\frac{\sigma^2}{n}} = \frac{\sigma}{\sqrt{n}} = \frac{0.74}{\sqrt{200}} \approx 0.05$$

（2）根据概率保证程度 $F(t) = 95\%$ 查表得概率度 $t = 1.96$。

（3）计算抽样极限误差。

$$\Delta_{\bar{x}} = t \cdot \mu_{\bar{x}} = 1.96 \times 0.05 \approx 0.10$$

（4）计算 A 市所有农村居民客户满意度的区间。

下限 $= \bar{x} - \Delta_{\bar{x}} = 3.52 - 0.10 = 3.42$

上限 $= \bar{x} + \Delta_{\bar{x}} = 3.52 + 0.10 = 3.62$

计算结果表明，A 市自来水公司农村居民客户的平均满意度为 3.42～3.62，其概率保证程度为 95%。

8.6　必要样本容量的确定

 【案例8-4】

　　A 市自来水公司城镇居民客户共有 114 万个，2020 年其满意度的标准差为 1。现对 A 市自来水公司城镇居民客户 2021 年的满意度进行抽样估计，要求平均满意度的极限误差最大不超过 0.1，概率保证程度为 95%，那么我们用不重复抽样方法需要抽查多少城镇居民客户？

　　案例解析：样本容量过大，会增加调查的工作量，造成人力、财力、物力和时间的浪费，从而不能充分发挥抽样调查的优越性；样本容量过小，则样本对总体缺乏足够的代表性，从而难以保证推断结果的精确度和可靠性，实用价值不高。所以，样本容量要科学确定，以保证抽样调查的效果最佳。

8.6.1　影响必要样本容量的因素

1. 总体各单位标志值变异程度的大小

　　总体中各单位标志值之间的差异越大，必要抽样数目就越多；总体中各单位标志值之间的差异越小，必要抽样数目就越少。如要了解职工家庭的人均收入状况，如果各职工家庭的人均收入水平相差较大，必要抽样数目就要多些。

2．允许的极限误差的大小

允许误差越大，必要抽样数目就越少；允许误差越小，必要抽样数目就越多。如对职工家庭人均收入进行调查，允许存在较大的误差时，必要抽样数目可以少一些；如果对调查结果的要求越精确，也就是允许的误差越小时，必要抽样数目就越多。当允许误差为零，也就是要求抽样调查的职工家庭人均收入与总体的职工家庭人均收入完全相等时，必要抽样数目也就等于全部职工家庭数，抽样调查也就变成了全面调查。

3．抽样推断的可靠程度

对调查结果要求的可靠程度越高，必要抽样数目就越多；反之，就越少。例如，对职工家庭人均收入调查的结果要求的可靠程度不高时，可以少抽取一些调查单位；如果对调查结果要求的可靠程度越高，必要抽样数目也就越多。当结果要求绝对准确的可靠程度，也就是用样本指标来推断总体指标必须有100%的可靠程度时，必要抽样数目就要等于总体单位的数目，此时，抽样调查就变成全面调查了。

4．抽样方法与抽样的组织方式

在其他条件不变的情况下，分类抽样和机械抽样比简单随机抽样、整群抽样需要的样本容量少些；不重复抽样比重复抽样需要的样本容量少些。

微课：调查
失业率统计方法
科学规范

8.6.2　必要样本容量的确定方法

影响抽样误差的因素之一是样本容量的大小。在抽样调查中，事先确定必要的样本容量是一项重要的工作。由于样本容量是抽样极限误差公式的组成部分，所以可以根据抽样极限误差公式推导出样本容量的公式。下面以简单随机抽样为例，介绍推断总体指标所必需的样本容量的计算方法。

1．推断总体平均数所需的样本容量

（1）在重复抽样条件下：

$$n = \frac{t^2 \sigma^2}{\Delta_x^2}$$

（2）在不重复抽样条件下：

$$n = \frac{N t^2 \sigma^2}{N \Delta_x^2 + t^2 \sigma^2}$$

2．推断总体成数所需的样本容量

（1）在重复抽样条件下：

$$n = \frac{t^2 p(1-p)}{\Delta_p^2}$$

（2）在不重复抽样条件下：

$$n = \frac{N t^2 p(1-p)}{N \Delta_p^2 + t^2 p(1-p)}$$

8.6.3　确定必要样本容量应注意的问题

在确定必要样本容量时，可能会遇到一些应用性问题，应注意以下几个方面。

1．总体指标未知的问题

公式中涉及总体标准差与总体成数资料时，一般可以利用历史资料或实验数据来代

替。若遇到有不止一个经验数据或样本数据时，宜选择最大的一个。

2．估计对象不同导致要求的样本容量不相等的问题

对于同一资料既要估计平均数又要估计成数时，根据这两种估计所求的必要样本容量可能不相等，这时应选择较大的样本容量进行抽样，以保证抽样推断的精确度和可靠性。

3．抽样方法不同导致样本容量不相等的问题

按重复抽样公式计算的必要样本容量要比按不重复抽样公式确定的必要样本容量大。在条件允许的情况下，为保证抽样推断的精确度和可靠性，原则上，一切抽样调查在计算必要样本容量时，都可采用重复抽样公式计算。

【例 8-8】某企业对产品进行包装重量检验，该批产品共 10 万袋，规定平均每袋重量的误差范围不超过 10 克，合格率的极限误差不超过 2%。根据以往资料，产品每袋重量的标准差为 65 克，产品包装重量的合格率为 98%。问：在 95% 的概率保证程度下，采用不重复抽样方法，至少应抽查多少袋产品进行重量检验？

由于 $\sigma_{\bar{x}} = 65$ 克，$t = 1.96$，$\Delta_{\bar{x}} = 10$ 克，$N = 100\,000$ 袋，用平均数推断的样本容量为

$$n = \frac{Nt^2\sigma^2}{N\Delta_{\bar{x}}^2 + t^2\sigma^2} = \frac{100\,000 \times 1.96^2 \times 65^2}{100\,000 \times 10^2 + 1.96^2 \times 65^2} \approx 162 \text{（袋）}$$

由于 $p = 98\%$，$t = 1.96$，$\Delta_p = 2\%$，$N = 100\,000$ 袋，用成数推算的样本容量为

$$n = \frac{Nt^2 p(1-p)}{N\Delta_p^2 + t^2 p(1-p)} = \frac{100\,000 \times 1.96^2 \times 0.98 \times (1-0.98)}{100\,000 \times 0.02^2 + 1.96^2 \times 0.98 \times (1-0.98)} \approx 188 \text{（袋）}$$

结论：为满足平均数和成数两种推算的共同需要，至少应抽查 188 袋产品。

 【案例 8-4】解析

在 A 市自来水公司客户满意度调查中，我们对城镇居民客户使用的是不重复抽样的方法，根据调查要求，概率保证程度应达到 95%，查正态分布概率表得 $t = 1.96$，$\sigma_{\bar{x}} = 1$，$\Delta_{\bar{x}} = 0.1$，根据平均满意度推算样本容量时，为便于计算，可采用重复抽样公式计算，即

$$n = \frac{t^2\sigma^2}{\Delta_{\bar{x}}^2} = \frac{1.96^2 \times 1^2}{0.1^2} \approx 384 \text{（个）}$$

也就是说，为了满足 A 市城镇居民客户对产品的平均满意度的推断，我们至少应抽取 384 个 A 市城镇居民客户来进行调查。

8.7 Excel 在抽样推断中的应用

8.7.1 生成随机数表

在随机抽样调查实践中，广泛使用随机数表法。在 Excel 中可以使用 RANDBETWEEN 函数，根据调查对象的编号情况，自动生成实用的随机数表。

【例 8-9】现在我们需要在 1 000 个产品中抽取 10 个产品进行质量检验，这 1 000 个产品在生产过程中已有自动编号，编号的后 4 位数范围是 1 101 至 2 100，要求根据随机

数表进行抽样。

操作步骤如下。

（1）在 Excel 窗口中选择 A1 单元格，然后在【公式】选项卡下单击【插入函数】，打开【插入函数】对话框。

（2）在对话框的【搜索函数】文本框中输入 "randbetween"，然后单击 转到(G) 按钮，在【选择函数】列表中将自动列出所搜索的函数，单击 确定 按钮。

（3）在【函数参数】对话框中，在【Bottom】文本框中输入抽样编号的最小值，如在本例中为 "1101"，在【Top】文本框中输入抽样编号的最大值，如在本例中为 "2100"。

（4）单击 确定 按钮，在 Excel 窗口原选定的单元格 A1 中将生成第一个随机数。

（5）将鼠标指针移动到 A1 单元格的右下角，当鼠标指针显示为小十字（填充柄）时，按住鼠标左键向下或向右拖动，以此方式可自动生成随机数表，如图 8-3 所示，然后按照一定的抽取方式从随机数表中抽选 10 个随机数。

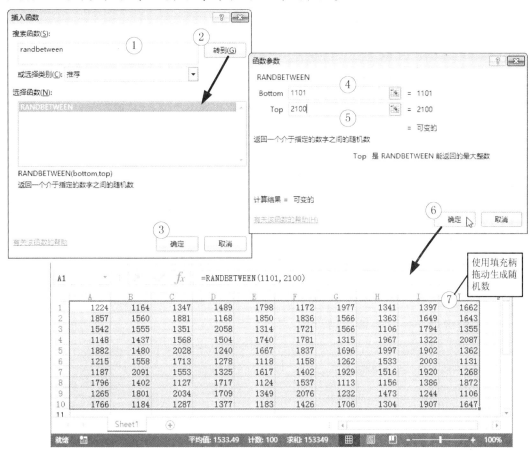

图 8-3 生成随机数表

8.7.2 概率保证程度与概率度的换算

在抽样推断中，经常涉及概率保证程度与概率度之间的换算，这种换算可以通过手动查看正态分布概率表解决，也可以利用 Excel 中的相关函数实现。相对而言，由 Excel 进行换算既方便，准确度也更高。

1. 由概率保证程度 $F(t)$ 计算概率度 t

在 A 市自来水公司农村居民客户满意度调查中，要求以 95% 的概率保证程度估计 A 市所有农村居民对自来水公司的满意度区间。在这一抽样估计中，需要计算 95% 的概率保证程度对应的概率度。由概率保证程度 $F(t)$ 计算概率度 t 需使用 TINV 函数实现。

操作步骤如下。

（1）在 Excel 窗口中选择任一空白单元格，在编辑栏单击【插入函数】按钮 fx，打开【插入函数】对话框。

（2）在对话框中选择"统计"类中的【TINV】函数，然后单击 ▭ 确定 ▭ 按钮。

（3）在【函数参数】对话框中，在【Probability】文本框中输入不确定概率值"0.05"（不确定概率值=（1-概率保证程度）÷100%=（1-95%）÷100%=0.05）。

（4）在【Deg_freedom】文本框中输入自由度（自由度=样本容量-1）。如果调查项目样本很大，可以直接用样本容量代替自由度；如果仅用于换算 t 值，可将自由度尽可能设大一些（最大值不能超过 10^{10}）。

（5）参数输入完毕后，在对话框下方将显示出计算结果，如图 8-4 所示。单击 ▭ 确定 ▭ 按钮，该数值将显示于 Excel 窗口原选定的单元格中。

图 8-4　使用 TINV 函数将概率保证程度换算为概率度

2. 由概率度 t 计算概率保证程度 $F(t)$

由概率度 t 计算概率保证程度 $F(t)$ 需要使用 NORMSDIST 函数实现，运用这一函数，可以很方便地自制正态分布概率表。

操作步骤如下。

（1）在 Excel 窗口中将 A 列设置为序号列，在 A2 单元格中输入序号"0"，然后使用填充柄拖动鼠标在 A 列产生自 0 开始的序号。

（2）在 B1 和 C1 单元格中分别输入标题"t"和"$F(t)$"。

（3）选定 B 列，将单元格格式设为"数值"，将小数位数设为"2"（可在【开始】选项卡下的【数字】功能组中单击 ⬆⁰⁰ 或 ⬇⁰⁰ 按钮进行调节设置）。

（4）以步骤（3）同样的方法，将 C 列单元格格式设为"数值"，将小数位数设为"4"。

（5）在 B2 单元格中输入公式"=A2*0.01"，按 Enter 键确定，生成第一个 t 值"0.00"，并使用填充柄向下拖动鼠标生成其他相应 t 值。

（6）在 C2 单元格中输入公式"=2*NORMSDIST(B2)-1"，按 Enter 键确定，生成 t

值为 0.00 的对应概率保证程度值 "0.0000"。

（7）使用填充柄功能拖动鼠标，即可相继生成其他概率度对应的概率保证程度，如图 8-5 所示。

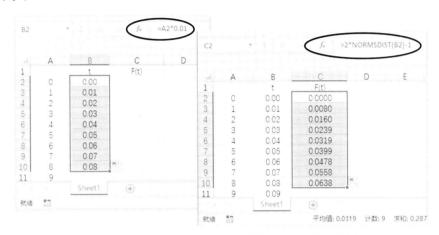

图 8-5　使用 NORMSDIST 函数制作正态分布概率表

如果只需计算某一概率度 t 对应的概率保证程度 $F(t)$，如概率度为 2 的 $F(t)$ 值，可任选一空白单元格，直接输入公式 "=2*NORMSDIST(2)-1"，即可求得 $F(t)$ 值。

8.7.3　总体平均数的区间估计

如果已知样本的平均数和标准差，且样本标志值呈正态分布，则可以使用 Excel 中的 CONFIDENCE 函数（总体均值置信区间函数）计算在要求的概率保证程度下总体平均数的估计区间。对于非正态分布的总体，如果样本容量大于 30，也可以使用 CONFIDENCE 函数对总体平均数进行区间估计。

下面以 A 市自来水公司农村居民客户满意度调查资料为例，说明其操作方法。已知抽样调查了 200 个农村居民客户，客户对自来水公司产品的满意度平均数 $\bar{x}=3.52$，标准差 $\sigma=0.74$，要求以 95% 的概率保证程度估计 A 市所有农村居民对自来水公司的产品满意度区间。

操作步骤如下。

（1）选择任一空白单元格，如以 A1 为放置函数计算结果的单元格，单击编辑栏中的按钮 f_x，打开【插入函数】对话框。

（2）在对话框中选择 "统计" 类中的【CONFIDENCE】函数，然后单击 确定 按钮。

（3）在【函数参数】对话框中，在【Alpha】文本框中输入给定的显著水平 "0.05"（显著水平=（1-概率保证程度）÷100%=（1-95%）÷100%=0.05）。

（4）在【Standard_dev】文本框中输入标准差 "0.74"。

（5）在【Size】文本框中输入样本容量 "200"，如图 8-6 所示。

（6）单击 确定 按钮，在 Excel 窗口原选定的 A1 单元格中将显示出极限误差 "0.102557"。

（7）单击任一空白单元格，如 A2，输入 "=3.52-A1"，按 Enter 键确认，即可得到总体平均数的下限。

图 8-6　使用 CONFIDENCE 函数计算抽样极限误差

（8）单击任一空白单元格，如 A3，输入"=3.52+A1"，按 Enter 键确认，即可得到总体平均数的上限。

8.7.4　总体成数的区间估计

在 Excel 中根据样本成数对总体成数进行区间估计主要使用公式输入法和函数计算法实现。进行概率度计算时，可使用 TINV 函数；计算平方根时，可使用 SQRT 函数。下面以【例 8-7】的资料为例说明其操作方法。已知某厂在某时期内生产了 10 万个零件，按不重复抽样的方法从中随机抽取了 2 000 个零件进行检验，得知其中废品有 100 个，试以 95%的概率保证程度估计全部零件合格率的区间。

操作步骤如下。

（1）计算样本成数。在单元格 B1 中输入公式"=(2000-100)/2000"，按 Enter 键确定。

（2）计算抽样平均误差。在单元格 B2 中输入公式"=SQRT((0.95*0.05/2000)* (1-2000/100000))"，按 Enter 键确定。

（3）由概率保证程度计算概率度。将鼠标指针定位在 B3 单元，输入函数公式"=TINV (0.05,2000)"，按 Enter 键确定，得到概率度值。

（4）计算极限误差。在单元格 B4 中输入"=B2*B3"，按 Enter 键确定。

（5）计算总体成数的上下限。在单元格 B5 中输入"=B1-B4"，按 Enter 键确定。在单元格 B6 中输入"=B1+B4"，按 Enter 键确定。计算结果如图 8-7 所示。

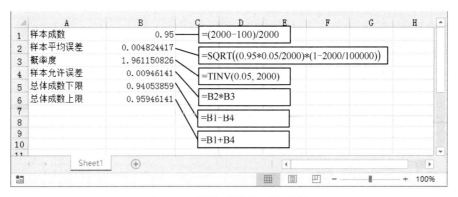

图 8-7　总体成数的区间估计

任务实施

现在来思考一下 A 市自来水公司客户满意度调查项目，请你根据本书提供的 A 市自来水公司城镇居民和农村居民客户的数据资料，利用 Excel 进行 A 市城镇居民和农村居民客户账单和付费满意度、客户服务满意度的抽样推断。要求根据调查资料计算相应的抽样误差，并以 95% 的概率保证程度分别估计城镇居民和农村居民客户的满意度区间。

应用与拓展

一、判断题

1. (8.1.1) 抽样调查的着眼点就在于对样本数量特征的认识。　　　　　（　　　）

2. (8.2.2) 根据样本总体各单位的标志值或标志表现计算出的综合指标称为样本指标。
　　　　　　　　　　　　　　　　　　　　　　　　　　　　　　　（　　　）

3. (8.2.3) 样本容量就是样本的个数。　　　　　　　　　　　　　　　（　　　）

4. (8.2.3) 在抽样推断中，样本和总体一样都是确定的、唯一的。　　　（　　　）

5. (8.3.1) 简单随机抽样就是指遵循随意性原则抽选样本。　　　　　　（　　　）

6. (8.3.2) 进行分类抽样时，首先要对总体进行分类（组），然后从每类（组）中按简单随机抽样的方式抽取样本，因此分类抽样的抽样误差小于简单随机抽样的抽样误差。
　　　　　　　　　　　　　　　　　　　　　　　　　　　　　　　（　　　）

7. (8.3) 不同的抽样组织方式下，计算抽样平均误差应该采取不同的公式。　（　　　）

8. (8.4.1) 总体指标是随机变量，样本指标也是随机变量，因此两者之间会产生误差。
　　　　　　　　　　　　　　　　　　　　　　　　　　　　　　　（　　　）

9. (8.4.1) 抽样误差在抽样推断中是不可避免的。　　　　　　　　　　（　　　）

10. (8.4.2) 在其他条件相同的情况下，重复抽样的抽样平均误差一定比不重复抽样的抽样平均误差大。　　　　　　　　　　　　　　　　　　　　　　　（　　　）

11. (8.4.2) 抽样平均误差同总体变异程度的大小成正比。　　　　　　（　　　）

12. (8.4.2) 抽样平均误差同样本容量的多少成正比。　　　　　　　　（　　　）

13. (8.4.3) 极限抽样误差总是大于抽样平均误差。　　　　　　　　　（　　　）

14. (8.4.4) 扩大抽样误差的范围，可以提高推断的把握程度；缩小抽样误差的范围，则会降低推断的把握程度。　　　　　　　　　　　　　　　　　　　（　　　）

15. (8.4) 缩小抽样误差范围，则抽样调查的精确度就会提高。　　　　（　　　）

二、单项选择题

1. (8.1.1) 在抽样推断中，必须遵循（　　　）抽取样本。
　　A. 随意原则　　　　B. 随机原则　　　　C. 可比原则　　　　D. 对等原则

2. (8.1.1) 能够事先加以计算和控制的误差是（　　　）。
　　A. 抽样误差　　　　B. 登记性误差　　　C. 系统性误差　　　D. 测量误差

3. (8.1.1) 抽样调查的主要目的在于（　　　）。
　　A. 计算和控制抽样误差　　　　　　　　B. 了解总体单位的情况
　　C. 用样本来推断总体　　　　　　　　　D. 对调查单位作深入的研究

4.（8.2.3）用考虑顺序的重置抽样方法，从 4 个单位中抽选 2 个单位组成一个样本，则样本可能数目为（　　　）。

    A. 16　　　　　　 B. 10　　　　　　 C. 12　　　　　　 D. 6

5.（8.3）某企业产品为连续性生产的产品，为检查产品质量，在 24 小时中每隔 30 分钟取下一分钟的产品进行全部检查，这是（　　　）。

    A. 整群抽样　　　 B. 简单随机抽样　　 C. 分类抽样　　　 D. 纯随机抽样

6.（8.4.1）在抽样调查中（　　　）。

    A. 既有登记性误差，也有代表性误差

    B. 既无登记性误差，也无代表性误差

    C. 只有登记性误差，没有代表性误差

    D. 没有登记性误差，只有代表性误差

7.（8.4.1）在抽样调查中，无法避免的误差是（　　　）。

    A. 登记性误差　　 B. 系统性误差　　 C. 计算误差　　　 D. 抽样误差

8.（8.4.2）从男女生人数均等的 2 000 名学生中按不重复抽样方法抽取了 100 名进行调查，其中有女生 45 名，则样本成数的抽样平均误差为（　　　）。

    A. 0.24%　　　　 B. 4.85%　　　　 C. 4.97%　　　　 D. 以上都不对

9.（8.4.2~8.4.3）极限误差与抽样平均误差之间的关系为（　　　）。

    A. 前者一定小于后者

    B. 前者一定大于后者

    C. 前者一定等于后者

    D. 前者既可以大于后者，也可以小于后者

10.（8.5.2）置信区间的大小表达了区间估计的（　　　）。

    A. 可靠性　　　　 B. 准确性　　　　 C. 显著性　　　　 D. 及时性

11.（8.5.2）某车间抽查 100 个零件，算得废品率为 5%，若以 85% 的概率保证程度（$t=1.44$）推断，全部产品的废品率区间为（　　　）。

    A. $4.5\% \leqslant P \leqslant 5.6\%$　　　　　　 B. $6.2\% \leqslant P \leqslant 3.8\%$

    C. $1.86\% \leqslant P \leqslant 8.14\%$　　　　 D. $4.5\% \leqslant P \leqslant 5.5\%$

12.（8.6.2）要使抽样误差减小一半（在其他条件不变的情况下），则抽样单位数必须（　　　）。

    A. 增加 2 倍　　　 B. 增加到 2 倍　　 C. 增加 4 倍　　　 D. 增加到 4 倍

三、多项选择题

1.（8.1.1）抽样调查的特点有（　　　）。

    A. 按随意原则抽取样本　　　　　　 B. 按随机原则抽取样本

    C. 由部分推断总体　　　　　　　　 D. 可以事先计算并控制抽样误差

    E. 缺乏科学性和可靠性

2.（8.2.2）假设从 6 个人的总体中随机抽取 2 个人进行调查，可能有 15 个样本组合，所以说（　　　）。

    A. 样本指标是随机变量　　　　　　 B. 总体指标是随机变量

    C. 样本指标是唯一确定的　　　　　 D. 总体指标是唯一确定的

    E. 样本指标是样本变量的函数

3. (8.2.4) 在实际抽样调查中，选取样本常采用（　　　）。
    A. 考虑顺序的重复抽样方法　　　　　　B. 不考虑顺序的重复抽样方法
    C. 考虑顺序的不重复抽样方法　　　　　D. 不考虑顺序的不重复抽样方法
    E. 重复抽样或不重复抽样方法

4. (8.3.1) 简单随机抽取调查单位的方法有（　　　）。
    A. 简单随机抽样　　　B. 机械抽样　　　　C. 重复抽样
    D. 不重复抽样　　　　E. 整群抽样

5. (8.3) 按组织方式不同，抽样调查有（　　　）。
    A. 简单随机抽样
    B. 机械抽样
    C. 分类抽样
    D. 整群抽样
    E. 不重复抽样和重复抽样

6. (8.4.1) 由于以下原因引起的误差中，不属于抽样误差的有（　　　）。
    A. 被调查者隐瞒了自己的非法收入，将自己的月收入填报为 1 000 元
    B. 由于调查者的失误，将 1 568 填报为 1 658
    C. 入户调查时被调查者不在家，调查者根据自己的估计将户主的收入填报为 1 500 元
    D. 调查者按自己的主观愿望选择样本单位所造成的误差
    E. 以上都不对

7. (8.4.2) 根据抽样调查所得的某地区 10 户居民家庭月消费（单位：元）与月收入的资料，配合反映家庭消费收入关系的回归方程，当概率保证程度为 95%、月收入为 9 500 元时，y 的置信区间为 [4 100, 5 225]，这表示（　　　）。
    A. 月收入 9 500 元的 10 户家庭月消费为 4 100～5 225 元
    B. 该地区所有家庭月消费为 4 100～5 225 元
    C. 该地区有 95% 的家庭月消费为 4 100～5 225 元
    D. 有 95% 的把握断言该地区月收入为 9 500 元的家庭月消费为 4 100～5 225 元
    E. 该地区月收入为 9 500 元的家庭月消费不为 4 100～9 225 元的概率为 5%

8. (8.4.4) 要增大抽样推断的概率保证程度，可采用的方法有（　　　）。
    A. 增加抽样数目　　　　　　　　　　　B. 增大概率度（t）
    C. 增大抽样误差范围　　　　　　　　　D. 缩小抽样误差范围
    E. 缩小概率度（t）

9. (8.5.2) 在区间估计中，如果其他条件保持不变，概率保证程度与精确度之间存在下列关系（　　　）。
    A. 前者越低，后者也越低　　　　　　　B. 前者越高，后者也越高
    C. 前者越低，后者越高　　　　　　　　D. 前者越高，后者越低
    E. 两者呈相反方向变化

10. (8.5.2) 总体参数的区间估计必须同时具备的 3 个要素是（　　　）。
    A. 样本容量　　　　B. 估计值　　　　C. 抽样极限误差
    D. 概率保证程度　　E. 抽样平均误差

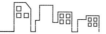

四、计算题

1. (8.4.2) 现有一批商品共 10 000 件运抵仓库，随机抽取 100 件检验其质量，发现有 10 件不合格。试按重复与不重复抽样分别计算合格率抽样平均误差。

2. (8.4.2) 某企业生产彩色电视机，按不重复抽样方法从一批出厂产品中抽取 1%的产品进行质量检验，取得如表 8-1 所示的抽样检验资料，试计算抽样平均误差。

表 8-1　某厂彩色电视机抽样检验资料

正常工作时间/千小时	电视机/台
6～8	15
8～10	30
10～12	50
12～14	40
14～16	9
合计	144

3. (8.5.2) 利用计算题第 1 题的资料，以 95.45%的概率保证程度对该批商品的合格率做出区间估计。

4. (8.5.2) 根据计算题第 1 题的资料，以 95%的概率保证程度对该厂生产的这批彩色电视机的正常工作时间做出区间估计。如果规定彩色电视机的正常工作时间在 12 000 小时以上为一级品，试对该厂这批出厂产品的一级品率做出区间估计。

5. (8.5.2) 对某鱼塘的鱼进行抽样调查。从鱼塘的不同方位同时撒网捕到鱼 150 条，其中草鱼 123 条，草鱼平均每条重 2 千克，标准差为 0.75 千克。试按 95.45%的概率保证程度：（1）对该鱼塘草鱼平均每条重量做区间估计；（2）对该鱼塘草鱼所占比重做区间估计。

6. (8.6.2) 对某型号电子元件共 10 000 个进行耐用性检验。根据以往抽样检验，求得耐用时数的标准差为 600 小时。试求在重复抽样条件下：（1）概率保证程度为 95.45%，元件平均耐用时数的误差范围不超过 150 小时，要抽取多少元件做检查？（2）根据以往抽样检验知道，元件合格率为 95%，要求在 95.45%的概率保证程度下，极限误差不超过 4%，试确定重复抽样所需抽取的元件数目是多少？如果其他条件均保持不变，采用不重复抽样应抽取多少元件？

五、实践实训

请使用 Excel 软件，对你整理好的调查资料进行抽样推断。

小结

在任务八的学习中，你掌握了对经济现象总体进行抽样推断的基础知识，了解了样本和总体、总体指标和样本指标、样本容量与样本个数、抽样误差与抽样平均误差、重复抽样和不重复抽样等。在此基础上，你学习了抽样组织方式、抽样误差的分析方法，并且结合实际案例学习了根据样本资料估计总体指标数值和根据调查要求确定必要样本容量的抽样估计方法。最后，你还学习了使用 Excel 进行抽样推断的常用方法。学习这些知识和技能相对来说有一定的难度，但它们是十分实用的分析工具，在统计实践中运用得极为广泛。任务八的主要知识点及其内在关系如图8-8所示。

图 8-8　任务八的主要知识点及其内在关系

相关分析与回归分析

知识目标

- 理解相关关系的概念和相关分析的意义
- 了解现象相关的种类以及相关分析的主要内容
- 掌握相关系数的计算方法及判断现象相关的密切程度的标准
- 理解回归和相关的区别和联系
- 掌握建立回归方程的方法及回归方程参数的经济含义
- 掌握估计标准误差的方法

能力目标

- 能够根据原始调查资料进行相关类型分析
- 能够根据原始调查资料进行相关分析
- 能够根据原始调查资料进行回归分析和预测
- 能够根据原始调查资料进行回归标准误差检验
- 能够利用 Excel 软件对调查资料进行相关分析和回归分析

任务描述与分析

1. 任务描述

A 市自来水公司承担着为全市居民和企业供水的任务。为了平衡供水和用水的关系，合理进行水资源的开发和利用，公司必须对 A 市的用水量进行预测，并据此进行水资源的合理开发和管理，那么你应该如何进行用水量的预测呢？

2. 任务分析

通过前面动态分析的学习，你已经掌握了根据事物过去发展变化趋势预测未来情况的分析方法。在本任务中，你将学习利用事物之间的相关关系进行分析预测的方法。A 市自来水公司的客户分为居民和企业，居民用水量往往和人口规模有关，企业用水量则和经济发展水平有着密切的关系，我们可以据此分析这些因素之间的内在关系，建立科学的数学模型，并依靠数学模型进行预测分析。

在分析过程中，以城镇居民用水量分析预测为例，你需要考虑以下几个问题。

（1）用水量与城镇居民人口数两个变量是不是存在依存关系？关系的密切程度如何？

（2）如果存在依存关系，那么这种关系的具体形式是什么？是线性关系，还是曲线关系？怎样找出一个合适的方程来表示这种关系？

（3）怎样根据城镇居民人口数的变化来估计城市用水量的变化？

> • 相关知识

🧑 9.1 相关的意义和种类

统计分析中经常要进行社会经济现象之间相互关系的分析研究。例如，企业的规模和经营费用的关系、工资增长和劳动生产率变动的关系、家庭收入水平和支出的关系、广告费用和产品销售收入的关系等。从数量上研究这些现象的相互依存关系，分析现象变动的影响因素和作用强度，可以帮助经营管理者提高分析问题、预测事物发展变化的精确性和判断决策的科学性。

9.1.1 相关关系的概念

在对社会生活中各种现象间复杂的相互关系进行数量方面的研究时，首先要借助研究者所掌握的科学知识、工作能力和判断能力对现象做定性分析，以免对不相关或虚假相关现象进行相关分析。定性分析主要是指在总体的一系列标志中找到其中有联系的成对标志，确定哪个是因素标志，哪个是结果标志，即自变量和因变量。因果关系是客观世界普遍联系和相互制约的重要表现形式。相关分析就是对总体中确实具有联系的标志进行的分析。

因素标志是决定结果标志发展的条件，根据结果标志对因素标志的不同反应，可以把现象总体数量上所存在的依存关系划分为两种不同的类型：一种是函数关系，另一种是相关关系。

1. 函数关系

函数关系是指当因素标志的数量确定之后，结果标志的数量也随之完全确定。例如，圆的周长总是它半径的 6.28 倍、正方形的面积完全由它的边长决定等。函数关系广泛存在于数学、物理学、天文学等自然科学之中。社会经济现象也存在函数关系。例如，在计件工资制的情况下，工资总额与工人加工零件数量成函数关系；在价格不变的条件下，商品销售额与销售量成函数关系。函数关系通常以 $y = f(x)$ 的方程来表现，它是数量之间联系的一种形式。

2. 相关关系

相关关系是指变量之间确实存在着数量上的联系，当一个现象发生数量变化时，另一现象也相应地发生数量上的变化，但其关系值是不完全确定的。在存在相关关系的情况下，因素标志的每个数值，可能有若干个结果标志的数值与之对应。所以，相关关系是一种不完全的依存关系。例如，工人的技术水平提高，使得劳动生产率提高，但不意味着做同样工作的几个同级工人都有同样高的劳动生产率；又如，投入相同的广告费用，但对应的产品销售收入不一定完全相同。其他如劳动生产率与工资水平的关系、商品流转规模与流通费用的关系、固定资产投资额和国内生产总值增长的关系等都是如此。

3. 函数关系与相关关系的区别与联系

函数关系与相关关系的区别，突出表现在变量之间的具体关系是否确定，即函数关系是确定的，相关关系是不确定的。

函数关系与相关关系的联系表现在，对具有相关关系的现象进行分析时，必须利用相应的函数关系数学表达式来表明现象之间的相关方程式。相关关系是相关分析的研究对象，函数关系是相关分析的工具。

9.1.2 相关的种类

现象的相关关系可以按不同的标志加以区分。

1. 相关关系按相关的程度，分为完全相关、不完全相关和不相关

两种具有依存关系的标志，其中一个标志的数量变化由另一个标志的数量变化确定，则称这两种标志间的关系为完全相关。在这种情况下相关关系即函数关系，可以用一定的方程形式来准确地表示。例如圆的面积 S 取决于它的半径 R，即 $S = \pi R^2$。如果两个标志彼此互不影响，其数量变化各自独立，称为不相关。例如，棉花纤维的强度与工人出勤率属于不同总体，一般认为是不相关的。如果两个现象之间的关系，介乎于完全相关和不相关之间，称为不完全相关，它是统计相关分析的主要研究对象，相关程度分类如图 9-1 所示。

微课：吸烟与肺癌相关吗

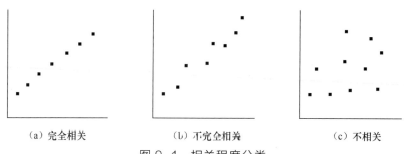

| (a) 完全相关 | (b) 不完全相关 | (c) 不相关 |

图 9-1　相关程度分类

2. 相关关系按相关的方向，分为正相关和负相关

如果相关关系表现为因素标志和结果标志的数量变动方向一致，就称为正相关，例如工人的平均劳动生产率随着他们技术水平的提高而提高。如果相关关系表现为因素标志和结果标志的数量变动方向是相反的，那就说明现象之间存在负相关。例如，商品流转的规模越大，而流通费用水平则越低。必须指出，许多现象正负相关的关系仅在一定范围内存在。例如，在其他条件不变的情况下，运动员的成绩随着训练量增加而提高，即存在着正相关；但是，如果训练量连续增加，就会使运动员因训练过度而导致成绩下降。施肥量在一定的限度内会导致收获率的提高，是正相关；但施放的肥料超过生物学上所允许的量后，收获率反而会下降，这又是负相关。相关的方向和形式如图 9-2 所示。

3. 相关关系按相关的形式，分为线性相关和非线性相关

当我们对两个具有相关关系的现象进行实际调查时，可以获得一系列成对的数据，这些数据的对应关系可以用平面直角坐标系的点来反映。如果这些点的分布情况大致散布在一条直线的周围，则这两种现象就具有线性相关关系。如果现象相关点的分布并不表现为直线的形式，而近似于某种曲线，则这种关系就称为非线性相关。例如，施肥量在一定的界限内，亩产量相应增加；一旦施肥量超过一定量，收获率反而会出现下降情况，就是一种非线性相关，如图 9-2 所示。

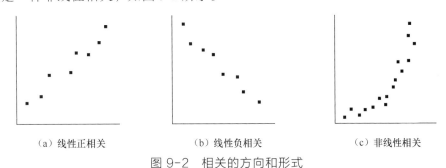

（a）线性正相关　　　　　（b）线性负相关　　　　　（c）非线性相关

图 9-2　相关的方向和形式

4. 相关关系按影响因素的多少，分为单相关和复相关

这是按影响结果标志的因素标志的数目多少对相关关系进行的分类。如果一个结果标志同某一因素标志相关，就称为单相关或简单相关。例如，在计件工资的条件下，工人一天的工资只与其完成产量成相关关系。这时所研究的只是两个标志的相关关系，所以称为单相关。

统计实践中，经常分析若干个因素标志对结果标志的影响，这种关系即复相关，又称多元相关。例如，商品需求量与商品价格、居民的收入水平、替代品的价格之间的相关关系；企业利润与产品销售价格、产品成本、经营费用之间的相关关系；等等。在实际工作中，如果存在多个因素标志对结果标志有影响，应该加以筛选，抓住其中最主要的因素标志研究其相关关系。

📖 视野拓展

随着信息技术的发展，人们通过大数据分析，发现更多事物之间存在相关关系，但相关关系显然并不等同于因果关系。例如，树木快速生长的时候，小草也在快速生长，这两种生物在生长方面存在完全的正相关关系，但我们不能就此认定草和树的生长之间有因果关系。事实是春天到了这个缘故同时导致了草和树的生长。真实世界是错综复杂的，建立因果关系能帮助人类解释复杂世界，获得相关关系只是获得因果关系的第一步。相关关系是对数据关系的客观反映，基于发现的相关关系，人类能够进一步洞察复杂世界中事物之间的关系，进而从中总结出因果关系思维模型假设，推动人类认知不断深化。请你观察自己身边的事物，举一个例子说说它们之间的相关关系和因果关系。

微课：相关关系与因果关系

9.1.3　相关分析和回归分析的主要内容

相关分析和回归分析是研究相关关系的两种方法。相关分析能表明变量之间数量变

化的密切程度，回归分析能表明变量之间变动关系的形式和规律性。

1. 相关分析的主要内容

（1）确定相关关系的存在。这是相关分析与回归分析的起点，只有存在相互依存关系，才有必要进行进一步的分析。

（2）确定相关关系呈现的形态。相关关系按形式分可分为线性相关和非线性相关，只有确定现象相关的具体表现形式，才能运用相应的相关分析方法进行分析。

（3）确定相关关系的密切程度。其主要方法是绘制相关图表和计算相关系数，只有对达到一定密切程度的相关关系，配合回归方程才有实际意义。

2. 回归分析的主要内容

（1）确定相关关系的数学表达式。为了测定现象之间数量变化上的一般关系，必须使用具有函数关系的数学公式作为相关关系的数学表达式。如果现象之间表现为线性相关，则采用配合直线方程；如果表现为非线性相关，就采用配合曲线方程。这是进行判断、推算和预测的依据。

（2）确定因变量估计值误差的程度。使用配合直线方程或曲线方程可以找到现象之间一般的变化关系，即自变量变化时，因变量一般会发生多大的变化。根据得出的直线方程或曲线方程可以通过设定自变量，求得因变量相应的估计值。估计值和实际值是有出入的，确定因变量估计值误差程度大小的指标是估计标准误差。估计标准误差越大，表明估计越不精确；估计标准误差越小，表明估计越精确。

9.2 相关分析

在统计工作中，要分析社会经济现象之间的相关关系，一般先要制作相关表或相关图，通过直观判断确定现象之间大致上呈现何种关系。在线性相关条件下，如果要更精确地描述两个变量之间的相关程度，则需要计算相关系数。

9.2.1 编制相关表

相关表是用来反映变量之间相关关系的统计表。相关表仍然是统计表的一种。将因素标志值按照从小到大的顺序并配合结果标志值一一对应而平行排列起来，即可得到简单相关表。

相关表是进行相关分析和绘制相关图的基础。变量之间的相关关系在表面上看有时是杂乱无章、毫无规律的，通过对资料进行排序，编制成相关表，可以初步观察现象之间的相关方向、形式和密切程度。

【例 9-1】为研究分析 A 市城镇居民用水量与城镇居民人口之间的关系，经统计获得 A 市 2012 年至 2021 年城镇居民年用水量和年末人口数资料，如表 9-1 所示。

表 9-1 A 市 2012 年至 2021 年城镇居民年用水量和年末人口数资料

年份/年	2012	2013	2014	2015	2016	2017	2018	2019	2020	2021
人口数/万人	82.4	95.6	109.4	136.6	163.7	177.8	192.3	192.6	206.0	219.5
年用水量/亿吨	0.61	0.73	0.85	1.05	1.29	1.31	1.42	1.46	1.55	1.64

从表中可以直观地发现，随着城镇居民人口数的增加，城镇居民年用水量也有上升的趋势，两者之间存在着明显的正相关关系。

9.2.2　绘制相关图

相关图也称为相关散点图或散点图。它是以直角坐标系的横轴代表自变量，纵轴代表因变量，将两个变量间相对应的变量值用坐标点的形式描绘出来，用来反映两变量之间相关点分布状况的图形。

通过相关图可以更直观地反映变量之间的相关方向和密切程度，当 y 对 x 有函数关系时，所有的相关点都分布在某一条线上；不完全相关关系则由于其他因素的影响，其相关点并非处在一条线上，但所有相关点的分布也会显示出某种趋势。【例 9-1】中 A 市城镇居民年用水量和年末人口数散点图如图 9-3 所示。

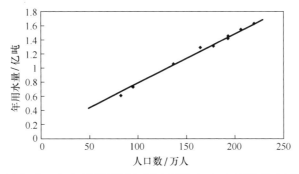

图 9-3　A 市城镇居民年用水量和年末人口数散点图

在图 9-3 中，可以直观地看出 A 市城镇居民年用水量和年末人口数呈现出线性、正相关的趋势，但两者用直线方程表示时，会存在一定的误差，即两者之间有不完全相关关系。

相关图能检验变量之间的因果关系与理论上假设的某种因果关系是否一致。但应注意，在总体单位数即观察值个数相对较少的情况下，相关线条的形状会因组数和组限的改变而改变。因此，在观察值个数不多的条件下，不能过于相信相关线条的形状，图示法在这种情况下不太可靠。

9.2.3　计算相关系数

相关表和相关图只能大体上反映标志之间的相关关系。如果现象之间存在线性相关关系，可以通过计算相关系数来确定相关关系的密切程度。相关系数基本计算公式如下：

$$r = \frac{\sigma_{xy}^{\;2}}{\sigma_x \sigma_y}$$

式中，$\sigma_{xy}^{\;2} = \dfrac{\sum (x - \bar{x})(y - \bar{y})}{n}$ 称为协方差；

$\sigma_x = \sqrt{\dfrac{\sum (x - \bar{x})^2}{n}}$ 是 x 的标准差；

$\sigma_y = \sqrt{\dfrac{\sum (y - \bar{y})^2}{n}}$ 是 y 的标准差。

所以相关系数可表示为如下形式。

$$r = \frac{\sum(x-\bar{x})(y-\bar{y})}{n\sigma_x\sigma_y} \quad \text{或} \quad r = \frac{\sum(x-\bar{x})(y-\bar{y})}{\sqrt{\sum(x-\bar{x})^2}\sqrt{\sum(y-\bar{y})^2}}$$

以上公式是根据 $(x-\bar{x})$ 和 $(y-\bar{y})$ 计算的，当 $\bar{x}$ 或 $\bar{y}$ 为除不尽的小数时，计算既麻烦又影响准确性。在实际处理问题时，如果根据原始变量的数值计算相关系数，可运用相关系数简捷法计算。其计算公式为

$$r = \frac{n\sum xy - \sum x \sum y}{\sqrt{n\sum x^2 - (\sum x)^2}\sqrt{n\sum y^2 - (\sum y)^2}}$$

根据上述公式计算相关系数，只需要列出 3 个计算栏，即 x^2、y^2、xy，而且能避免平均数、离差以及标准差的直接计算，减少中间环节，计算相关系数的准确性也会相应提高。

计算相关系数的目的是判断两个变量的线性相关程度与方向，因此，需要明确判断标准。根据相关系数判断相关关系的方法如下。

（1）相关系数 r 的取值为 $-1 \sim +1$。

（2）当 $|r| = 1$ 时，x 与 y 变量为完全线性相关，x 与 y 之间存在着确定的函数关系。

（3）当 $r > 0$ 时，表示 x 与 y 为正相关；当 $r < 0$ 时，表示 x 与 y 为负相关。

（4）当 $|r| = 0$ 时，表示 y 的变化与 x 无关，即 x 与 y 完全没有线性相关。

（5）$|r|$ 的数值越大，越接近于 1，表示 x 与 y 线性相关程度越高；反之，$|r|$ 的数值越小，越接近于 0，表示 x 与 y 线性相关程度越低。

通常按以下标准来判断两个变量的线性相关程度。

$|r| < 0.3$ 时，为微弱相关；

$0.3 < |r| < 0.5$ 时，为低度相关；

$0.5 < |r| < 0.8$ 时，为显著相关；

$0.8 < |r| < 1$ 时，为高度相关。

【例 9-2】根据【例 9-1】中表 9-1 所示的 A 市 2012 年至 2021 年城镇居民年用水量和年末人口数资料，计算 A 市城镇居民年用水量与人口数之间的相关系数。

相关系数的计算过程如表 9-2 所示。

表 9-2　A 市城镇居民用水量与城镇居民人口数相关分析计算

年份	人口数 x/万人	用水量 y/亿吨	x^2	y^2	xy
2012	82.4	0.61	6 789.76	0.372 1	50.26
2013	95.6	0.73	9 139.36	0.532 9	69.79
2014	109.4	0.85	11 968.36	0.722 5	92.99
2015	136.6	1.05	18 659.56	1.102 5	143.43
2016	163.7	1.29	26 797.69	1.664 1	211.17
2017	177.8	1.31	31 612.84	1.716 1	232.92
2018	192.3	1.42	36 979.29	2.016 4	273.07
2019	192.6	1.46	37 094.76	2.131 6	281.20
2020	206.0	1.55	42 436.00	2.402 5	319.30
2021	219.5	1.64	48 180.25	2.689 6	359.98
合计	—	—	269 657.87	15.350 3	2 034.11

$$r = \frac{n\sum xy - \sum x\sum y}{\sqrt{n\sum x^2 - (\sum x)^2}\sqrt{n\sum y^2 - (\sum y)^2}} = \frac{10 \times 2\,034.11 - 1\,575.9 \times 11.91}{\sqrt{10 \times 269\,657.87 - (1\,575.9)^2}\sqrt{10 \times 15.350\,3 - (11.91)^2}}$$

$$\approx 0.997\,495$$

计算结果表明，A 市城镇居民年用水量与城镇居民人口数存在高度的正相关线性关系。

 # 9.3 回归分析

9.3.1 回归分析的概念

回归分析是指对具有相关关系的现象，根据其变量之间的数量变化规律，运用相关的数学模型（称为回归方程式）近似地表示变量之间的平均变化关系，并进行估算和预测的一种统计分析方法。

就一般意义而言，相关分析包括回归和相关两方面内容，因为回归与相关都是研究两个变量相互关系的方法。但就具体方法所解决的问题而言，回归分析和相关分析是有明显差别的。相关分析能确定两个变量之间相关方向和相关的密切程度，但不能指出两个变量相互关系的具体形式，也无法从一个变量的变化情况来推测另一个变量的变化情况。回归分析能对具有相关关系的两个或两个以上变量之间数量变化的一般关系进行测定，确立一个相应的数学表达式，以便由一个已知量来推测另一个未知量，从而为估算预测提供一个重要的方法。

1. 回归分析与相关分析的区别

（1）相关分析研究的两个变量是具有对等关系的；回归分析研究的两个变量不是具有对等关系的，必须根据研究目的，先确定其中一个是自变量，另一个是因变量。

（2）对两个变量 x 和 y 来说，相关分析只能计算出一个反映两个变量间相关关系密切程度的相关系数，而且计算中改变 x 和 y 的地位不会影响相关系数的值。回归分析有时可以根据研究目的不同分别建立两个不同的回归方程：既可以 x 为自变量，y 为因变量，建立 y 对 x 的回归方程；也可以 y 为自变量，x 为因变量，建立 x 对 y 的回归方程。

（3）相关分析对资料的要求是两个变量都是随机变量，而回归分析对资料的要求是自变量是可以控制的变量（给定的变量），因变量是随机变量。

2. 回归分析与相关分析的联系

（1）相关分析是回归分析的基础和前提。如果缺少相关分析，没有定性说明现象间是否存在相关关系，没有对相关关系的密切程度做出判断，就不能进行回归分析；即使进行了回归分析，也可能是没有实际意义的。

（2）回归分析是相关分析的深入和继续。仅仅说明现象间具有密切的相关关系是不够的，只有进行回归分析、拟合回归方程，才有可能进行进一步的分析和预测，相关分析才有实际的意义。

3. 回归分析的种类

回归分析按自变量的个数分，可分为一元回归和多元回归。只有一个自变量的回归分析称为一元回归，又称简单回归；有两个或两个以上自变量的回归分析称为多元回归，或称复回归。按照回归线的形状分，有线性回归（直线回归）和非线性回归（曲线回归）。其中，线性回归是基本的，这里只介绍一元线性回归，即简单线性回归。

9.3.2　简单线性回归方程

在相关图中，如果自变量与因变量对应的散点分布近似为直线，或计算出的相关系数具有显著的线性相关关系时，则可以使用简单线性回归方程来描述自变量与因变量之间的相关关系。其方程式为

$$y_c = a + bx$$

式中，a 和 b 是确定该直线方程的两个待定参数，a 代表直线的起点值，在数学上称为直线的纵轴截距；b 代表自变量增加一个单位时因变量的平均增加值，数学上称为斜率，也称为回归系数。一旦解出 a 和 b，表明变量之间一般关系的回归直线就可以确定下来了。

使用简单线性回归方程，应当遵循以下条件。

（1）两个变量之间确实存在显著或显著以上的相关关系。如果两个变量之间没有相关关系或相关程度不显著，则所配合的线性回归方程对两个变量之间的数量依存关系的代表性就不够，计算结果与实际情况之间误差太大，没有应用价值。

（2）两个变量之间确实存在线性相关关系。将两个变量的对应值绘制成散点图，只有当图上各点的分布呈近似直线的趋势时，才能使用简单线性回归方程。

（3）应用最小平方法（最小二乘法）原理确定两个待定参数 a 和 b。使用最小平方法可以使因变量实际值与理论值离差的代数和等于零，即 $\sum(y - y_c) = 0$，从而使离差的平方和为最小，即 $\sum(y - y_c)^2$ 为最小值，因而最具有代表性，是最佳的回归直线模型。

根据最小平方法计算简单线性回归方程参数的公式为

$$b = \frac{n\sum xy - \sum x \sum y}{n\sum x^2 - (\sum x)^2}$$

$$a = \bar{y} - b\bar{x} = \frac{\sum y}{n} - b\frac{\sum x}{n}$$

【例 9-3】根据【例 9-1】中的 A 市 2012 年至 2021 年城镇居民年末用水量和年末人口数资料，建立城镇居民年用水量和城镇居民人口数的线性回归方程，并预测当 A 市城镇居民人口数达到 230 万人时城镇居民的年用水量。

在前面的分析中，我们已经知道，A 市城镇居民用水量与城镇居民人口数之间存在着高度线性相关关系，据此，我们可以建立两个变量之间的线性回归方程。有关计算过程如表 9-3 所示。

表 9-3　A 市城镇居民自来水用水量与城镇居民人口数回归分析计算

年份/年	人口数 x/万人	用水量 y/亿吨	x^2	xy
2012	82.4	0.61	6 789.76	50.26
2013	95.6	0.73	9 139.36	69.79
2014	109.4	0.85	11 968.36	92.99
2015	136.6	1.05	18 659.56	143.43
2016	163.7	1.29	26 797.69	211.17
2017	177.8	1.31	31 612.84	232.92
2018	192.3	1.42	36 979.29	273.07
2019	192.6	1.46	37 094.76	281.20

续表

年份/年	人口数 x/万人	用水量 y/亿吨	x^2	xy
2020	206.0	1.55	42 436.00	319.30
2021	219.5	1.64	48 180.25	359.98
合计	1 575.9	11.91	269 657.87	2 034.11

$$b = \frac{n\sum xy - \sum x \sum y}{n\sum x^2 - (\sum x)^2} = \frac{10 \times 2\,034.11 - 1\,575.9 \times 11.91}{10 \times 269\,657.87 - (1\,575.9)^2} \approx 0.007\,377$$

$$a = \bar{y} - b\bar{x} = \frac{\sum y}{n} - b\frac{\sum x}{n} = \frac{11.91}{10} - 0.007\,377 \times \frac{1\,575.9}{10} \approx 0.028\,525$$

所以，$y_c = a + bx = 0.028\,525 + 0.007\,377\,x$。

注意方程参数 b 所代表的意义。b 称为回归系数，它表示当 x 每变动一个单位时，y 的平均变动值。在本例中，b 表示 A 市城镇居民人口数每增加 1 万人，A 市城镇居民年用水量上升 0.007 377 亿立方米。而且，当 b 的符号为正时，自变量和因变量按相同方向变动；当 b 的符号为负时，自变量和因变量按相反方向变动。

根据回归方程，可以根据预测的自变量水平来估计或预测因变量的平均可能值。在本例中，若 A 市城镇居民人口为 230 万人时，则 A 市居民用水量为

$$y_c = 0.028\,525 + 0.007\,377 \times 230 \approx 1.73（亿吨）$$

需要注意的是，在用回归方程 $y_c = a + bx$ 进行预测估计时，只能根据自变量 x 的值来估计因变量 y_c 的可能值。若要根据 y_c 的变化来预测 x 的值，则需要以 y 为自变量，以 x 为因变量，重新建立回归分析模型 $x_c = d + ey$。

顺便指出，"回归"（Regression）一词是英国生物学家弗朗西斯·高尔顿（Francis Galton）首先提出的，他在研究遗传学时发现，具有高个双亲的子女和具有矮个双亲的子女，其身高均有向正常人平均身高退回（回归）的趋势。他在这一研究中所建立的数学公式被称为回归方程。基于历史原因，至今仍沿用回归方程这一说法。其实，回归方程的真实含义应该是关系方程或估计方程。

微课：高尔顿与
回归分析

9.3.3　估计标准误差

回归方程的一个重要作用在于能根据自变量的已知值推算因变量的可能值。这个可能值也称估计值、理论值、平均值，它和真正的实际值既可能一致，也可能不一致，因而就会产生估计值的代表性问题。显而易见，将一系列 y_c 值和 y 值加以比较，可以发现其中存在着一系列离差，有的是正差，有的是负差。回归方程的代表性，一般是通过估计标准误差来加以检验的。估计标准误差是用来说明回归方程代表性高低的统计分析指标，其计算原理与标准差基本上相同，其计算公式为

$$S_{yx} = \sqrt{\frac{\sum(y - y_c)^2}{n-2}}$$

式中，S_{yx} 表示估计标准误差；

下标 yx 表示 y 依 x 而回归的方程；

y 是因变量实际值；

y_c 是根据回归方程推算出来的因变量估计值。

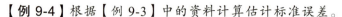

【例9-4】根据【例9-3】中的资料计算估计标准误差。

A市城镇居民年用水量估计标准误差计算，如表9-4所示。

表9-4　A市城镇居民年用水量估计标准误差计算

年份/年	人口数 x/万人	用水量 y/亿吨	$y_c = 0.028\,525 + 0.007\,377\,x$	$y - y_c$	$(y - y_c)^2$	xy	y^2
2012	82.4	0.61	0.633 4	-0.023 4	0.000 5	50.264	0.372 1
2013	95.6	0.73	0.730 8	-0.000 8	0.000 0	69.788	0.532 9
2014	109.4	0.85	0.832 6	0.017 4	0.000 3	92.990	0.722 5
2015	136.6	1.05	1.033 2	0.016 8	0.000 3	143.430	1.102 5
2016	163.7	1.29	1.233 1	0.056 9	0.003 2	211.173	1.664 1
2017	177.8	1.31	1.337 2	-0.027 2	0.000 7	232.918	1.716 1
2018	192.3	1.42	1.444 1	-0.024 1	0.000 6	273.066	2.016 4
2019	192.6	1.46	1.446 3	0.013 7	0.000 2	281.196	2.131 6
2020	206.0	1.55	1.545 2	0.004 8	0.000 0	319.300	2.402 5
2021	219.5	1.64	1.644 8	-0.004 8	0.000 0	359.980	2.689 6
合计	1 575.9	11.91	11.880 7	—	0.005 9	2034.105	15.350 3

$$S_{yx} = \sqrt{\frac{\sum(y - y_c)^2}{n-2}} = \sqrt{\frac{0.005\,83}{10-2}} \approx 0.027 \text{（亿吨）}$$

计算结果表明，因变量的实际值与估计值的平均离差为0.027亿吨。

计算出了估计标准误差，便可以对回归方程的代表性进行检验。估计标准误差 S_{yx} 越大，则回归方程的代表性就越低，因而估计值 y_c 的可靠性就越低；反之，若 S_{yx} 越小，则回归方程的代表性就越高，估计值 y_c 的可靠性也越高。因此，只有在估计标准误差小的情况下，用回归方程估计或预测才具有实际意义。

实际工作中，使用估计标准误差的定义公式计算它比较麻烦，如果使用没有分组的原始资料计算估计标准误差，常用以下简捷计算公式。

$$S_{yx} = \sqrt{\frac{\sum y^2 - a\sum y - b\sum xy}{n-2}}$$

对上面的例子，使用简捷计算公式计算的估计标准误差为

$$S_{yx} = \sqrt{\frac{\sum y^2 - a\sum y - b\sum xy}{n-2}} = \sqrt{\frac{15.350\,3 - 0.028\,525 \times 11.91 - 0.007\,377 \times 2\,034.105}{10-2}} \approx 0.027\text{（亿吨）}$$

9.3.4　估计标准误差和相关系数的关系

估计标准误差是分析回归误差的一个重要尺度，它和相关系数也有密切联系。两者在数量上存在着相互推算的关系，两者的换算公式为

$$|r| = \sqrt{1 - \frac{s_{yx}^2}{\sigma_y^2}}$$

$$s_{yx} = \sigma_y\sqrt{1 - r^2}$$

式中，σ_y 是 y 的标准差。

从上述公式中，可以看出这两个指标在说明相关程度时，它们的数值正好相反。|r|

值越大，说明相关程度越高，这时 S_{yx} 的值越小，即散点距离回归直线越近；反之，$|r|$ 值越小，说明相关程度越低，这时 S_{yx} 的值越大，即散点距离回归直线越远。

9.4　Excel 在相关分析与回归分析中的应用

现用【例 9-1】中表 9-1 所示的 A 市 2012 年至 2021 年城镇居民用水量和年末人口数资料，介绍 Excel 在相关分析与回归分析中的应用。在进行相关分析和回归分析时，主要运用函数和数据分析工具，以下基于 PC 端 Excel 介绍相关操作方法，在手机中可运用图表工具、函数工具进行分析，在手机中绘制图表、输入函数的方法请参考任务三的有关内容介绍。

9.4.1　绘制散点图

绘制散点图的主要方法是利用 Excel 的图表功能，由统计资料自动生成。

操作步骤如下。

（1）在 Excel 窗口中选定人口数和用水量所在的数据区域，如图 9-4 所示。

（2）在【插入】选项卡下的【图表】功能组中，单击所需绘制的散点图按钮 ，在散点图样式列表中选择所需的样式。窗口将生成相应的散点图。

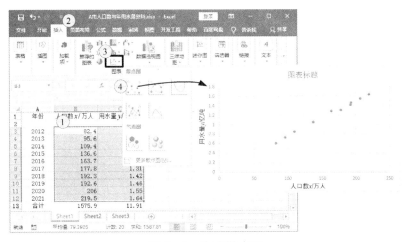

图 9-4　生成散点图

9.4.2　Excel 在相关分析中的应用

用 Excel 计算相关系数的方法有两种：一是利用 CORREL 函数；二是利用数据分析工具。现用【例 9-1】中表 9-1 所示的 A 市 2012 年至 2021 年城镇居民用水量和年末人口数资料，介绍这两种方法。

1. 利用 CORREL 函数求相关系数

利用 CORREL 函数求相关系数，需要使用原始的未分组的统计数据，根据函数可直接计算出两列不同性质的数据之间的相关系数。

操作步骤如下。

（1）在 Excel 表中选择任一空白单元格，用于放置相关系数的计算结果。然后单击

编辑栏中的 f_x 按钮，打开【插入函数】对话框。

（2）在对话框中选择"统计"类中的【CORREL】函数，然后单击 确定 按钮。

（3）在【函数参数】对话框中，在【Array1】文本框中输入人口数的原始数据所在区域，在【Array2】文本框中输入用水量的原始数据所在的区域，如图9-5所示。

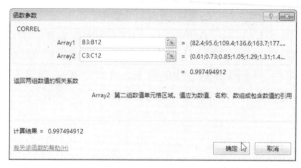

图 9-5　利用 CORREL 函数计算相关系数

（4）单击 确定 按钮，在指定单元格中将显示出相关系数的计算结果。

2．利用数据分析工具计算相关系数

利用数据分析工具计算相关系数时，必须在 Excel 中加载"分析工具库"，具体的操作方法请参照任务三中有关统计分组的内容。

操作步骤如下。

（1）在 Excel 窗口【数据】选项卡下单击【数据分析】，打开【数据分析】对话框。

（2）在【分析工具】列表中选择【相关系数】，然后单击 确定 按钮，打开【相关系数】对话框。

（3）在【输入区域】文本框中输入人口数和用水量数据所在的区域。如果将标题（标志）行也选择在数据区域内，则应选择【标志位于第一行】复选框。

（4）根据数据排列的顺序选择分组方式，在本例中，数据按列排列，所以应选择【逐列】单选按钮。

（5）选择输出方式。本例选择【输出区域】，在【输出区域】文本框中输入相关系数所在的单元格，如图9-6所示，然后单击 确定 按钮。在 Excel 窗口中的指定位置将显示出相关系数的计算结果。

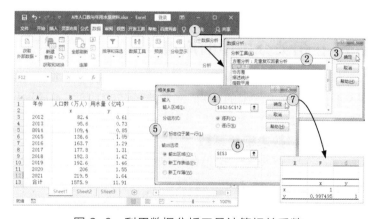

图 9-6　利用数据分析工具计算相关系数

9.4.3 Excel 在回归分析中的应用

Excel 中与回归分析有关的工具较多，这里仍用【例 9-1】中表 9-1 所示的 A 市 2012 年至 2021 年城镇居民用水量和年末人口数资料，介绍使用 LINEST 函数和使用数据分析工具进行回归分析的操作方法。

1. 使用 LINEST 函数进行回归分析

使用 LINEST 函数可以一次完成计算回归方程系数和估计标准误差的操作。

操作步骤如下。

（1）在 Excel 表格中选定放置计算结果的单元格区域，计算结果需要 2 列 5 行共 10 个单元格，在本例中选定 E3:F7 单元格区域，如图 9-7 所示。

（2）单击编辑栏中的 f_x 按钮，打开【插入函数】对话框。

（3）在对话框中选择"统计"类中的【LINEST】函数，然后单击 确定 按钮。

（4）在【函数参数】对话框中，在【Known_y's】文本框中输入因变量用水量 y 值所在的数值区域，在【Known_x's】文本框中输入自变量人口数 x 值所在的数据区域，如图 9-7 所示。

（5）【Const】文本框要求输入逻辑值。如果要求正常计算截距，可输入"TRUE"（可小写输入）或省略；如指定截距为 0，可输入"FALSE"。

（6）【Stats】文本框也要求输入逻辑值。如果要求输出估计标准误差等数据，可输入"TRUE"；如果只要求输出截距和斜率，可输入"FALSE"或省略。本例参数设置如图 9-7 所示。

（7）函数参数设置完毕后，按 Ctrl+Shift+Enter 组合键，在窗口指定单元格区域中将显示出相关的计算结果，如图 9-7 所示。

在 Excel 窗口中，E3 单元格中是斜率值，即回归方程参数 b，其值为"0.007377"；F3 单元格中是截距，即回归方程参数 a，其值为"0.028525"；E4 单元格中是斜率的标准差；F4 单元格中是截距的标准差；E5 单元格中是判定系数；F5 单元格中是估计标准误差；E6 单元格中是 F 统计量；F6 单元格中是自由度；E7 单元格中是回归平方和；F7 单元格中是平方和。这些值可用于进行回归直线拟合程度和显著性检验。

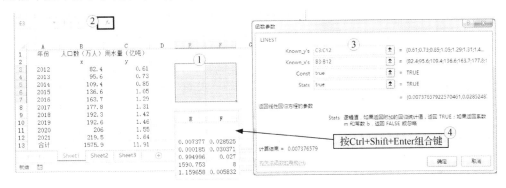

图 9-7　使用 LINEST 函数进行回归分析

2. 使用数据分析工具进行回归分析

数据分析工具具有回归分析功能，相对于回归分析函数而言，使用数据分析工具中进行的回归分析更为完整、深入。

操作步骤如下。

（1）在 Excel 窗口【数据】选项卡下单击【数据分析】，打开【数据分析】对话框。

（2）在【分析工具】列表中选择【回归】工具，然后单击 确定 按钮，打开【回归】对话框。

（3）在【Y 值输入区域】文本框中输入因变量"用水量"数据所在的区域。如果将标题（标志）行也选择在数据区域内，则应选择【标志】复选框。

（4）在【X 值输入区域】文本框中输入自变量"人口数"数据所在的区域。

（5）选择输出方式，本例中选择【新工作表组】单选按钮，如图 9-8 所示。

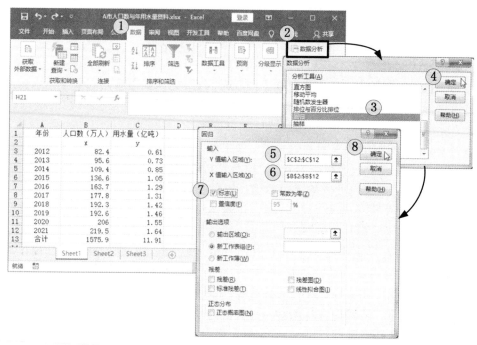

图 9-8　使用数据分析工具进行回归分析（1）

（6）参数设置完毕后，单击 确定 按钮。回归分析的结果如图 9-9 所示。

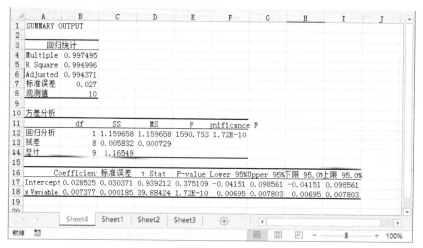

图 9-9　使用数据分析工具进行回归分析（2）

输出的回归分析结果分为 3 个部分：第一部分是回归统计，其中 A7 单元格"标准误差"即"估计标准误差"；第二部分是方差分析；第三部分是回归系数表，其中"Intercept"表示截距，即回归方程参数 a，其对应值为 B17 单元格中的"0.028525"；"X Variable"即斜率，即回归方程参数 b，其对应值为 B18 单元格中的"0.007377"。

9.4.4 Excel 在回归预测中的应用

在 Excel 中，可以利用 FORECAST 和 TREND 函数，不建立回归方程，直接用原始数据进行预测。这里仍用【例 9-1】中表 9-1 所示的 A 市 2012 年至 2021 年城镇居民用水量和年末人口数资料，介绍其操作方法。

1. 用 FORECAST 函数进行预测

用 FORECAST 函数进行预测，需给定自变量 x 的值，然后根据自变量和因变量的原始数据，通过函数运算，自动生成因变量 y 的预测值。

操作步骤如下。

（1）在 Excel 窗口中，将鼠标指针定位在需放置计算结果的单元格，然后单击编辑栏中的 f_x 按钮，打开【插入函数】对话框。

（2）在对话框中选择"统计"类中的【FORECAST】函数，然后单击 确定 按钮。

（3）在【函数参数】对话框中，在【X】文本框中输入给定的自变量 x 值，如在本例中 x 为"230"。

（4）在【Known_y's】文本框中输入因变量 y 的原始数据所在区域。

（5）在【Known_x's】文本框中输入自变量 x 的原始数据所在区域。

（6）函数参数设置完成后，在对话框中将显示出计算结果，如图 9-10 所示。按 Enter 键或单击 确定 按钮，计算结果将显示在事先指定的单元格内。

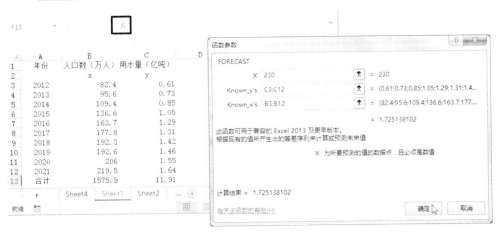

图 9-10　用 FORECAST 函数进行预测

2. 用 TREND 函数进行预测

用 TREND 函数进行预测与用 FORECAST 函数进行预测的操作大同小异，两个函数的区别在于，用 TREND 函数可以同时给定多个 x 值，一次求出多个 y 预测值。以【例 9-1】中的资料为例，假设现在需预测 A 市城镇人口数分别达到 230 万人、250 万人和 280 万人时，城镇居民的年用水量。

操作步骤如下。

（1）在 Excel 窗口中，将给定的自变量值输入指定区域，然后拖动鼠标选定放置预测值的数值区域，如图 9-11 所示。

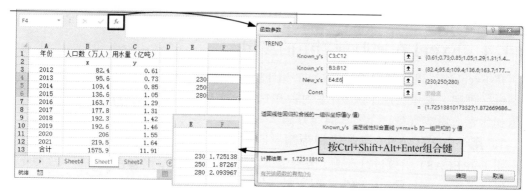

图 9-11　用 TREND 函数进行预测

（2）单击编辑栏中的 *fx* 按钮，打开【插入函数】对话框。

（3）在对话框中选择"统计"类中的【FREND】函数，然后单击 确定 按钮。

（4）在【Known_y's】文本框中输入因变量 y 的原始数据所在区域。

（5）在【Known_x's】文本框中输入自变量 x 的原始数据所在区域。

（6）在【New_x's】文本框中输入给定的自变量的数值区域。

（7）函数参数设置完成后，在对话框中将显示出计算结果，如图 9-11 所示。按 Ctrl+Shift+Alt+Enter 组合键，在窗口指定单元格区域中将显示出计算结果。

任务实施

现在你该知道 A 市自来水公司应如何对城市用水量进行预测了吧？在前面的分析中，我们知道 A 市城镇居民的年用水量与城镇居民人口数有着高度的相关关系，并通过建立回归方程，可以预测随着 A 市城镇居民人口数的增长，A 市城镇居民的年用水量的相应值，还可以通过估计标准误差分析预测值的平均误差。

表 9-5 所示为 2012 年至 2021 年 A 市企业年用水量与 GDP 数据，请你对这两个现象进行相关分析和回归分析。

表 9-5　2012 年至 2021 年 A 市企业年用水量与 GDP 数据

年份/年	2012	2013	2014	2015	2016	2017	2018	2019	2020	2021
年用水量/亿立方米	1.32	1.45	1.54	1.73	1.92	208	2.11	2.36	2.37	2.42
GDP/亿元	600.3	630.4	680.3	780.2	1 080.6	1 290.2	1 556.5	1 860.4	2 170.8	2 508.4

应用与拓展

一、判断题

1. (9.1.1) 相关关系和函数关系都属于完全确定的依存关系。　　　　　（　）

2. （9.1.2）如果两个变量的变动方向一致，同时呈上升或下降趋势，则二者存在正相关关系。　　　　　　　　　　　　　　　　　　　　　　　　　（　　）

3. （9.1.3）在进行相关分析和回归分析时，必须以定性分析为前提，判定现象之间有无关系及其作用范围。　　　　　　　　　　　　　　　　　　　　（　　）

4. （9.2.3）假定变量 x 与 y 的相关系数是 0.8，变量 m 与 n 的相关系数为 -0.9，则 x 与 y 的相关密切程度高。　　　　　　　　　　　　　　　　　　（　　）

5. （9.2.3）当线性相关系数 $r = 0$ 时，说明变量之间不存在任何相关关系。　（　　）

6. （9.2.3）在任何相关条件下，都可以用相关系数说明变量之间相关的密切程度。　　　　　　　　　　　　　　　　　　　　　　　　　　　　　　　（　　）

7. （9.3.1）在线性回归分析中，两个变量是对等的，不需要区分因变量和自变量。　　　　　　　　　　　　　　　　　　　　　　　　　　　　　　　（　　）

8. （9.2.3，9.3.2）回归系数 b 的符号与相关系数 r 的符号，既可以相同也可以不相同。　　　　　　　　　　　　　　　　　　　　　　　　　　　（　　）

9. （9.2.3，9.3.2）回归系数 b 和相关系数 r 都可用来判断现象之间相关的密切程度。　　　　　　　　　　　　　　　　　　　　　　　　　　　　　　（　　）

10. （9.3.4）相关系数 r 越大，估计标准误差 S_{yx} 值越大，而线性回归方程的精确度越低。　　　　　　　　　　　　　　　　　　　　　　　　　　　（　　）

二、单项选择题

1. （9.1.2）单位产品成本与其产量的相关关系、单位产品成本与单位产品原材料消耗量的相关关系为（　　　　）。

　　A. 前者是正相关，后者是负相关　　　B. 前者是负相关，后者是正相关
　　C. 两者都是正相关　　　　　　　　　D. 两者都是负相关

2. （9.1.2）下列关系中，属于正相关关系的是（　　　　）。

　　A. 在合理限度内，施肥量和平均亩产量之间的关系
　　B. 产品产量与单位产品成本之间的关系
　　C. 商品的流通费用与销售利润之间的关系
　　D. 流通费用率与商品销售量之间的关系

3. （9.2.3）相关系数 r 的取值范围是（　　　　）。

　　A. $-\infty < r < +\infty$　　B. $-1 \leqslant r \leqslant +1$　　C. $-1 < r < +1$　　D. $0 \leqslant r \leqslant +1$

4. （9.2.3）当所有观测值都落在回归直线 $y = a + bx$ 上，则 x 与 y 之间的相关系数（　　　　）。

　　A. $r = 0$　　　　　B. $r = 1$　　　　　C. $r = -1$　　　　　D. $|r| = 1$

5. （9.2.3）线性相关系数的绝对值接近 1 时，说明两变量相关关系的密切程度（　　　　）。

　　A. 完全相关　　　B. 微弱相关　　　C. 无线性相关　　　D. 高度相关

6. （9.3.2）年劳动生产率 x（单位：千元）和工人工资 y（单位：元）之间的回归方程为 $y = 10 + 70x$，这意味着年劳动生产率每提高 1 000 元时，工人工资平均（　　　　）。

　　A. 增加 70 元　　　B. 减少 70 元　　　C. 增加 80 元　　　D. 减少 80 元

7. （9.3.2）直线相关分析与直线回归分析的联系表现为（　　　　）。

　　A. 相关分析是回归分析的基础　　　B. 回归分析是相关分析的基础
　　C. 相关分析是回归分析的深入　　　D. 相关分析与回归分析互为条件

8. (9.2.3, 9.3.2) 相关分析与回归分析，在是否需要确定自变量和因变量的问题上（　　　）。

    A. 前者无须确定，后者需要确定　　　　B. 前者需要确定，后者无须确定

    C. 两者均需确定　　　　　　　　　　　D. 两者都无须确定

9. (9.2.3, 9.3.2) 下面的式子中，错误的是（　　　）。

    A. $y = 40 + 1.6x$，$r = 0.89$　　　　　　　B. $y = -5 - 3.8x$，$r = -0.94$

    C. $y = 36 - 2.4x$，$r = 0.96$　　　　　　　D. $y = -36 + 3.8x$，$r = 0.98$

10. (9.3.3) 如果估计标准误差 $S_{yx} = 0$，则表明（　　　）。

    A. 全部观测值和回归值都不相等　　　　B. 回归值代表性小

    C. 全部观测值与回归值的离差之积为零　　D. 全部观测值都落在回归直线上

三、多项选择题

1. (9.1.1) 下列现象之间存在相关关系的有（　　　）。

    A. 压力与压强　　　　　　　　　　　B. 现代化水平与劳动生产率

    C. 圆的半径与圆的面积　　　　　　　D. 身高与体重

    E. 机械化程度与农业人口

2. (9.1.1) 相关关系与函数关系各有不同特点，主要体现在（　　　）。

    A. 相关关系是一种不严格的互相依存关系

    B. 函数关系可以用一个数学表达式精确表达

    C. 函数关系中各现象均为确定现象

    D. 相关关系是现象之间具有随机因素影响的依存关系

    E. 相关关系中现象之间仍可以通过大量观察法来寻求其变化规律

3. (9.1.1) 相关关系与函数关系的联系表现在（　　　）。

    A. 现象间的相关关系，也就是它们之间的函数关系

    B. 相关关系与函数关系可互相转化

    C. 相关关系往往可以用函数关系式表达

    D. 相关关系是函数关系的特殊形式

    E. 函数关系是相关关系的特殊形式

4. (9.1.2) 销售额与流通费用率，在一定条件下，存在相关关系，这种相关关系属于（　　　）。

    A. 正相关　　　　　B. 单相关　　　　　C. 负相关

    D. 复相关　　　　　E. 完全相关

5. (9.2.3) 相关系数 r 的数值（　　　）。

    A. 可为正值　　　　B. 可为负值　　　　C. 可大于 1

    D. 可等于 -1　　　　E. 可等于 1

6. (9.2.3, 9.3.2) 在线性相关和回归分析中（　　　）。

    A. 据同一资料，相关系数只能计算 1 个

    B. 据同一资料，相关系数可以计算 2 个

    C. 据同一资料，回归方程只能配合 4 个

    D. 据同一资料，回归方程随自变量与因变量的确定而不同，可能配合 2 个

    E. 回归方程和相关系数均与自变量和因变量的确定无关

7. (9.2.3) 相关系数 $r = 0.9$，这表明现象之间存在着（　　　）。

    A. 高度相关关系　　　　　　　　　　B. 低度相关关系

    C. 低度负相关关系　　　　　　　　　D. 高度正相关关系

    E. 低度正相关关系

8. (9.3.2) 确定线性回归方程必须满足的条件有（　　　）。

    A. 现象间确实存在数量上的相互依存关系

    B. 相关系数 r 必须等于 1

    C. 相关现象必须均属于随机现象

    D. 现象间存在着较密切的线性相关关系

    E. 相关数列的项数必须足够多

9. (9.3.2) 在线性回归分析中，确定线性回归方程的两个变量（　　　）。

    A. 一个是自变量，另一个是因变量

    B. 均为随机变量

    C. 具有对等关系

    D. 一个是随机变量，另一个是可控制变量

    E. 具有不对等关系

10. (9.2.3, 9.3.3) 当两个现象完全相关时，下列统计指标值可能正确的有（　　　）。

    A. $r = 1$　　　　　　B. $r = 0$　　　　　　C. $r = -1$

    D. $S_{yx} = 0$　　　　E. $S_{yx} = 1$

四、计算题

1. (9.2.1) 某地 $20 \times 1 \sim 20 \times 8$ 年人均收入和耐用消费品销售额资料如表 9-6 所示。

表 9-6　某地 $20 \times 1 \sim 20 \times 8$ 年人均收入和耐用消费品销售额资料

年份/年	人均收入/万元	耐用消费品销售额/万元
20×1	3.0	80
20×2	3.2	82
20×3	3.4	85
20×4	3.5	90
20×5	3.8	100
20×6	4.0	120
20×7	4.5	140
20×8	5.2	145

要求：根据上表的资料，绘制散点图，并判断相关关系的表现形式和方向。

2. (9.2.3, 9.3.2) 某种产品的产量与单位成本资料如表 9-7 所示。

表 9-7　某产品的产量与单位成本资料

产量/千件	单位成本/(元·件$^{-1}$)
2	73
3	72
4	71
3	73
4	69
5	68

要求：（1）计算相关系数 r，判断相关方向和程度；（2）建立线性回归方程。

3. (9.2.3, 9.3.2) 表 9-8 所示为 6 个地区某年的部分统计资料。

表 9-8　6 个地区某年的部分统计资料　　　　　　　单位：亿元

国内生产总值	财政收入	银行年末存款余额
2.2	0.8	0.2
2.4	0.9	0.4
2.5	1.0	0.5
2.7	1.2	0.7
2.9	1.4	0.6
3.0	1.5	0.8
15.7	6.8	3.2

要求：（1）计算国内生产总值与财政收入的相关系数；（2）计算财政收入与银行年末存款余额的相关系数；（3）建立国内生产总值与财政收入的线性回归方程。

4. (9.3.2~9.3.3) 某地高校教育经费 x 与高校学生人数 y 连续 6 年的统计资料如表 9-9所示。

表 9-9　某地高校教育经费与高校学生人数连续 6 年的统计资料

教育经费 x/万元	在校学生人数 y/万人
316	11
343	16
373	18
393	20
418	22
455	25

要求：（1）建立线性回归方程，估计教育经费为 500 万元时的在校学生人数；（2）计算估计标准误差。

五、实践实训

请上网查询你的家乡的统计公报，收集自 2000 年以来历年的有关当地国民经济发展和人民生活的有关统计数据，选取你感兴趣的问题进行相关分析和回归分析。

小结

在任务九的学习中，你了解了相关分析与回归分析的研究方法。相关分析的主要知识点有：相关关系的概念、相关分析的意义、相关的种类、相关分析的主要内容，以及相关分析的方法等。相关分析的方法是学习的重点内容，包括编制相关表、绘制相关图、计算相关系数及根据相关系数判断相关的密切程度的方法。回归分析的主要知识点有：回归方程的建立方法、回归方程在预测分析中的应用、估计标准误差的分析等。通过相关分析和回归分析，我们能深入认识不同性质的现象之间的内在联系，它们可以帮助我们掌握事物的发展规律，并对未来发展方向和水平进行预测。最后，你还学习了应用 Excel进行相关分析和回归分析的方法，这部分内容可以帮助你利用现代信息技术提高运算速度，为你处理大量相关分析和回归分析数据提供捷径。任务九的主要知识点及其内在关系如图 9-12 所示。

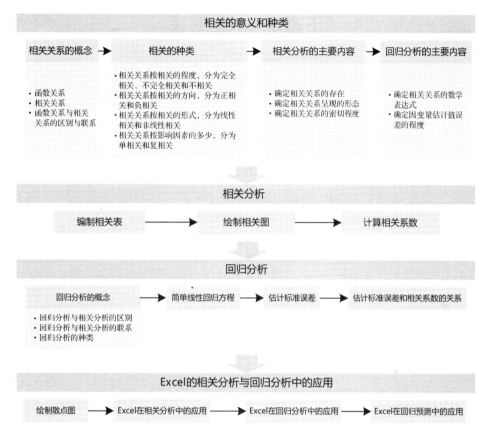

图 9-12 任务九的主要知识点及其内在关系

附录
正态分布概率表

t	$F(t)$	t	$F(t)$	t	$F(t)$	t	$F(t)$
0.00	0.000 0	0.41	0.318 2	0.82	0.587 8	1.23	0.781 3
0.01	0.008 0	0.42	0.325 5	0.83	0.593 5	1.24	0.785 0
0.02	0.016 0	0.43	0.332 8	0.84	0.599 1	1.25	0.788 7
0.03	0.023 9	0.44	0.340 1	0.85	0.604 7	1.26	0.792 3
0.04	0.031 9	0.45	0.347 3	0.86	0.610 2	1.27	0.795 9
0.05	0.039 9	0.46	0.354 5	0.87	0.615 7	1.28	0.799 5
0.06	0.047 8	0.47	0.361 6	0.88	0.621 1	1.29	0.802 9
0.07	0.055 8	0.48	0.368 8	0.89	0.626 5	1.30	0.806 4
0.08	0.063 8	0.49	0.375 9	0.90	0.631 9	1.31	0.809 8
0.09	0.071 7	0.50	0.382 9	0.91	0.637 2	1.32	0.813 2
0.10	0.079 7	0.51	0.389 9	0.92	0.642 4	1.33	0.816 5
0.11	0.087 6	0.52	0.396 9	0.93	0.647 6	1.34	0.819 8
0.12	0.095 5	0.53	0.403 9	0.94	0.652 8	1.35	0.823 0
0.13	0.103 4	0.54	0.410 8	0.95	0.657 9	1.36	0.826 2
0.14	0.111 3	0.55	0.417 7	0.96	0.662 9	1.37	0.829 3
0.15	0.119 2	0.56	0.424 5	0.97	0.668 0	1.38	0.832 4
0.16	0.127 1	0.57	0.431 3	0.98	0.672 9	1.39	0.835 5
0.17	0.135 0	0.58	0.438 1	0.99	0.677 8	1.40	0.838 5
0.18	0.142 8	0.59	0.444 8	1.00	0.682 7	1.41	0.841 5
0.19	0.150 7	0.60	0.451 5	1.01	0.687 5	1.42	0.844 4
0.20	0.158 5	0.61	0.458 1	1.02	0.692 3	1.43	0.847 3
0.21	0.166 3	0.62	0.464 7	1.03	0.697 0	1.44	0.850 1
0.22	0.174 1	0.63	0.471 3	1.04	0.701 7	1.45	0.852 9
0.23	0.181 9	0.64	0.477 8	1.05	0.706 3	1.46	0.855 7
0.24	0.189 7	0.65	0.484 3	1.06	0.710 9	1.47	0.858 4
0.25	0.197 4	0.66	0.490 7	1.07	0.715 4	1.48	0.861 1
0.26	0.205 1	0.67	0.497 1	1.08	0.719 9	1.49	0.863 8
0.27	0.212 8	0.68	0.503 5	1.09	0.724 3	1.50	0.866 4
0.28	0.220 5	0.69	0.509 8	1.10	0.728 7	1.51	0.869 0
0.29	0.228 2	0.70	0.516 1	1.11	0.733 0	1.52	0.871 5
0.30	0.235 8	0.71	0.522 3	1.12	0.737 3	1.53	0.874 0
0.31	0.243 4	0.72	0.528 5	1.13	0.741 5	1.54	0.876 4
0.32	0.251 0	0.73	0.534 6	1.14	0.745 7	1.55	0.878 9
0.33	0.258 6	0.74	0.540 7	1.15	0.749 9	1.56	0.881 2
0.34	0.266 1	0.75	0.546 7	1.16	0.754 0	1.57	0.883 6
0.35	0.273 7	0.76	0.552 7	1.17	0.758 0	1.58	0.885 9
0.36	0.281 2	0.77	0.558 7	1.18	0.762 0	1.59	0.888 2
0.37	0.288 6	0.78	0.564 6	1.19	0.766 0	1.60	0.890 4
0.38	0.296 1	0.79	0.570 5	1.20	0.769 9	1.61	0.892 6
0.39	0.303 5	0.80	0.576 3	1.21	0.773 7	1.62	0.894 8
0.40	0.310 8	0.81	0.582 1	1.22	0.777 5	1.63	0.896 9

续表

t	$F(t)$	t	$F(t)$	t	$F(t)$	t	$F(t)$
1.64	0.899 0	1.85	0.935 7	2.12	0.966 0	2.60	0.990 7
1.65	0.901 1	1.86	0.937 1	2.14	0.967 6	2.65	0.992 0
1.66	0.903 1	1.87	0.938 5	2.16	0.969 2	2.70	0.993 1
1.67	0.905 1	1.88	0.939 9	2.18	0.970 7	2.75	0.994 0
1.68	0.907 0	1.89	0.941 2	2.20	0.972 2	2.80	0.994 9
1.69	0.909 0	1.90	0.942 6	2.22	0.973 6	2.85	0.995 6
1.70	0.910 9	1.91	0.943 9	2.24	0.974 9	2.90	0.996 3
1.71	0.912 7	1.92	0.945 1	2.26	0.976 2	2.95	0.996 8
1.72	0.914 6	1.93	0.946 4	2.28	0.977 4	3.00	0.997 3
1.73	0.916 4	1.94	0.947 6	2.30	0.978 6	3.10	0.998 1
1.74	0.918 1	1.95	0.948 8	2.32	0.979 7	3.20	0.998 6
1.75	0.919 9	1.96	0.950 0	2.34	0.980 7	3.30	0.999 0
1.76	0.921 6	1.97	0.951 2	2.36	0.981 7	3.40	0.999 3
1.77	0.923 3	1.98	0.952 3	2.38	0.982 7	3.50	0.999 5
1.78	0.924 9	1.99	0.953 4	2.40	0.983 6	3.60	0.999 7
1.79	0.926 5	2.00	0.954 5	2.42	0.984 5	3.70	0.999 8
1.80	0.928 1	2.02	0.956 6	2.44	0.985 3	3.80	0.999 9
1.81	0.929 7	2.04	0.958 6	2.46	0.986 1	3.90	0.999 9
1.82	0.931 2	2.06	0.960 6	2.48	0.986 9	4.00	0.999 9
1.83	0.932 8	2.08	0.962 5	2.50	0.987 6	—	—
1.84	0.934 2	2.10	0.964 3	2.55	0.989 2	—	—

参考文献

[1] 李静，彭明强. 统计学基础[M]. 北京：中国财政经济出版社，2021.

[2] 宋文光. 统计基础与实务[M]. 北京：北京理工大学出版社，2019.

[3] 由建勋. 统计基础[M]. 2版. 北京：高等教育出版社，2018.

[4] 孙曦媚，高秀香. 统计学原理[M]. 北京：北京理工大学出版社，2017.

[5] 朱建平. 应用多元统计分析[M]. 北京：北京大学出版社，2017.

[6] 杨树成. 应用统计学[M]. 成都：西南交通大学出版社，2017.

[7] 梁怡. 统计学基础[M]. 上海：上海财经大学出版社，2017.

[8] 张建同. 实用多元统计分析[M]. 上海：同济大学出版社，2016.

[9] 刘桂荣. 统计学原理[M]. 上海：华东理工大学出版社，2016.